巴蜀神话研究丛书　主编　向宝云

巴蜀神话丛考

林科吉

著

四川人民出版社

图书在版编目（CIP）数据

巴蜀神话丛考 / 林科吉著. -- 成都 : 四川人民出版社, 2025. 4. -- ISBN 978-7-220-13083-0

Ⅰ. B932.2

中国国家版本馆CIP数据核字第2025SZ5295号

巴蜀神话研究丛书

BASHU SHENHUA CONGKAO

巴 蜀 神 话 丛 考

林科吉 / 著

出 版 人	黄立新
项目策划	谢 雪　周 明
统筹执行	邹 近　董 玲
责任编辑	雷 棚　刘姣娇
版式设计	张迪茗
封面设计	张 科
责任校对	勒静宜
责任印制	周 奇

出版发行	四川人民出版社（成都市三色路 238 号）
网　　址	http://www.scpph.com
E-mail	scrmcbs@sina.com
新浪微博	@ 四川人民出版社
微信公众号	四川人民出版社
发行部业务电话	（028）86361653　86361656
防盗版举报电话	（028）86361661
照　　排	四川胜翔数码印务设计有限公司
印　　刷	四川机投印务有限公司
成品尺寸	170mm×240mm
印　　张	15.5
字　　数	220 千
版　　次	2025 年 4 月第 1 版
印　　次	2025 年 4 月第 1 次印刷
书　　号	ISBN 978-7-220-13083-0
定　　价	78.00 元

总　序

2022 年 5 月 27 日，习近平总书记在主持中共中央政治局就深化中华文明探源工程进行第三十九次集体学习时指出，"要把中华文明起源研究同中华文明特质和形态等重大问题研究紧密结合起来，深入研究阐释中华文明起源所昭示的中华民族共同体发展路向和中华民族多元一体演进格局"。巴蜀地区是古代长江上游的文明中心，巴蜀文化是中华文明的一个重要发源地和组成部分。研究好巴蜀文化，可以为中华文明的源头、特质和形态以及中华民族多元一体格局演进等重大理论问题提供重要支撑。习近平总书记这一指示，为巴蜀文化研究提供了明确方向和巨大动力。

巴蜀独特的山川地理、经济生业和发展历史催生了独特的巴蜀文化，其内容包括在巴蜀地区形成的价值观念、语言符号、行为规范、社会关系与组织、物质产品等。巴蜀神话是巴蜀文化中一颗璀璨的明珠，涉及巴蜀文化的方方面面，它以思想、信仰和道德等价值观念为基础，形成了覆盖口头和书面的语言符号系统，并渗透在人们的法律、习俗等行为规范中，协调和凝聚各种社会关系与组织，还呈现于饮食、服饰、建筑、工具、器皿等物质产品中。因此，巴蜀文化的研究必然离不开对巴蜀神话的研究。目前全世界都在关注三星堆考古进展，我们看到了越来越多令人惊叹的文物，像鸟足曲身顶尊人像、猪鼻龙形器、四翼神兽等，它们都是古蜀神话的物化形态，蕴藏着古蜀人独特的价值观念和仪式行为，对古蜀社会有着重要的功能意义，也很可能铭刻着古蜀与中华文明其他发源地互动的密码。

我们必须对巴蜀上古神话进行深入的研究，才能解读这些文物及古蜀文化。

巴蜀地区是中华神话的渊薮之一，除了三星堆神话，巴蜀地区还孕育和发展了众多本源性神话，为中华民族提供了优秀文化基因和海量文化资源。比如北川、汶川羌族民众中流传的大禹神话，讲述了大禹的出生、婚配、治水的相关事迹，融入中华民族大禹神话的大家庭，对中华民族共同体的凝聚起到了巨大作用；盐亭的嫘祖神话，涉及中华民族母亲神、蚕桑生产和服饰发明、婚嫁礼仪创制等重大文化议题，让盐亭成为全球中华儿女寻根祭祖、守望精神家园的文化圣地；梓潼的文昌帝君神话是中国民间和道教尊奉文教之神的源头，对中华民族的勉学重教传统影响巨大，至今仍以文昌祭祀大典的形式促进海峡两岸文化交流。此外，关于女娲、蚕丛、鱼凫、杜宇、柏灌、廪君、二郎神等巴蜀神话也成为中国神话的重要元素……巴蜀神话之丰厚瑰丽，其对中华文明影响之深远、对中华民族共同体贡献之巨大，一时难以尽道。由此可见，巴蜀神话研究不仅具有史学、文化学、民族学等方面的学术价值，也具有凝聚全球中华民族精神、铸牢中华民族共同体意识的现实价值。

面对如此深厚的神话资源，前辈学人筚路蓝缕，进行了开拓性研究。民国时期，顾颉刚、冯汉骥、郑德坤、董作宾、常任侠、林名均等一批历史学、考古学、民族学、文学研究者，对巴蜀文化进行了大量探索，其中或多或少地涉及巴蜀神话。1949年以后，徐中舒、蒙文通、邓少琴、林向、汤炳正、李绍明、萧崇素、洪钟等老一辈四川学者，在研究巴蜀文化的过程中也不同程度地论及巴蜀神话。其中，最早提倡将巴蜀神话作为专题来研究并取得辉煌成就的学者，首推已故著名神话学家、我院研究员袁珂先生。袁先生毕生从事神话研究，对中国神话学贡献卓著，他的《中国古代神话》《中国神话资料萃编》《中国神话史》《中国神话通论》等书都不同程度地涉及巴蜀神话的研究，并提出自己的观点，为后来的巴蜀神话研究奠定了坚实的基础。

我们欣喜地看到，继袁珂先生之后，我省黄剑华、李诚、周明、苏宁、贾雯鹤、李祥林等学者继续进行巴蜀神话的深入研究。尤其是在 2019 年四川省社会科学院神话研究院成立以后，巴蜀神话研究领域更加活跃。我院将巴蜀神话研究列为重点研究方向之一，神话研究院主办的《神话研究集刊》也每期开辟"巴蜀神话研究"专栏，重点刊发相关研究论文。围绕"巴蜀神话研究"方向，我们聚集了一批省内外高等院校、科研机构的相关专家学者进行专题研究，撰写了一批学术论文，在国内外学界产生了较好的影响。

为了进一步凝聚巴蜀神话研究的人才队伍、营造巴蜀神话研究的良好学术氛围，以及从神话学角度和与神话学相关的角度对巴蜀文化进行系统研究，神话研究院于 2021 年成立了《巴蜀神话研究丛书》编辑委员会，将《巴蜀神话研究丛书》的编撰纳入科研计划立项，并与四川人民出版社多次磋商，达成了出版共识。

本丛书立足于巴蜀神话研究，以神话研究为切入点，关联若干与神话相关的学科或主题，形成以巴蜀神话资料长编、巴蜀神话与文学、艺术、审美，巴蜀神话与历史、巴蜀神话与考古、巴蜀神话与民俗、巴蜀神话与四川少数民族文化、巴蜀神话与宗教等为主题的系列专题著作，从学术研究的层面多方位地探讨巴蜀神话与巴蜀文化的关系，立足学术，兼及普及。我们争取将本丛书打造为一套有深度、有规模、有影响力的学术研究丛书，做好巴蜀神话研究的人才队伍建设和学科建设，深入挖掘巴蜀文化，进而为阐释中华文明起源、中华民族共同体发展路向和中华民族多元一体演进格局做出应有的贡献。

是为序。

向宝云

2022 年 9 月 11 日

目 录 ///

前　言 / 001

第一章　古"蜀"之名实与"蜀"字原始取象考论 / 001

　　一、古"蜀"的名与实 / 001

　　二、"蜀"字象形及其远古文化信息探赜 / 018

　　三、"蜀"与"叟"：远古人类的火烛崇拜 / 029

　　四、"蜀"为萤火虫考论 / 036

　　五、"从蜀"或"蜀声"的家族字研究 / 040

第二章　三星堆与金沙文明的神话考古 / 054

　　一、三星堆与金沙的金射鱼纹图像释义 / 054

　　二、古蜀再生神话研究 / 068

第三章　巴蜀考古图像中的再生信仰 / 084

　　一、"巴蜀符号"的属性 / 085

二、三洞桥铜勺图像的研究进展　　　　　　　　/ 087

三、"巴蜀符号"中蝌蚪纹的象征价值　　　　　　/ 092

四、三洞桥铜勺图像的象征意义　　　　　　　　/ 101

第四章　儒家神话与蜀地文庙研究　　　　　　　　/ 132

一、四川富顺文庙裸童之谜释解　　　　　　　　/ 132

二、文庙棂星门背后的神话与原型　　　　　　　/ 152

第五章　其他古蜀神话研究　　　　　　　　　　　/ 166

一、蛙神崇拜与古蜀农业文明　　　　　　　　　/ 166

二、古蜀地名的神话学考察　　　　　　　　　　/ 171

三、日神崇拜与巴蜀方言　　　　　　　　　　　/ 175

四、"灵"与"感"的神话学关联　　　　　　　　/ 180

第六章　古蜀神话与民间信仰及习俗　　　　　　　/ 199

一、古蜀神话与民间信仰　　　　　　　　　　　/ 199

二、古蜀神话与华夏民族精神　　　　　　　　　/ 214

前　言

一

　　"古蜀文明"是华夏文明版图中的重要组成部分,主要发源于四川盆地及其邻近地区,远古西蜀文明以岷江流域为摇篮,在其成长过程中大量吸纳、融合了长江中游文明的优秀因子,从而形成了颇具地方性特色的区域文化单元。

　　关于古蜀文化的独立性,吕子方写道:"……而《山海经》的山经和海经,都是按南西北东的次序排列,以南方开头,又首叙四川的山。大而言之,可以说这种排列法是南方作品的特征;小而言之,是古代蜀国作品的特征。"[①]蒙文通也认为:"《山海经》是区别于中原文化系统的另外一个文化传统的产物,代表着另外一个文化传统。"[②]李诚教授认为,在川西平原这块土地上,"其实早在西周以前,就已存在着一支独立的、高度发展的文化集群。就其文明程度而言,即使对中原文化亦未遑多让"[③]。

[①] 吕子方:《读〈山海经〉杂记》,《中国科学技术史论文集》(下册),四川人民出版社,1984年,第37—39页。
[②] 蒙文通:《略论〈山海经〉的写作时间及其产生地域》,《中华文史论丛》1962年第1辑。
[③] 李诚:《巴蜀神话传说刍论——龙凤文化研究之二》,电子科技大学出版社,1996年,第36页。

　　"古蜀王国"确实是一个长期存在的远古文化实体，三星堆和金沙考古遗址的发现，证明了在川西平原上存在着一个高度发达的文明，因为这里出现了规模庞大的城市①、青铜冶炼和铸造技术、复杂的社会层级组织，甚至可能发展出了独特的文字，它绵延了数千年，直到秦汉时期蜀国灭亡，其版图才并入中原王朝，并在文化上受到越来越明显和深刻的影响。另外值得注意的是，虽然较早在古蜀大地上生存的是氏羌民族，他们沿着岷江上游顺流而下，而同样有早期的长江中下游民族溯流而上，两股人群最终会合于川西平原，与此处的原住民混杂而居，自然形成了文化交叉与融合的局面，但是，这些不同的文化却不是简单的汇合于此。由于蜀西这块土地在地理、气候、土壤、植被及其他自然条件方面都具备特殊性，与中原和长江中下游地区有明显差异，故外来的文化必须"因地制宜"，才会焕发出新的生命力。段渝曾分析了"巴蜀文明差异的生态原因"，认为"盆地东部和西部无论是物质文化还是精神文化，在较早时期却并不具备作为一个文化整体的性质"②，意思是说巴和蜀在远古历史上应该是各自为政的。

　　考古出土的金权杖、金冠带、太阳神鸟、青铜神树、青铜柱目神人像等，都是中原所无，也表明川西平原曾是一个独特的文化区域。三星堆祭祀坑中还出土了大量玉、石牙璋，类型众多，林向曾将其定名为"中华牙璋"，并将夏商时期的牙璋分别划为以古蜀和西北为中心的南北两支。③而且，研究中我们发现，有的古老信仰从远古一直延续到当今，可谓不绝如缕，比如蟾蜍崇拜，在三星堆、金沙遗址的考古发掘中出现了石制蟾蜍、金箔蟾蜍，现存的崇州文庙大殿的窗户则将窗棂做成蛙形，四川不少古镇也还能找到蟾蜍或青蛙崇拜的证据，民间传说中也有相应故事。虽然到战国时代的巴蜀青铜武器及巴蜀图语，还有船棺葬

---

① 三星堆遗址面积达 12 平方公里，明显是此时期三星堆文化的中心都邑。
② 段渝：《政治结构与文化模式——巴蜀古代文明研究》，学林出版社，1999 年，第 9 页。
③ 《巴蜀史志》编辑部：《林向：巴蜀文化的探秘者》，《巴蜀史志》2021 年第 5 期。

俗、汉代砖、石画像等等，显示了秦汉时代巴蜀交融的增强并走向一体化的进程，但并不能否定"古蜀"的独立存在。"苏秉琦先生指出，从一个更高的层次看，四川古文化是中国古文化的中心之一"①，所以，"古蜀文明"曾经确是一个独立的文化单元，我们有理由将其作为一个独立的研究对象。

作为"古史辨"派的中坚人物，顾颉刚的史学研究一直充满批判色彩，或者说具有现代史学精神，他对前人的古史记录并不因袭成说，而是采取科学分析的态度，务在求真。顾颉刚在抗战时期曾对四川的历史文化做过研究，现由四川人民出版社作为"巴蜀史研究丛书"出版的《论巴蜀与中原的关系》一书，包含了三篇重要文章：《古代巴蜀与中原的关系说及其批判》《〈蜀王本纪〉与〈华阳国志〉所记蜀国事》《秦汉时代的四川》，顾颉刚的文章对史籍所载的大量古蜀历史、地名、传说等进行了分析，指出古蜀历史记录中以古蜀历史附会于中原历史、以古蜀神话附和中原神话等若干情况，总之是为"求美"而牺牲了"求真"，因而"层垒地"造成了古蜀历史："他增一些，你补一点，从没有关联的地方想出关联，从没有证据的说话造出证据"。②因此，对巴蜀古史及其神话的研究，需要我们下一番抽丝剥茧、去伪存真的功夫。

二

不少前辈学者从各自不同的学科领域关注四川各民族文化，他们的论著中有不少都涉及古代巴蜀神话，如童书业、常任侠、丁山、程憬、郑德坤、朱希祖、孙次舟、杨向奎、冯汉骥等③，这些学者不但文献功底扎实，同时在诸如历史学、考古学、神话学等领域有所专攻，其研究思

---

① 见苏秉琦为《四川考古论文集》所作《序》，文物出版社，1996年，第1—2页。
② 顾颉刚：《论巴蜀与中原的关系》，四川人民出版社，2019年，第43页。
③ 周明：《百年古蜀神话研究概说》（上），《文史杂志》2023年第4期。

路和方法都给我们带来了巨大的启发。当然，作为早期研究中国历史文化的学术群体，巴蜀研究往往只是其研究领域中的一部分，他们不但不会刻意地区分巴和蜀，反而可能很自然地将巴、蜀作为一个统一的范畴来对待。

在研究"古蜀"文化时，常常不可避免地要涉及"古巴"文化。古代巴、蜀在地理空间上交错重叠，难免也存在互相攻伐侵占的情况，文化上彼此交流、借鉴，以至融合，更是不可避免，故此往往不易将二者明显区分开来。比如治水这一伟大壮举，可能单靠古代蜀地本土的技术和力量实难胜任，是故，神话传说有荆人鳖灵①循长江逆流而上，到了郫都才从水里爬出来，帮助杜宇王治理洪水，鳖灵带来的是长江中游地区的水利技术和文化。因"古蜀"绝非一个封闭性的独立存在，所以专注于研究四川古代文化的学者，习惯上也将巴与蜀并而论之。这从学者们的著作名称就能明显看出，如任乃强《四川上古史新探》、林向《巴蜀考古论集》、邓少琴《巴蜀史迹探索》、徐中舒《论巴蜀文化》、童恩正《古代的巴蜀》、李绍明等主编的《三星堆与巴蜀文化》、李诚《巴蜀神话传说刍论——龙凤文化研究之二》、段渝《政治结构与文化模式——巴蜀古代文明研究》、周明《巴蜀神话文献辑纂》等等，几乎都是"巴蜀"联名的。②

袁珂作为20世纪80年代以来中国神话研究的领头人，在古蜀神话领域也具有重大贡献。他带领的研究团队完成了一大批有分量的学术著作，如《山海经校注》《中国神话传说》等，为古蜀神话的研究奠定了坚实基础。他通过对中国神话和巴蜀神话的系统整理与研究，提出了"广义神话"的概念，扩展了神话学研究的视野和范围。特别值得注意的是，袁珂先生虽然面对的巴蜀传统神话是零星片段的，但他把这些

---

① 编者注：本书后文中根据所引用的原文，鳖灵有时作"鳖令"。
② 最近出版的以"古蜀神话"为题的专著，如李诚：《古蜀神话传说试论》、黄剑华：《古蜀神话研究》等，皆由四川省社科院神话研究院组织编撰。

片段收集起来，加以整理连缀，就能看出巴蜀神话鲜明的地域特征。比如经他研究发现，巴蜀神话相对集中的三大母题：蚕神、大石和治水神话，占到了巴蜀神话的一半[1]；再如巴蜀神话向仙话的演变，也具有深厚的社会文化根源。袁珂先生的巴蜀神话研究以文献资料为主，结合考古发现，并重视收集民间口传资料，注重兄弟民族神话的研究，综合利用历史学、民族学、民俗学等多学科的理论和方法，具有开创性和突破性。

任乃强一生致力于藏学和巴蜀文化的研究，是近代巴蜀史研究的开山人物之一，在四川上古史研究方面做出了显著贡献，其著作《四川上古史新探》是这一领域的重要著作。该书分为上下两篇，分别探讨了羌族的迁徙与蜀族的发展，以及巴的兴亡与其他古老土著民族的关系。尤其是详尽论述了上古羌民与蜀的关系，明确指出蜀人是古羌的一支，还探讨了古羌人进入四川各地的路线，以及蜀山氏、蚕丛氏、鱼凫氏、开明氏等族群的发展、变迁。任乃强通过大量的文献考证和考古材料，为四川上古史的研究提供了丰富的资料和独特的视角。

徐中舒是著名历史学家和古文字学家，其巴蜀研究的成果主要体现于《论巴蜀文化》一书中，该书详细考证和研究了秦统一前巴蜀地区的政治、经济、文化、民族等历史问题。巴蜀文化是华夏文化的一个分支，由巴文化和蜀文化共同构成。巴文化以四川省东北部地区（巴中、达州、阆中）为中心，传播于四川东部、湖北西部、重庆三峡库区、陕西南部及贵州北部；蜀文化以四川盆地的德阳、成都地区为中心，起源于距今约4500年的成都平原的新石器时代晚期"宝墩文化"。由于四川盆地特殊的地理因素，巴蜀先民自古就兼容了南、北、东、西各方文化，使四川盆地成为荟萃农耕、游牧文化的聚宝盆；相应巴蜀文化也具有很强的传播性，除与中原、楚、秦文化相互渗透影响外，还对滇黔夜

---

[1]　袁珂、岳珍：《简论巴蜀神话》，《中华文化论坛》1996年第3期。

郎文化和昆明夷、南诏文化产生了明显影响，其辐射力甚至远达东南亚地区。

考古与历史学家童恩正不仅深入探讨了巴蜀地区的历史、文化和民族特征，还为我们观察、理解中国西南地区古代文明提供了重要视角。在《古代的巴蜀》一书中，童恩正先生总结了其近20年的考古研究成果，对巴蜀早期历史进行了较为全面的考察，对传统典籍所载古代巴蜀的历史文化信息予以辨识和质证。童恩正先生的另一贡献是对石棺葬和大石墓的考古研究，这进一步丰富了对巴蜀地区古代社会和文化的认识。他的学术成果为巴蜀文化的研究提供了重要的理论支撑和实证材料，对推动中国西南地区古代文明的研究具有重要意义。

考古学家林向的巴蜀考古研究具有深远的影响。林向教授继承了四川大学考古学开创者冯汉骥先生的学术传统，强调"田野考古是考古学的基础"。他领导并参与了1986年的三星堆遗址发掘，为三星堆考古与研究做出了巨大贡献。其考古调查和发掘遍及峡江地区、成都平原、岷江上游、金沙江与安宁河流域，这些区域正是探索巴蜀地区古代文化的重要场所。

考古学家王仁湘虽不属于蜀中学者，但长期专注于从三星堆和金沙考古的角度研究古蜀神话，出版了《金沙考古：探寻古蜀人的信仰世界》《三星堆：青铜铸成的神话》等专著，认为古蜀文明是一个与中原迥异的区域文明。他指出，古蜀是一个政治实体，古蜀时代以青铜铸造了神话，也建造出了一个特别的神界，体现了古蜀人对于信仰和艺术的独特追求。古蜀文明在发展过程中，不仅形成了浓郁的区域特色，也受到了中原及邻近区域的强烈影响，这种影响在信仰体系上尤为明显，古蜀与中原在信仰上难分彼此，但是古蜀人在艺术表现上发挥得更为奇诡神秘。这些独特的文化遗产对于我们理解和认识古代中国文化的多样性和复杂性具有重要意义。

段渝《政治结构与文化模式——巴蜀古代文明研究》一书，从生态环境、族群组织、城市体系、文字起源、青铜文化、古代丝绸，以及巴蜀与夏商周、与楚和秦汉文化的关系等，全方位考察、论述了巴蜀古代文明，是一部综合研究巴蜀文化的著作。

1996年出版的《巴蜀神话传说刍论》一书以及最近出版的《古蜀神话传说试论》，都是李诚教授在巴蜀文化研究领域的重要著作。该书对巴蜀地区的神话传说进行了详细深入的梳理，阐幽发微，探讨了相关神话传说与古蜀文明之间的关系。李诚教授文献功底扎实，又长于理论辨析，既注重材料的真伪鉴别和相互参证，又充分注意文化人类学和文艺学理论在先秦历史、文化与文学研究中的应用，对巴蜀神话的起源和演变做了系统性研究。

周明作为袁珂的学术助手，在神话文献整理方面打下了坚实的基础。近些年他对《山海经》及古蜀神话研究用力甚勤，成果丰硕。其《巴蜀神话文献辑纂》一书分门别类辑纂了人物、山石、河川、草木、禽兽虫鱼等神话形象，是研究巴蜀神话的重要参考书之一。

黄剑华研究员的《古蜀神话研究》一书，梳理了文献典籍中的古蜀国神话与传说，结合考古发现，并将研究范围扩展到汉代画像中的神话题材和后世仙话鬼话的演化与传播，将袁珂"广义神话"观落实到具体研究理念和方法中，材料翔实，论述全面，堪称古蜀神话研究领域的最新力作。

可以看出，以上所列专著主要为蜀中学人的力作，作为本土学者，研究巴蜀文化更有地利之便，他们在巴蜀大地生活、工作，长期接受巴蜀文化传统的熏染，自然会产生浓厚兴趣和深沉的热爱，不少人怀着强烈的责任感，将巴蜀神话研究作为重要任务，孜孜以求，为我们带来了丰硕的学术成果。

我们无法将前人的相关著作和研究做一一介绍，但已能大概见出前人的成果和巴蜀古代神话研究的进展。无论是前辈学者，还是当今学人，瞩目于巴蜀神话的不在少数，他们的方法和成果无疑为后学带来了巨大启发。可以看出，前人主要是将巴和蜀共同作为研究对象，而单独将古蜀作为神话产生与传播之文化地理单元进行研究的确为少数，而且是近些年来才有的现象。或许受到了行政区划变更的影响，也或许随着研究的深入，人们逐渐意识到巴、蜀文化确有各自不同的生成环境和传播路线，在某些方面有必要分而述之、析而论之，这对于我们了解古蜀历史和理解古蜀人的心智及精神特质都非常重要。

三

神话是一个民族的精神宝库，是传统文化的核心部分。神话为我们描绘了宇宙结构和世界图景，确立了人类观察世界的角度，建立了原始分类观念，因此可以说，神话是人们赖以生存的神圣知识。

古蜀神话资源极其丰富。古蜀神话至少产生于距今四千多年前，这些神话不仅反映了古蜀人的原始信仰，也体现了特定的历史和文化特色。古蜀神话作为中国古代神话体系中独树一帜的分支，一直吸引着众多学者和研究者的目光，随着文献资料的整理、民间口传故事的收集、考古出土资料越加丰富，古蜀神话的研究也日益深入。

1. 文献典籍所记古蜀神话

袁珂先生指出："巴蜀神话起源早，内容丰富，在所有的地域神话中，巴蜀神话可以说是一个泱泱大国，也是唯一可以和中原神话比肩并论的地域神话。"[①] 古蜀神话虽然也还是呈零散状态，但是我们现在已有条件进行较为全面地收集整理，这无疑为进一步深入研究打下了基础。

古蜀神话传说主要产生于岷江流域和川西平原。岷山在古代典籍中或被称为"蜀山""昆仑"等，是连接天地的神山，也被认为是宇宙的中心。还有不少学者认为，川西平原就是古籍中记载的"都广之野"，

---

① 袁珂、岳珍：《简论巴蜀神话》，《中华文化论坛》1996 年第 3 期。

乃人间乐园，相当于天上神仙世界在人类世界的投射，在这样的神话地理和空间中，本就会孕育丰富的神话传说。以《山海经》《华阳国志》《蜀王本纪》《本蜀论》等为代表的典籍，记载了大量的神话，包括三代蜀王（蚕丛氏、柏灌氏、鱼凫氏）以及后期的望、丛二帝（望帝杜宇、丛帝鳖灵）的故事，也涵括了大石崇拜、太阳鸟崇拜、蟾蜍崇拜、羽化登仙等等，而治水神话则是古蜀神话的核心，这些信仰和观念至今仍然广泛存在于人们的精神和心灵世界中。

《山海经》是中国古代的一部志怪之书，内容包含地理、物产、神话、祭祀、巫医等。《山海经》中有一些条目和记载与古蜀国有着直接或间接的联系，例如，《大荒西经》中提到的"有鱼偏枯，名曰鱼妇"等描述，被学者解读为与古蜀国先王鱼凫有关，揭示了蜀国开国之秘；又如颛顼作为五帝之一，与古蜀国有着紧密的联系，他被视为水神，颛顼和鲧、禹等同样具有水神的神格；再如"都广之野"的神话地理位置及其丰盛的出产，不少学者都认为是描述了古蜀国高度发达的农耕文明和"天府之国"的丰饶情景。东晋常璩所著的《华阳国志》是我国现存最早的一部较为完整的地方志，该书主要记载了关于古代巴蜀的创始神话、治水英雄神话、山川风物神话等。如《华阳国志·蜀志》中记载了古蜀国的起源与更迭："有蜀侯蚕丛，其目纵，始称王。死，作石棺、石椁。国人从之。故俗以石棺椁为纵目人冢也。次王曰柏灌。次王曰鱼凫。鱼凫王田于湔山，忽得仙道。"[①]此类故事具有人类文明开篇的性质。而天地开辟、杀死怪兽、建立美好家园等故事，正是所有古老神话的开首篇章。

以《山海经》《华阳国志》《蜀王本纪》为主的古典文献以及历代文人的注释、阐发，包括各地方志的相关记载，都为我们提供了古蜀神话研究的宝贵资源。

---

① 　刘琳：《华阳国志新校注》，四川大学出版社，2015年，第99—100页。

2. 考古材料所示之古蜀神话

三星堆遗址位于四川省广汉市三星堆镇鸭子河南岸，是新石器时代至商周时期的蜀文化遗址，总面积约 12 平方千米，年代距今约 4800—2800 年。三星堆遗址以夏商时期三星堆古城为主体，形成东、西、南三面城墙及北临鸭子河的建筑体系，古城分作祭祀区、居住区、作坊区、墓葬区，并有三星堆、月亮湾等重要夯土建筑遗迹。三星堆遗址大量的实物证明古蜀国是一个高于氏族部落的稳定、独立的政治实体，对探索人类早期的政治组织及社会形态的演化、对研究古蜀先民的宗教意识和精神信仰具有重要的价值。古蜀国不仅是中国古代中原周边颇具代表意义的古国之一，还证明了中华文明发生和形成的多元性。

金沙遗址位于四川省成都市城西苏坡乡金沙村，存续时间约为公元前 12 世纪至公元前 7 世纪，距今约 3200—2600 年，是古蜀文明的又一个中心，出土了数以千计的玉器、金器、铜器、石器、漆木器、陶器、象牙制品等文物，还有大量的陶器、石器、漆木器、铜器以及数以吨计的象牙、数千枚野猪獠牙、鹿角等。除各种器物外，金沙还出土了大量刻画图像，特别是太阳神鸟、金冠带、金箔蟾蜍等，这些东西很可能是在祭祀仪式中使用的。

所有这些考古实物和图像都是对古蜀神话无言的述说。

3. 巴蜀符号表征的古蜀神话

卫聚贤最早对巴蜀地区考古发现的以战国青铜器为主的刻画符号进行了考察，并于 20 世纪 40 年代初在《说文月刊》上发文，对搜集到的 48 种青铜纹符进行了考据和推测，他提出此类符号应为"巴蜀文字"，当然，后来也有称之为"巴蜀符号"或"巴蜀图语"的。随着考古发掘的展开，人们搜集整理到的巴蜀符号逐渐扩展到约 300 个（种），包括面具纹、神树纹、眼形器纹、手形纹、心形纹、栅栏纹、飞鸟纹、虫蛇纹、戈形纹、虎纹、水草纹等等。这些巴蜀符号主要分布在青铜制的兵器、乐器、印玺等器物上，其中九成以上是用錾刻的方式刻在兵器上的。巴蜀符号的研究对于理解巴蜀地区与中原地区以及其他地区的文化交流具有重要意义，同时，巴蜀符号的研究也有助于我们了解古代巴蜀地区的文字发展、社会结构以及宗教信仰等方面的情况。

4. 民间口传之神话故事

人类学研究告诉我们，远古民族的历史往往是"口述史"，也就是以神话的形式存在的。即使在文明时代所书写的许多历史，也常从民间口传而来，《史记》中的"五帝本纪"只能来自"道听途说"，只能采自民间。同样，《山海经》《蜀王本纪》等所记内容，在相当长时间里，也应是一直流传于民间，直到被文人采集而记录在案。时间上越早成书的典籍，其原始口传痕迹也越明显，到了后世理性发展的时代，如《华阳国志》《楚辞》《论衡》等，虽然也记录了相关神话故事片段，但往往被质疑或者修改，这也反过来证明古代典籍与口传时代的紧密关系。根据汉语中"圣"字所示，最早的圣人就是大巫师，而他的一个特别的本领是长于记诵，通过口耳相传继承文化。值得注意的是，并不是说当民间故事被读书人记录在案后，不识字的群体就拱手转让了该故事的"版权"，实际上，"小传统"人群继续讲述着同样的故事，而且在流传中会发生变化，所以，大量的古蜀神话以口耳相传的"活态"方式在民间流传，并成为神话传说的一个特殊组成部分。

四

与中国神话的存在情况一样，古蜀神话首先散见于各种古代典籍中，却并不是一个成体系的叙事形式。不论是神话人物，还是他们的神圣行为，在典籍中的记录都极为简短，呈碎片化状态，一鳞半爪、吉光片羽；而且在不同的典籍中，对同一人物的介绍也常有不一致的地方，人物和情节常常矛盾、错杂、张冠李戴，无法形成完整的故事。这就需要文字的爬梳、版本的对勘和比较神话学的视野，因此对研究者的基本功夫和理论修养的要求都是极高的。袁珂先生不畏艰难，付出毕生心血，做了大量的搜集整理和研究工作，为中国神话描画出了一个整体面貌，但其所处的时代，毕竟受到诸多条件限制，而且那时的神话研究并非"显学"，研究神话的学者显得势单力薄，因此还有许多议题和难点需要后来者继续努力。

神话有不同面相，我们必须从不同角度加以观照和研究，传统的文献整理、训诂考证的方法值得重视，西方神话学理论与方法也值得借鉴。

神话绝不能与荒诞、虚构故事画等号，虽然多有变形、夸饰、想象，但它的底子上带有历史真实的存留。神话告诉我们有关宇宙起源、人类起源的最初情形，阿兰·邓迪斯指出："神话是关于世界和人怎样产生并成为今天这个样子的神圣的叙事性解释。"[1]神话处于历史和文学之间，是真实事件和虚构想象二者结合的产物，将其视为史实记录和荒诞妄想都会使得我们无法进入神话世界。

以马林诺夫斯基为代表人物的功能学派认为，"由于神话在信仰的阐明、确立和维系中起着至关重要的作用"，所以，无论从何角度来看，神话都是"信仰的表达"，它在"规定习俗、约束行为风尚、授予权威，或形成巫术体系"等方面发挥着重要作用，所以，神话是该群体的"社会宪章"[2]。这就提示我们把神话放到集体信仰的语境、巫术仪式的语境中来理解，可能更容易把握其精神。

神话与人类的心智能力密切相关，神圣叙事的基本逻辑方式体现为神话思维。卡西尔通过语言、隐喻和神话之间的关联，注意到语言和神话是并列的，他写道："它们是从同一母根上生发出的两根不同的子芽，

---

① （美）阿兰·邓迪斯著，戈朝金等译：《西方神话学论文选》，广西师范大学出版社，2006年，第1页。
② （美）伊万·斯特伦斯基著，李创同、张经纬译：《20世纪的四种神话理论》，生活·读书·新知三联书店，2012年，第76—80页。

是由同一种符号表述的冲动引出的两种不同的形式。"[①] 语言与人的感觉密切相关，包括命名和称谓，它们在根本上与人感知这个世界的方式有关；同时，人与物发生联系的方式直接导致了语言的差异，也决定了每种语言的个性特征。深入考察神话和语言的关系，对于理解汉语中的神话思维特征，应有极大帮助。

西方的神话学研究可谓"百花齐放"，自然不必一一模仿、照抄照搬，但是并不妨碍我们借鉴、运用好的理论和方法解决自己的问题，并在实践中实现本土化、中国化。"他山之石可以攻玉"，神话学家叶舒宪早年正是阅读了弗雷泽的《金枝》后受到巨大启发，从而对神话研究产生了浓厚兴趣。萧兵先生也是在读了摩尔根的《古代社会》等西方论著后，悟出人类学、民俗学对理解中国古典神话的莫大效用。当代神话学研究的探路人正是在西方人类学、神话学理论的启迪下，接受了新概念、新思路，特别注重新材料、新证据，在王国维"二重证据法"的基础上，发展出"四重证据法"，并提供了神话学研究的典范论著，展示了具体的研究思路和方法，形成了示范效应。

生活于东汉的许慎没有见过甲骨文，甚至连金石文字都极少见到，生活于东晋的常璩自然无缘于三星堆和金沙，否则，《说文解字》和《华阳国志》应该完全不是我们今天所见的样子。时至今日，越来越丰富的神话资源为我们的研究提供了有利的条件。20 世纪 80 年代全国性的民间文学搜集整理工作，获得了海量的神话传说故事，那些仍然存在于民间的"活态"神话极其珍贵，是文献典籍记载的神话的重要参照和补充。当今的考古学事业可谓蒸蒸日上，地下宝藏纷纷现世。与此相应，博物馆业、收藏业也颇为兴盛，这些客观上都为人们接触古代文化、了解古人的生活提供了丰富的直观材料。

---

① （德）恩斯特·卡西尔著，于晓等译：《语言与神话》，生活·读书·新知三联书店，1988年，第 106 页。

　　一个时代有一个时代的学术，学术的进步首先依靠广泛的证据来源和各种属性的证据资料。典籍记载是文字叙事，民间传说是口传叙事，而考古实物和图像则是物的叙事和图像叙事，这些都是神话存在和传播的不同载体和形式，如果我们恰当运用新的理论和方法，就会使得这些材料形成互相印证、互相参照、互相补充、互相阐发的效果。

第一章

古"蜀"之名实与"蜀"字原始取象考论

一、古"蜀"的名与实

对于"古蜀"的研究，自来学者们在典籍、神话、考古等材料中探寻佐证，可谓穷搜毕罗，但是这个问题本来就很复杂，同时纠缠着族名、族属、地望以及文字符号本身的能指、所指关系等，所以至今基本还是停留于各抒己见的阶段。因为年代遥远，而各种可资论证的材料放在一起常常彼此扞格，要整合成一个完整的历史、地理和文化图景，确实有太大难度。在这种情况下，出现不同观点并彼此论争，实属正常。

迄今为止，关于古蜀文明的研究实际上主要集中在如下几个问题的论述上。

（一）关于古蜀的族属与地望

族属与属地二者密切相关，人们通常都是将两个问题放在一起讨论。《史记·五帝本纪》载："嫘祖为黄帝正妃，生二子，其后皆有天下：其一曰玄嚣，是为青阳，青阳降居江水；其二曰昌意，降居若水。昌意娶蜀山氏女……"① 《华阳国志·蜀志》亦云:"蜀之为国,肇于人皇,与巴同囿。至黄帝,为其子昌意娶蜀山氏之女,生子高阳是为帝喾;封其支庶于蜀,世为侯伯。历夏商周,武王伐纣,蜀与焉。"② 这两部著作的权威性自不待言,对后来的影响极大,二者都把古蜀之渊源追溯到了华夏民族的共祖黄帝身上,强调了蜀人是黄帝后裔;而在这个大前提下,相关文献中提到的"若水""蜀山""都广"等这些神话地名也就必然会被放在古蜀地理范围内加以讨论,换句话说,在大家的论述中,这些古代地名的具体所指,都在向今日西蜀这一中心区域靠拢。

郭沫若释《班簋》铭文"作四方望,秉緐蜀巢",称其是"以四国表示四方","蜀即西蜀,在今四川"③。董作宾也认为"蜀的地望……约在今陕西或四川"④。林向在《论古蜀文化区——长江上游的古代文明中心》一文中引《山海经·海内经》所载"西南黑水之间,有都广之野,后稷葬焉。……爰有膏菽、膏稻、膏黍、膏稷,百谷自生",认为这一段描述就是对成都平原的写照,并且还引证"都广"即"广都",而"广都"即今之成都。⑤ 林向先生的另一篇文章还指出:"古蜀文明在夏商周时期辉煌上千年,它北与中原进行双向交流,东化荆楚,西涵藏彝走廊,南通南中、东南亚并与西亚交流",只是到西周后期,古蜀文明显得黯然失色,春秋时期更是面目不清。⑥ 李绍明《古蜀人的来源与族属问题》一文,根据昌意降居若水的神话传说,考证若水即今雅砻江,因而推测蜀山氏所居应离此处不远,也就是岷江上游的大片山脉。⑦

以上论述基本认定古蜀之地的原住民即称为"蜀人",这在同类议

---

① (汉)司马迁:《史记》第一册,中华书局,1985年,第10页。
② 刘琳:《华阳国志校注·蜀志》,巴蜀书社,1984年,第175页。
③ 郭沫若:《〈班簋〉的再发现》,《文物》1972年第9期。
④ 董作宾:《殷代的羌与蜀》,《说文月刊》1943年第3卷第7期。
⑤ 李绍明等主编:《三星堆与巴蜀文化》,巴蜀书社,1993年,第3页。
⑥ 同上,第8页。
⑦ 同上,第13页。

题中较有代表性，从而也成为不少学者讨论蜀人、蜀地和古蜀文明的不言自明的起点。但是，这一主流观点还是有进行反思的必要，当各家的论述一旦将"蜀"追溯到神话时代，其实也就是一种对"国"或"族"的起源（包括族属及其文化）的溯源式认同，但是，这种"神话历史"的客观性、可靠性有多高，却是一个值得商讨的问题。华夏民族的共祖是黄帝，但是关于黄帝的"历史记忆"本身也是丰富而复杂的，司马迁在《史记》中明确写道："然《尚书》独载尧以来，而百家言黄帝，其文不雅驯，荐绅先生难言之。"[①]很明显他只好选择了他认为合理的说法，也就是说抛弃了其他大量的异文、异说，而且我们还有理由怀疑他在记下我们今天所看到的《史记》中的这一个黄帝叙事时，一定难免有删节、润色，甚至美化，而这种"修史"行为也是历代各朝"文化建设"的典型做法，因此对其"历史真实"也要做具体分析。黄帝神话如此，而系联于其下的古蜀神话及其族属、属地等相关问题，也就应该纳入我们的审视之中。

老一代学者其实对此类问题是有反思的，比如蒙文通曾提出，古代蜀国的蚕丛、柏灌、鱼凫、杜宇、开明都是各为一族，且互有征战兴亡。[②]徐中舒则指出，传说中的这几个古蜀王国各自的文明形态不一样，如蚕丛氏纵目，行石棺藏；鱼凫"田于湔山"，似为游牧与粗放农业文明；杜宇"教民务农"，已处于平原地区从事灌溉农业了。[③]他们的研究表明，古蜀之地在远古时代很可能是多族共处，并非只有"蜀人"一族，也并无一个真正的"王统"。应该说，这类研究无疑对权威史籍所载、并为后世学者极为推崇的古蜀王朝世系的叙述提出了质疑。

历史书写有其自身的规范性，它要求一个前后相续的记录，至少在时间上应该是无缝衔接，否则就会有"断裂"之感，就是破碎的，也就

---

① （汉）司马迁：《史记》，中华书局，1985年，第46页。
② 蒙文通：《巴蜀古史论述》，四川人民出版社，1981年，第35—49页。
③ 徐中舒：《论巴蜀文化》，四川人民出版社，1981年，第141—142页。

难以称为"正史",正因为如此,少数学者对古蜀的"神话历史"所述的王朝兴替(此亦"正史"叙事模式的重要部分)的追问和究诘,显得尤为可贵。李白曾生活于四川,想必对此地的本土神话传说极为熟悉,其诗中写道:"蚕丛及鱼凫,开国何茫然,尔来四万八千岁,不与秦塞通人烟"(《蜀道难》)①,虽是诗人带有夸张手法的描写,但如果古蜀历史真正清楚无误,可堪作为"正史",他也就不会有"茫然"之叹。

不少当代学者发扬追根究底的精神,循名以责实,对蜀之名与蜀之地的关联进行深入考察,结果发现现有史料或考古证据并不能支持直接将殷商时代名为"蜀"的方国确定在今川西平原地区。《尚书·牧誓》言武王伐纣于牧野,誓师之辞有"及庸、蜀、羌、髳、微、卢、彭、濮人,称尔戈,比尔干,立尔矛,予其誓"。伪孔传云:此"八国皆蛮夷戎狄属文王者国名。羌在西,蜀、叟、髳、微在巴蜀。卢、彭在西北。庸、濮在江汉之南"②。后世史学家多以此为信史,认为"蜀"早在周初时就与中原相通了,但当代学术界已认识到其书版本并不可靠。

甲骨文专家胡厚宣认为殷墟卜辞中的"蜀"作为方国,乃在鲁地,"夫以益州群山之高三峡之险,殷人入川,大非易事,卜辞中之蜀,绝不能如此之遥……盖北自今之泰安南至汶上,皆蜀之疆土"。③李学勤也认为周原卜辞所记之"蜀"在鲁地。④日本学者岛邦男则认为卜辞中的"蜀"在黄河河曲西南,即今陕西东南部的商县、洛南一带。⑤在他们看来,迄今发现的最早的文字记载中所称之"蜀"并不能确定为今四川境内以川西平原为主的地区。换句话说,甲骨文所记之"蜀"与秦汉以后

---

① (清)王琦《李太白全集》,中华书局,1977年,第162页。
② (汉)孔安国传,(唐)孔颖达正义,黄怀信整理:《尚书正义》,上海古籍出版社,2007年,第421页。另,孔颖达疏云:"叟者,汉世西南之夷。蜀名为大,故传据蜀而说。……羌在其西,故云西蜀叟。叟者蜀夷之别名。"见同书第422页。
③ 胡厚宣:《卜辞中所见之殷代农业》,《甲骨学商史论丛初集》(外一种)下,河北教育出版社,2002年,第665—666页。
④ 李学勤:《西周甲骨的几点研究》,《文物》1981年第9期。
⑤ 转见李伯谦:《城固铜器群与早期蜀文化》,《考古与文物》1983年第2期。

典籍中所载的"蜀"，名虽同而地实异，难以直接画上等号。所以，历代史家所一贯追求的稳定、统一和连贯的"历史叙事"，是否遮蔽了其迁变、流动甚至断裂的"历史事实"，是研究古蜀历史需要反思的。

那么，"蜀"之作为族名与川蜀之地是怎样产生关联的呢？

为了解释卜辞中"蜀"的地理方位及各处以"蜀"为地名的现象，考古学家林向曾撰文指出："蜀的势力中心一定在距离殷王畿比较遥远的地方，而商王室又经常能'至蜀''于蜀''在蜀'，那么蜀的疆土必定有部分与殷商的疆界接壤。"[1]这一推测似有其合理性，此文的意思是，"蜀"很可能覆盖了一个较为广大的地区，其界域跟商相接，而其真正的政治文化中心可能在遥远的某处，这样，卜辞所示蜀在商王朝的周边与蜀在四川这一空间距离似乎得到了某种弥合，但历史上如果出现这么一个幅员辽阔的蜀，还需要考古学上的证据。

对于史籍"氐羌并称"的现象，童恩正解释说，氐本羌之一支，羌人原本居于黄河上游，其活动范围在今甘肃、青海相接的山岳地带，后来沿着青藏高原的横断山脉南迁，定居岷江两岸，在河谷平坦地带开始农业生产，于是称为"氐"。所以"氐地之羌"即"低地之羌"。[2]童先生还指出，在某些古籍中氐又称"叟"，而在古音中"叟""蜀"二字读音相近。他列举了数条证据：一是《汉书·武帝纪》的记载（"北发渠搜，氐羌来服"），认为"渠搜"（"搜"亦作"叟"）是氐羌的一支；二是《尚书·牧誓》、"伪孔传"中所载"蜀，叟"一条，朱骏声《说文通训定声》注此条云"晋人语也"，以此推断在某些方言中，"蜀""叟"甚至为同音字；三是《后汉书·董卓传》中所载"'吕布军有叟兵内反'，注：'叟兵即蜀兵也，汉代谓蜀为叟'"。童先生力求从不同角度

① 林向：《巴蜀考古论集》，四川人民出版社，2004年，第30页。
② 童恩正：《古代的巴蜀》，四川人民出版社，1979年，第56—57页。另，王献唐亦云："汉代谓蜀曰叟"，见《古文字中所见之火烛》，齐鲁书社，1979年，第15页。

以多种证据论证"蜀"即"叟"。① 这样，在童恩正的论述中，羌、氐、叟、蜀就形成了关联。

综合童恩正及其他一些前辈学者的论述，可总结如下：川西平原及周边，特别是沿岷江流域的早期居民是来自西北方向的羌族。羌族本来是在我国西北部高原上放牧羊群的游牧民族，但南迁进入河谷地带后，则名为"氐"，故有"氐羌"之称，进入低地后，其生计模式也有较大程度的变化，发展成为半游牧半农耕文明了。而"氐"可能主要由羌人中的"搜"（或"叟"）这一小族群构成，正是这个族群沿着岷江迁徙，最终抵达了四川盆地，又在吸收长江中下游文明成果的基础上，发展出带有明显地域特征的农业文明。因为"叟"即"蜀"，所以"蜀"的最早得名，即可能由此而来。

古文字专家周清泉则基于其独特视角提出了自己的看法，他认为早期商人是游牧民族，逐水草而居，而水草充足之处也是蛇虫、野兽藏匿之地，故放牧队伍就需要犬只先行侦探、搜索。此先行者除携带犬只外，还须持炬以照路兼作驱除蚊蚋虫蛇以及凶禽猛兽的武器。其所持之火为"苣"（炬），又名"爥"（烛）。"爥"为"蜀"的特义字，其本义乃指蜀人所持之炬，引申之，则所持之炬亦得以"爥"名之。持炬之蜀人，即是牧队中先行之"安"（叟）。在殷人转入定牧期时，作为承担同一职务的这个族群聚居于殷墟安阳之南，纣都朝歌淇县之东，故其地亦名蜀。② 后来，原本居于鲁地的"蜀"，经商洛至章（山）洛（水）入川，成为川蜀。周清泉先生还推论：因为青铜时代应在甲骨文时代开始之后，即在殷末盘庚迁殷之后，所以"三星堆有青铜器，是当为殷亡之后，经陕西商洛而逃亡入川居章雒者所具有。……皆可证三星堆乃商蜀之入川而为'居川蜀人'之始者"，后因"不与秦塞通人烟"，导致东周

---

① 童恩正：《古代的巴蜀》，四川人民出版社，1979年，第56页。
② 周清泉：《释"蜀"、"叟"：三星堆柱目人铜面像的解谜（上）》，《成都大学学报》2003年第2期。

以前，史籍无载，一直到秦汉时代，川蜀才又重现于中原历史记录。[①]

"蜀人"何在？"川蜀"何来？我们认为，讨论这个问题时不能忘记一个基本的历史场景，那就是"蜀"作为最早见于卜辞的方国，是以商王朝为主体视角的所指，它最初当然是对一个特定族群及其居地的称谓，但当时在商王朝周边的方国，其文明形态应该带有一定程度的游牧性质，且经常会因战争、灾害、饥荒等缘故而迁徙，所以"蜀族"的生存空间和势力范围可能是流动的。[②] 而随着这种流动性，该族自然会与所到之地的更早的"原住民"文化产生碰撞与融合，从而一定程度上改变其原有的文化，且表现出在地文化特质。但是，地域的流动性和文化的变迁并不能影响或改变中原王朝对它的原有命名和称谓，也就是说，虽然内涵不一样了，名字却还是那个名字，新酒还是装在那个旧瓶里。因此，古史上笼统所称之"蜀"，其实皆有时代、地理及文化等特定差异。

（二）蜀与蚕的关系

据文献记录，"古蜀"的农业文明形态和生计模式之所以具有鲜明的地域特征，其族群文化之所以在历史上一直闪耀着光辉，除了此地土地膏腴、五谷蕃熟之外，另有一个重要原因是这里蚕桑发达。

"蚕"很早就参与建构了"蜀"的族属特征和文化特质。据古籍记载，"蚕丛"作为传说中古蜀王国的第一个首领，也是最早教民蚕桑的国王，故有此名。在史家笔下，"蜀"与"蚕"历来就有关联，蜀自古蚕桑业发达，甚至就是起源之地。《蜀王本纪》载："蜀王之先名蚕丛，后

---

① 周清泉：《文字考古》第三册，四川人民出版社，2014年，第825—828页。
② 古文字专家詹鄞鑫就曾提出："戎狄诸族随时而迁徙，叟族或在防风（夏代），或在汪芒（殷代），或在山西（春秋）山东（春秋），或在巴蜀（汉魏以后），这跟羌族的不断迁徙是一样的。"见詹鄞鑫：《华夏考——詹鄞鑫文字训诂论集》，中华书局，2006年，第280页。

代名曰柏濩,后者名鱼凫。此三代各数百岁。"①《华阳国志·蜀志》载:"周失纲纪,蜀先称王。有蜀侯蚕丛,其目纵,始称王,死,作石棺石椁,国人从之,故俗以石棺椁为纵目人冢也。"②扬雄《蜀都赋》章樵注引《先蜀记》称"蚕丛始居岷山石室"。③唐代张守节在《史记正义》中引《史记》记载:"黄帝与子昌意娶蜀山氏女,生帝俈,立,封其支庶于蜀,历虞夏商。周衰,先称王者蚕丛……"④

非常明显的情况是,早期文献还只有"蚕丛"其名,但我们发现随着后来史家的书写,慢慢地也就有了其实(即"蚕丛"跟蚕桑的发现生产明确关联),变得"名副其实"了。《蜀中广记·方物记第二》引《寰宇记》所载:"成都圣寿寺有青衣神祠,神即蚕丛氏也,相传蚕丛氏始教人养蚕。"⑤《事物纪原·蚕市》引《仙传拾遗》记蜀地传说:"蚕丛氏王蜀,教人蚕桑。"⑥《农政全书·蚕桑·总论》称:"蚕丛都蜀,衣青衣,教民蚕桑,则蜀可蚕。"⑦段玉裁编《荣县志》说:"蜀者,蚕也。"⑧

在现当代学者中,朱逖先很早就提出,蜀得名于最早养蚕的蚕丛氏。蜀人就是养蚕人,所以蜀即蚕。⑨任乃强先生更进一步指出,"蜀字,原造字时作罒,象虫形,所指为野蚕。野蚕与家蚕全同,但形体较小,两颊有黑斑一对,似眼。故造字时特夸大其目,以与其他蠕虫字区别。或曰象蚕吐丝之形。上四,即古蚕字,象其环节,亦通。要其字为野蚕"。⑩邓少琴认为"蠋为野蚕,经蚕丛氏驯养而为家蚕,此为古代

① (汉)扬雄著,郑朴辑:《蜀王本纪》卷一,"壁经堂丛书"新津胡氏刊本,1923年,第211页。
② 刘琳:《华阳国志校注·蜀志》,巴蜀书社,1984年,第181页。
③ 章樵:《古文苑》卷四,《景印文渊阁四库全书》第1332册,第605页。
④ (汉)司马迁:《史记》第二册,中华书局,1985年,第507页。
⑤ (明)曹学佺:《蜀中广记》卷六〇,《景印文渊阁四库全书》第592册,第20页。
⑥ (宋)高承:《事物纪原》卷八,《景印文渊阁四库全书》第920册,第224页。
⑦ (明)徐光启:《农政全书》卷三一,《景印文渊阁四库全书》第731册,第441页。
⑧ 转见周匡明:《蜀,蚕耶?非也!》,《农业考古》1988年第1期。
⑨ 朱逖先:《古蜀国为蚕国说》,《时事新报·学灯》1939年第44期。
⑩ 任乃强:《四川上古史新探》,四川人民出版社,2019年,第48—49页。

蜀人一大发明，故以蚕丛氏称之。"①可以看出，大家的论证主旨很明显，"蜀"就是一条蚕虫，蜀人的祖先蚕丛氏最早将野蚕驯化为家蚕。②

　　毫无疑问，古"蜀"字确为一虫形，但到底是哪一类别的虫呢？曾有学者根据前人的观点总结出两种解释：一是认为"蜀"象野蚕之形，其上部象其头，下为其身，左下部的"虫"既标其类又象其形，或可视为幼蚕之象形。二是认为"蜀"是似蚕的一种毒虫，"是商代统治者用代表毒虫的字来称呼古代的蜀人，可能是一种贱称"。③而从"蜀"字古训来看，实有三种说法，一是似蚕之桑（葵）虫，二是指天牛幼虫（蝤蛴），三是豆藿中的大青虫。据《说文》所载："蜀，葵中蚕也，从虫，上目象蜀头形，中象其身蜎蜎。诗曰'蜎蜎者蜀'。"段玉裁注："葵，《尔雅》释文引作桑。《诗》曰：'蜎蜎者蠋，烝在桑野。'似作'桑'为长。毛传曰：'蜎蜎，蠋皃。蠋，桑虫也。'传言虫，许言蚕者，蜀似蚕也。《淮南子》曰：'蚕与蜀相类，而爱憎异也。'桑中蠹，即蝤蛴。"④

　　综上言之，从古人的记述和解释来看，只能说"蜀"是一条虫，以植物叶子为食，它可能是吃桑叶的蚕或野蚕，也可能是似蚕的虫。

　　"蜀"与蚕的关系，还体现在黄帝之妃嫘祖的神话传说中。

　　《山海经·海外西经》云："轩辕之国在此穷山之际，其不寿者八百岁。在女子国北。人面蛇身，尾交首上。"郭璞注："其国在山南边也。《大荒经》曰：岷山之南。"郝懿行疏："《大荒西经》说轩辕之国江山之南，此云岷山者，以大江出岷山故也。"⑤《山海经·西山经》云："又西四百八十里，曰轩辕之丘，无草木。"郭璞注："黄帝居此丘，娶西陵

---

① 邓少琴：《巴蜀史迹探索》，四川人民出版社，1983年，第135页。
② 关于"野蚕驯化"说，还可参考石滽：《记成都交通巷出土的一件蚕纹铜戈》（《考古与文物》1980年第2期）、朱英贵：《释"蜀"》（《成都大学学报》2011年第4期）等文章。
③ 童恩正：《古代的巴蜀》，四川人民出版社，1979年，第55页。
④ （清）段玉裁：《说文解字注》，中华书局，2013年，第672页。
⑤ 袁珂：《山海经校注》，上海古籍出版社，1980年，第221页。

氏女，因号轩辕丘。"① 并且还说西陵氏的女儿叫嫘祖，是黄帝的正妃。《大戴礼记·帝系》云："黄帝居轩辕之丘，娶于西陵氏之子，谓之嫘祖氏。"②《山海经·海内经》又作"雷祖"，《山海经·海内经》云："流沙之东，黑水之西，有朝云之国、司彘之国。黄帝妻雷祖。"郭璞注："《世本》云：'黄帝娶于西陵氏之子，谓之累祖，生青阳及昌意。'"郝懿行疏："雷通作累。郭引《世本》作累祖，《大戴礼记·帝系》作嫘祖，《史记·五帝纪》同，《汉书·古今人表》作累祖，并通。"袁珂注："《路史·后纪五》云：'黄帝元妃西陵氏曰儽祖，以其始蚕，故又祀先蚕。'"③《路史·后纪》又写作"儽祖"："（黄帝）元妃西陵氏曰儽祖。"④

《蜀中广记》"青神县"条引梁朝李膺《益州记》记载："青衣神号为雷垍庙。"⑤《云笈七籖》卷一百引《轩辕本纪》云："元妃西陵氏始养蚕为丝。"⑥徐学书先生从字源及其演变的视角进行分析，认为"嫘祖""儽祖""纍祖""雷祖""雷垍"皆为同音异写，由"青衣神祠，神即蚕丛氏""青衣神号雷垍"等说法可知，西陵氏"嫘祖"也即蚕丛氏（蚕陵氏）青衣神"雷垍"（雷祖）。"嫘祖"的"嫘"字原作"嬹"，周代青铜器有"嬹妃匜""嬹妊壶"。"叠"为源于"叠"部落的独有古地名，"嬹"指居住石砌碉房"叠"部落的女子。"叠"字象征石头垒砌的高台建筑，其上部为三个垒叠的石头"畾"，下部为高台建筑造型"宜"。北周时奉嫘祖为缫丝纺织的"先蚕神"，将"嬹"字"叠"下部的"宜"改为从"丝"而写作"嬹"，后世文献或去女旁作"纍"（纍祖），或加人旁作"儽"（儽祖）⑦。

① 袁珂：《山海经校注》，上海古籍出版社，1980年，第51页。
② 方向东：《大戴礼记汇校集释》，中华书局，2008年，第737页。
③ 袁珂：《山海经校注》，上海古籍出版社，1980年，第442页。
④ （宋）罗泌：《路史》卷一四，《景印文渊阁四库全书》第383册，第126页。
⑤ （明）曹学佺：《蜀中广记》卷一二，《景印文渊阁四库全书》第591册，第164页。
⑥ （宋）张君房：《云笈七签》，书目文献出版社，1992年，第714页。
⑦ 徐学书：《嫘祖、蚕丛、冉駹与羌族的渊源关系研究》，《中华文化论坛》2023年第1期。

有些学者认为,西陵即是蚕陵,黄帝所娶之西陵氏之女,也即是蚕陵氏。有学者考证,蚕陵在今四川旧茂州之叠溪,而"西陵"实际上就是"西山"①。任乃强提出蜀山氏是最先重视野蚕,创造出拾茧制丝的氏族,而嫘祖只是将蜀山氏拾野茧抽丝制绵之法传播到中原的人,因此嫘祖就是以"传抽丝制絮之法而得名,初无养蚕之义"。②

蜀地民间还另外流传着一个蚕女神话。《太平广记》卷四七九"蚕女"条引《原化传拾遗》云:

> 蚕女者,当高辛帝时,蜀地未立君长,无所统摄。其人聚族而居,递相侵噬。蚕女旧迹,今在广汉,不知其姓氏。其父为邻邦掠去,已逾年,唯所乘之马犹在。女念父隔绝,或废饮食。其母慰抚之,因告誓于众曰:"有得父还者,以此女嫁之。"部下之人唯闻其誓,无能致父归者。马闻其言,惊跃振迅,绝其拘绊而去。数日,父乃乘马归。自此,马嘶鸣,不肯饮龁。父问其故,母以誓众之言白之。父曰:"誓于人,不誓于马。安有配人而偶非类乎?能脱我于难,功亦大矣,所誓之言,不可行也。"马愈跑。父怒,射杀之,曝其皮于庭。女行过其侧,马皮蹶然而起,卷女飞去。旬日,皮复栖于桑树之上。女化为蚕,食桑叶,吐丝成茧,以衣被于人间。父母悔恨,念之不已。忽见蚕女,乘流云,驾此马,侍卫数十人,自天而下,谓父母曰:"太上以我孝能致身,心不忘义,授以九宫仙嫔之任,长生于天矣,无复忆念也。"乃冲虚而去。家今在什邡、绵竹、德阳三县界。每岁祈蚕者,四方云集,皆获灵应。诸观画塑女子之像,披马皮,谓之马头娘,以祈蚕桑焉。《稽圣赋》曰:"安有女,感彼死马,化为蚕虫,衣被天下是也。"③

---

① 贾雯鹤:《黄帝与嫘祖神话及其相关问题研究》,《求索》2015年第3期。
② 任乃强:《四川上古史初探》,四川人民出版社,1986年,第45—48页。
③ (宋)李昉等:《太平广记》,中华书局,1961年,第3944—3945页。另,(晋)干宝:《搜神记》卷一四亦记有此故事。

这类民间故事非常有名，它解释了蚕桑的起源，并将故事发生地落实在四川广汉、绵竹等地，人名、地名都有，似乎确凿可凭。四川民间还流传有《马蚕娘娘》《西陵圣母与养蚕》这类故事。[①] 但我们需要警惕的是，民间故事的性质本身决定了其带有虚构性，它实际上介于历史与文学之间，绝对是一个神话原型，但不一定符合历史真实的要求，因为民间故事就如长了翅膀的鸟儿，它会到处歇足，而它驻足的每一个地方的百姓都希望将神话人物"据为己有"，都希望神迹落在自己的家乡，并想方设法将其与当地的"景点"联系起来，作为"真实"的凭据。[②] 像大禹治水、梁祝故事、孟姜女故事等，全国各地都可能找得到声称是故事主人公足迹所至的地方。[③]

谈到"蜀"与"蚕"的关系，自然还要涉及"蜀"与"桑"的关联。在中国古代神话传说中，神话英雄生于"空桑"的故事非常有名。《吕氏春秋·本味篇》云："有侁氏女子采桑，得婴儿于空桑之中，献之其君，其君令烰人养之。察其所以然。曰其母居伊水之上，孕。梦有神告之曰'臼出水而东走毋顾'。明日，视臼出水，告其邻，东走十里，而顾其邑，尽为水，身因化为空桑。故命之曰伊尹。此伊尹生空桑之故也。"[④] 一般认为，扶桑即巨大的桑树，不少地方都有神桑崇拜，古蜀自然也有此信仰。传说中的帝王颛顼跟蜀有明显关系，《吕氏春秋·古乐

---

① 参见侯光、何祥录选编：《四川神话选》，四川民族出版社，2011年。
② 关于嫘祖故乡"西陵"到底在何处，目前计有湖北宜昌说、四川盐亭说、湖北远安说、河南西平说。（参见王春宇：《蜀地蚕神研究综述》，《重庆文理学院学报》2019年第2期。）根据日本民俗学家柳田国男的论述，传说的核心必有纪念物，尽管很少有人因为有这些遗迹就把传说当真，但毕竟眼前的实物唤起了人们的记忆，而记忆又联系着古代的信仰。（［日］柳田国男著，连湘译：《传说论》，中国民间文艺出版社，1985年，第7页。）
③ 顾颉刚曾说，孟姜女故事"论其年代已经流传了两千五百年，按其地域几乎传遍了中国本部"，不但哭崩了长城，还哭崩了梁山。（见顾颉刚：《孟姜女故事的转变》《杞梁妻的哭崩梁山》等文，载顾颉刚、钟敬文等著《孟姜女故事论文集》，中国民间文艺出版社，1984年。）
④ 许维遹：《吕氏春秋集释》，中华书局，2009年，第310页。

篇》中就有记载说"帝颛顼生自若水,实处空桑"。[①] 桑树在神话里作为通天神树,在古蜀之地有其身影自是题中之意,在四川出土的汉画像中,也常能见到特别高大茂盛的桑树和采桑活动的情景。

此外,还有一种以"桑"为名的通天神树叫"马桑",我国西南少数民族神话中的天梯神树多为马桑树。马桑别名"上天梯",其果实含有能作用于中枢神经系统的毒素马桑内酯,可使人呕吐、烦躁不安以至昏迷。[②] 马桑树在民间传说里是通天的神树,有民间故事说蟾蜍跳到马桑树上伸出舌头吃掉了月亮。也有的故事讲,地上的人经常顺着马桑树爬到天庭,扰乱了人神秩序,后来天帝将其一棒打弯,就再也长不高了。笔者的老辈人曾提到一个家族传说,说是老家堂屋前的两根粗大的柱头是马桑树做的。可以看出,"马桑"与"空桑""扶桑"应该具备相同的神话功能,而马桑树主要生长于包括蜀地在内的西南各省。

这些故事表明,自古以来,种桑养蚕和丝织业就是蜀人的重要生产方式。但是,蚕桑的最早起源是否为蜀地,其实学界历来存在争议。

童恩正先生认为,一般人将"蜀"等同于"蚕",并与古蜀帝王蚕丛相联系的观点是错误的,因为蚕丛活动的区域主要是成都平原西北部山区,也即岷江上游地区。童恩正写道:"蚕丛活动的区域,主要是成都平原西北的山区,即岷江上游一带。章樵注《蜀都赋》引《蜀王本纪》还说:'蚕丛始居岷山石室中。'此类传说,流传长久。清初陈一律注《蜀水考》也指出:'(岷江)又南过蚕陵山,古蚕丛氏之国也。'正因为如此,在汶川、灌县境内尚有不少以蚕为名的古地名遗迹,如蚕崖关、蚕崖石、蚕崖市之类。《蜀中名胜记》卷六记灌县蚕崖关:'关去廿里,实汶川也,

① 颛顼与蜀的关系,可见《山海经·大荒北经》:"有叔歜国。颛顼之子,黍食,使四鸟:虎、豹、熊、罴。"毕沅注:"疑歜亦淖也。"又,《山海经·海内经》:"黄帝妻雷祖,生昌意。昌意降处若水……淖子曰阿女,生帝颛顼。"毕沅注:"若水在蜀。"郝懿行《山海经笺疏》:"淖、蜀古字通。淖又通淖,是淖子即蜀山子也。"见袁珂:《山海经校注》,上海古籍出版社,1980年,第442页。
② 蔡大成:《楚巫的致幻方术》,《社会科学评论》1988年第5期。

有巨石高丈余，峙山之麓，土人云：此蚕崖石也。关以此得名。’关当县西岷江之北，松茂驿路之冲。周武王天和二年初立，石路巉稜如簇蚕，因名。”“值得注意的是这些地名的来源，据当地古老的传说是因石而得名，这当比后世的附会要可靠。我们可以推知后人称蜀族的某一个酋长为蚕丛，也可能是因为他居住在岩石‘峨稜如簇蚕’的岷山之故，这和养蚕实际上是没有关系的。”[①]贾雯鹤认为，蚕女神话最初不是产生在蜀地。[②]朱英贵《释“蜀”》一文认为，如果“蜀”字的造字本义是“蚕”（蠶）的象形字，那么甲骨文中就没有必要另造一个“蚕”（蠶，甲骨文作）字，“蚕”的上部形象是两条“蚕”形，但不一定就是后世吐丝之蚕，也可能是豆蔬类植物中的青虫，即《尔雅·释虫》所谓“蟔蚅，罊蚕”，下部之“口”形，应是蚕的依托之物或为蚕茧之状。[③]

综上言之，其实我们无法证明蚕最早出自蜀，而桑作为自然界生长的树木，更无法找到切实的证据确定其为蜀地特有，更不能说他处皆无。

（三）三星堆、金沙考古遗址中的古蜀文化

三星堆考古遗址的发掘，完全称得上是“惊人的发现”，考古史上所谓的惊人发现，就是超出了原有的认知，特别是溢出了文献典籍为我们提供的历史知识框架。这里大量的青铜器、玉器很可能是在当地制作，而中原地区除大致与三星堆时代相当的妇好墓外，尚无其他商代遗址出土如此众多的玉石器。三星堆玉器中的大璋、牙璋，为其他地区所少见、未见，更不用说其最具特色的青铜柱目神人、金杖等出土文物了，这极大地冲击了由商周历史及其发展所构成的“安阳中心论”。[④]

---

① 童恩正：《古代的巴蜀》，四川人民出版社，1979年，第58—59页。

② 贾雯鹤：《黄帝与嫘祖神话及其相关问题研究》，《求索》2015年第3期。

③ 朱英贵：《释“蜀”》，《成都大学学报》2011年第4期。

④ ［美］罗伯特·W·贝格勒：《四川商城》，见李绍明等主编：《三星堆与巴蜀文化》，巴蜀书社，1993年，第69—75页。

　　三星堆和金沙的考古文化，与我们一向看重的权威典籍的历史叙事显然有较大差异，因此，描述和解释这些不能纳入过去既有知识范式的新发现，连接文献典籍与考古新材料并加以打通，重新审视古蜀文化与中原的关系，是学者必须面对的问题。范勇《试论早蜀文化的渊源及族属》一文提到早期"蜀"之地理名称出现在两个区域：即氐族居住的川西北、甘东南、陕西南一带，被一些史书称为蜀地，而湖北与陕西交界处则有蜀水、蜀河等地名。古蜀考古器物类型与这两处地理名称的分布具有一定的对应关系。三星堆遗址呈现复合文化样态，其第二期文化有重大变化，表明其渊源复杂。首先，带眼睛的陶盉表明其可能受二里头文化影响（而陶盉起源于山东并曾向中原传播）；其次，同时期鄂西地区的文化面貌与三星堆遗址第二三期文化类型相似，表明早蜀文化的源头在江汉地区。因此作者推测，古史中"窜三苗于三危"（《尚书·尧典》）[①]的记载，其实先是一支向西迁徙到三危（旧说"三危"在今甘肃敦煌，实际上是指陇西鸟鼠山附近），后来另一部分三苗则向南迁徙到了洞庭湖、鄱阳湖地区。而这两支部族后来分别从岷江上游和嘉陵江流域进入川西平原，构成了早期蜀文化的主体。[②]李安民持类似观点，认为三星堆二期文化面貌突变，可能与统治部族的变化有关，而第三期文化则似应是商人的一支入主蜀地的反映。[③]李学勤《三星堆饕餮纹的分析》一文提到，经碳14测年推断，三星堆一号坑相当于殷墟早期，二号坑与殷晚期发展时间一致，说明当地的蜀文化是与中原商文化平行发展的。从三星堆出土的青铜礼器看，神人的颜面表现出粗眉大眼阔鼻，广而紧闭的口，乃属于地方特色；虽也受到中原文化的影响，不过应非

---

① 屈万里：《尚书集释》，中西书局，2014年，第22页。

② 范勇：《试论早蜀文化的渊源及族属》，见李绍明等主编：《三星堆与巴蜀文化》，巴蜀书社，1993年，第17—26页。

③ 李安民：《论广汉三星堆一、二号祭祀坑非同一民族所为及相关问题》，见李绍明等主编：《三星堆与巴蜀文化》，巴蜀书社，1993年，第155—156页。

直接影响，而是通过湖北、湖南地区所谓"荆楚"文化间接传入古蜀之地。①这些考古研究表明，三星堆文明存在多个源头，除了原住民文化外，西北岷江上游和东南长江中游方向的文化都曾传入，并产生明显影响。

那么，史籍中记载的"蜀"文化能否在三星堆、金沙的考古实物中获得明确印证呢？

林向曾提出，"蜀"字带"虫"，乃蜀人的徽记，是颛顼帝的龙子龙孙，是夏禹的龙亲戚，因为根据顾颉刚、童书业等的说法，大禹是一条"句龙"。那么，三星堆青铜神树上的巨龙就正是蜀人的祖先和图腾崇拜的体现，因此，"禹龙"和"蜀虫"本质上是同一的。②王仁湘《三星堆青铜立人冠式的解读与复原——兼说古蜀人的眼睛崇拜》一文认为："甲骨文和金文中的'蜀'字，是一只带着小卷尾的大眼睛，这个模样与三星堆立人像冠式的侧视图相同，也与一些同时出土的兽面颔下附带的眼形相同，这会不会是'蜀'字的本意？它原本就是飞翔着的大眼睛，而不是传统认作的蚕虫。"③黄晓斧在《"蜀""蚕丛""青铜立人"新释》一文中认为："甲骨文'蜀'字，上部'目'是蚕丛的面部特征，下部'虫'是蚕丛的身份特征。三星堆青铜大立人的衣饰上有一组虫纹，形象即与'蜀'的甲骨文极其接近，说明殷商造作甲骨文是以此为据的，这个符号也可能是古蜀人最早的徽号。"④刘道军《古蜀人为何崇拜蟾蜍》一文提出"蜀"为"蟾丛"而不是"蚕丛"，因为蟾蜍的眼睛突出，与蚕丛的纵目形象接近，因此与蜀王有关的是"蟾"，而不

① 李学勤：《三星堆饕餮纹的分析》，见李绍明等主编：《三星堆与巴蜀文化》，巴蜀书社，1993年，第76—80页。
② 林向：《蜀与夏——从考古新发现看蜀与夏的关系》，《巴蜀考古论集》，四川人民出版社，2004年，第90—111页。
③ 王仁湘：《三星堆青铜立人冠式的解读与复原——兼说古蜀人的眼睛崇拜》，《四川文物》2004年第4期。
④ 黄晓斧：《"蜀""蚕丛""青铜立人"新释》，《中华文化论坛》2007年第2期。

是"蚕","蟾蜍"就是蜀王蚕丛的图腾，而巴蜀图语中最常见的"心手文"，实则作手捧蝌蚪状。"蚕丛就是谐音蟾蜍的讹传，而所谓的纵目也只不过是眼睛非常突出的图腾蟾蜍形象的想象与夸张"。① 不过，该文只试图说明"蚕"原来是"蟾"，却没有论及"蜀"与"蟾"到底有何关联。刘道军《蜀王蚕丛考释》一文中又进一步提出，"蜀"与"蟾"相似，都是大头带一个小尾巴，简直一模一样，故"蚕丛"即为"蟾丛"，而三星堆出土有陶蟾蜍、石蟾蜍，金沙出土有金蟾蜍。② 看来作者试图通过这两篇文章解释和建立"蜀"与"蟾"的关联。朱英贵《释"蜀"》一文就"蜀"的"原始字义"（或谓"造字本义"）探寻其文化信息，文章认为，"'蜀'字的构形，可能是取自于'蟾蜍'或'蛇蟺（鳝）'，'蜀'字的读音，可能是取自'蟾蜍'的'蜍'"，"'蜀'字的构形上部可能是取自于眼睛突出的蛙类动物的'蟾蜍'，下部可能是取自于蛙类的幼虫'蝌蚪'"。同时，作者还将蟾蜍与蜀人对月亮的崇拜相联系，指出"蜀"字的构形因素不仅仅只有蟾蜍的"物象"，"也可以扩大到整个'黽（黾）类'（蛙类），甚至也可以包括蛇蟺（鳝）之类"，作者强调"'蜀'字不论是在殷墟卜辞还是在周原甲骨，乃至于金文及小篆中，其字形皆强调'目'"。③ 黄永林在《三星堆青铜直目人面像的历史文化意义研究》一文中认为："人像纵目突出双眼，其含义与中原甲骨文的'蜀'字突出'目'字的意义相同，反映了'蜀'字的字根之所在，古'蜀'字的上部象征纵目，纵目人像与《华阳国志·蜀志》有关蚕丛纵目的记载正相吻合。"④

可以看出，不少学者试图在考古出土的器物、图像或象征符号中，

---

① 刘道军：《古蜀人为何崇拜蟾蜍》，《内蒙古社会科学》2007年第2期。
② 刘道军：《蜀王蚕丛考释》，《东南文化》2007年第5期。
③ 朱英贵：《释"蜀"》，《成都大学学报》2011年第4期。
④ 黄永林：《三星堆青铜直目人面像的历史文化意义研究》，《武汉大学学报》2004年第5期。

发现"蜀"的史前物证，但我们总感觉要将这些考古材料落实为"蜀"字，还有很多地方不能尽如人意。

三星堆、金沙遗址的发掘表明，这里曾经存在过一个成熟而辉煌的文明，但从考古遗迹看，"古蜀"文明的成分有其复杂性，并无明确而直接的证据能表明川西平原地区存在一个名称为"蜀"的古王国。高大伦《早蜀文化遗物中的眼形及眼形器初探》一文认为："杜宇以前的蜀人都是以鸟为图腾"，且"蚕丛也是鸟类"[①]。刘道军也提出："相对于蜀与蚕来说，与古蜀国后面的鱼凫、杜宇、鳖灵等几代蜀王有关的鱼、鸟、鳖等考古资料屡见不鲜，却并不能证明蜀山氏或蚕丛氏与蚕有关。考古资料没有留下与蚕有关的蛛丝马迹。"[②]

从考古学界的研究看，对史前遗址所藏之"物质文化"即为文献记载之"蜀"持肯定的观点和持否定的观点并没有分出胜负，所以目前还难下定论。

二、"蜀"字象形及其远古文化信息探赜

文献记载有两面性，在记录历史信息的同时，它往往反映的是书写者及其时代的意识形态，所以又可能遮蔽某些真相；而考古实物虽具有文字无法替代的证据价值，但毕竟没有文字的明示作用，它处于无言状态。但是，我们还有独一无二的汉字体系，它带着隐秘而宝贵的古代文化信息。"蜀"字及其家族字、关联字形成了一个庞大的群体，犹如一个深埋的矿藏，等待着人们去挖掘。所以，我们可以尝试在古文字的基础上，结合考古学、神话学、人类学等学科的研究成果，从而进入古代社会文化和古人的精神世界，以求解开"蜀"字象形之谜。

---

① 高大伦：《早蜀文化遗物中的眼形及眼形器初探》，《考古与文物》2003 年第 4 期。
② 刘道军：《蜀王蚕丛考辨》，《东南文化》2007 年第 5 期。

（一）"蜀"字象形特征

先看古"蜀"字的代表性形体：

后 2.23.10 合　　林 2.30.6 合　　明 571 合
明 2330 合　　铁 217.4 合　　乙 99 合
乙 9044 合　　乙 4856 合　　乙 6422 合
京都 3135　　甲 3340　　鄴 1.40.4
5450 合　　周原甲骨　　周原甲骨
金文　　楚系简帛文字　　小篆

从甲骨文、金文字形可以看出，"蜀"字的典型特征是一个大眼带着弯曲的尾巴，有的头部有一对触须，还有的长有多对腹足。该字形后期加"虫"符不过是衍生出来的增饰符号，当以早期字形为准。那么"蜀"上部的"四"或"目"字，究竟是眼还是头呢？我们认为，其形极像一只突睛大眼，但又未必不可以视为昆虫之头部的象形。[①] 汉字中多有眼与头混合而用的情况，如"臣"字即为低头而视的形象（也有认为"臣"为捆绑之人形），"望"字也是以眼睛代替头颅，表示举目远望。汉语中有"头目"一词，是一个并列结构，其义并非头上之目，而是"首领"的意思。可知在汉字的表意里，头与目有的时候是合二而一的。

（二）华夏先民的昆虫崇拜意识

到目前为止，我们只知道"蜀"是一只昆虫，它与不少蠕虫、昆虫似乎都能产生关联，至于到底是什么虫却不甚了了。但无论如何，我们

---

① 注：在传统医学中，"首"与"末"可等同。俞正燮《癸巳存稿》中写道："古人谓足曰跟，曰底曰胝，皆以其下为根柢，故可以首为末。"（转见余云岫《古代疾病名候疏义》，学苑出版社，2012年，第370页。）在传统文化的隐喻思维中，人体与树木可以形成类比，树木的根、本在下，则树梢为末；人体之足部为跟（根）、为本，则头为末。因此，蠕虫的本、末的确是可以倒置的。

看到了一个以"蜀"为核心的昆虫家族，这个家族可能包括了蚕、蝉、蟾、萤、蟹、蜗牛、蜻蜓、大青虫等等，这一昆虫类别很可能已形成了华夏先民特有的"神话动物"（或可名为"神话昆虫"）的范畴，显示了前人的昆虫崇拜意识。①孙机认为古人看待这类昆虫"可能是着眼于其从幼虫到成虫的变化过程"，这种神奇的转化会唤起各种联想。②郭静云提出，早期蜷体龙形器和后来的龙形象"来源应为昆虫"，"在大自然中，只有昆虫能自蛇体化为鸟形，亦只有昆虫能暂死而再生升天。因此古人将昆虫神化，形成了龙的形象与崇拜起源"③。李新伟《中国史前昆虫"蜕变"和"羽化"信仰新探》一文认为，"这种独有的'蜕变'和'羽化'生命历程，是昆虫进入信仰系统最重要的原因"，远在红山文化时期，辽西、内蒙古等地区就已有丰富的与昆虫崇拜相关的实物出土，而中国东部黄河、淮河和长江中下游地区等，也都广泛存在昆虫蜕变和羽化信仰的悠久传统。李新伟在该文中展示了蝉、蚕、金龟子幼虫、温带臭虫破卵、蝈蝈等图像，可以看出它们与某类考古石雕人像有极大的相似性。④台湾甲骨研究专家许进雄提出，甲骨文有个虫形符号，开始被误以为是"龙"字（考古学界相应地也有"C"形龙的玉器命名），但甲骨文中龙的尾巴一定与头部相反，因此他隶定这一甲骨文字为"冎"，意思是小虫，在甲骨文里用为蠲除、排除义，这个字用于有关生病的场合，如"有疾身，不其冎""作御，妇好冎""姚庚冎王疾"等等。他认为此乃蚊子的幼虫即孑孓的形象，古人为蚊子所苦，领悟到消灭蚊子幼虫为去除蚊害的根本之道。⑤

① 博里亚·萨克斯写道："我们在动物身上发现自我认同的一面与自我否定的一面。通过它们，人类得以建构集体的、宗族的以及个人的身份。"见〔美〕博里亚·萨克斯著，多雅楠等译：《神话动物园——神话、传说与文学中的动物》，陕西师范大学出版社，2017年，第5页。
② 孙机：《蜷体玉龙》，《文物》2001年第3期。
③ 郭静云：《史前信仰中神龙形象来源刍议》，《中原文物》2010年第3期。
④ 李新伟：《中国史前昆虫"蜕变"和"羽化"信仰新探》，《江汉考古》2021年第1期。
⑤ 许进雄：《文字小讲》，天津人民出版社，2016年，第131—132页。

特别值得一提的是，俄国学者阿尔金很早就注意到红山文化的软玉昆虫图像的神话学意义，指出这些昆虫与农耕业栽培作物的生态系统有关，他认为对昆虫再生崇拜的研究，有助于揭示人类新石器时代的精神信仰。阿尔金还提醒道：红山文化中那些 C 形的、有时是卷曲呈环形的艺术品占有特殊地位，不少中国考古学家认为是龙与野猪的综合体，因而得出结论说红山文化存在龙的祭祀，但据鉴定，"这些制品是昆虫科鳃角金龟子（金龟子）、叶蜂和步行虫幼虫期的变态艺术形象"。[①]

（三）"蜀"及其昆虫家族的生长特征

截至目前，对于以"蜀"为中心的昆虫家族的综合研究还不够深入。文字学家周清泉以宽阔的视野将相关文字做了一个全景式的扫描，凡被认为与"蜀"有关联的昆虫，皆进入其系统性考察的范围。比如，蝉、蚕这类"全变态"昆虫，由生至死必经历四个阶段：其一为卵，其二为幼虫（即蠕虫、蚕、蛴螬），其三为蛹、为复育，其四为成虫（即蛾或蝉）。周清泉认为这种变态和羽化过程不是同类相生的"生"，而是能生非类的"化"。[②]又如，周先生注意到《明堂·月令》"腐草为蠲"的记载，其读音同"蜎蜎者蜀"之"蜎"，认为此即"腐草为萤"之萤火虫，故此"蠋""蠲"皆"蜀"之引申特义字，因之，"蜀"不是"蠋"，也不是"蚕"。另外，周清泉还将目光投向了蜗牛，根据《庄子》所载，蜗之左角为"触"（触），右角为"蛮"，他推测"触"之本义乃指"蜀"的角。而蜗属于软体动物腹足纲，其头上的触角如牛角，故名"蜗牛"，又名"黄犊"，蜗牛的触角有两对，前一对司触如角，后一对为其头顶的眼睛，形同"柱目"。此外，螃蟹的眼睛也为"柱目"，其眼睛平时多处于眼眶内，唯须左右看时，才伸出眶外作柱目之形。因此，周先生认

---

① C. B. 阿尔金、王德厚：《红山文化软玉的昆虫学鉴证》，《北方文物》1997 年第 3 期。
② 周清泉：《文字考古》第一册，四川人民出版社，2003 年，第 821 页。

为三星堆的青铜柱目神人与这类昆虫的眼睛有关。① 可以看出，为在相关的昆虫身上寻觅"蜀"的身影，周清泉做出了巨大的努力。

在对"蜀"类的昆虫进行研究考察后，周清泉又系统考察了从"蜀"的汉字，并试图复原出一幅古代"蜀人"的游猎生活图景。蜀人原为商人放牧队伍的先行探路之"窆兵"，他们以足、以角探路，与走犬为"獨"，持炬照路为"燭"，即觸、躅、獨、燭皆为蜀人窆兵之作相字。"獨"则是牧队的"窆兵"，携犬先行为"獨"，因而有孤单义；又指出"老而无子曰独""无夫曰独"。"燭"字本义为蜀人所持之火炬，后来才以蜡烛而始名"燭"，火把则称"炬"不称"燭"了。②

虽然我们不尽同意周清泉先生的结论，但他对"蜀"字家族进行综合考察，同时结合考古学、昆虫学等相关知识，试图复原古人的生活场景，由此而形成一种贯通性理解，这样的研究方向和方法不得不说是具有启发性的。

根据前人对"蜀"之为虫的各种描述，我们不妨给这一神奇的昆虫描画出一个大致轮廓。它实应具备以下特性：第一，它是一只虫，有弯曲的身体；第二，它可能会发光，或者至少是喜光、趋光类昆虫；第三，它头部或许有触角或触须；第四，它很可能会蜕皮化生、变形易体；第五，它生长于潮湿温暖的地方，水草丰茂的沼泽、湿地等区域为其蕃息之地。那么，接下来我们就参考生物学知识——考察这些昆虫。③

其一，蟾蜍。属于脊索动物门两栖纲无尾目蟾蜍科的两栖动物。蟾蜍属动物共有 250 多种，分布于世界各地，我国有接近 10 种，主要为大蟾蜍华西亚种、大蟾蜍中华亚种以及黑眶蟾蜍 3 个品种。中华大蟾蜍

---

①　周清泉：《文字考古》第三册，四川人民出版社，2003 年，第 826 页。

②　周清泉：《释"蜀"、"叟"：三星堆柱目人铜面像的解谜（上）》，《成都大学学报》2003 年第 2 期。

③　注：本部分内容结合古代文献，在探讨"蜀"字与蟾蜍的关系时，将蟾蜍纳入"虫"类进行考察，而非动物学方面的分类。特此解释。

身大，背黑无点，多痹磊，不能跳，行动迟缓，因皮肤易失水分，故白天多隐蔽，常于潮湿温暖处藏身，比如隐藏于泥穴、潮湿的石头下、草丛中或水沟边，夜间觅食，无声囊，不解作声；黑眶蟾蜍栖息在潮湿草丛，常于夜间或雨后出见。[①]蟾蜍的习性，喜暗怕光，常在宅田附近的湿处，捕食各种小虫蛾，如甲虫、蛾类、蜗牛、蟋蟀、蝇蛆、蝴蝶等等，冬季即进入土穴或其他避寒场所冬眠，直到来年春暖再出来活动。蟾蜍的繁殖分为外育和内育两种方式，前者是将卵产于水中，每次产卵约 5000 枚左右，一般呈双行排列在管状胶质带内，卵带可长几米（黑眶蟾蜍可达 8 米以上），黏附在水生植物或岩石上；有些种类的蟾蜍的雌性会将受精卵咽下，藏于腹腔中的一个特殊器官里（卵咽），然后通过咳嗽或震颤的方式将小蛙吐出，此种孵化方式或被称为"胃育"[②]。成年蟾蜍多集体在水底泥沙内或陆地潮湿土壤下越冬，并停止进食。另外，蟾蜍有蜕皮的情况，在生长过程中，每年 4 月天气转暖时，中华大蟾蜍从冬眠中苏醒，即开始蜕皮，蟾蜕又称"蟾衣"。据《本草纲目》载："蟾蜍，说文作詹诸。云：其声詹诸……后世名苦蠪，其声也。"又载："自然论云：蟾蜍吐生，掷粪自其口出也。抱朴子云：蟾蜍千岁，头上有角，腹下丹书，名曰肉芝，能食山精。人得食之可仙。术家取用以起雾祈雨，辟兵解缚。"[③]《本草纲目》中"蝌蚪"一条载："蝌斗生水中，蛤蟆、青蛙之子也。二三月蛙、蟆曳肠于水际草上，缠缴如索，日见黑点渐，至春水时，鸣以聒之，则蝌斗皆出，谓之聒子，所谓'蛤蟆声抱'是矣。……稍大则足生尾脱。崔豹云'闻雷尾脱'亦未必然。"[④]在李时珍看来，"蟾蜍"之得名，也是属于"其名自呼"的命名方式。

其二，蝉。属于节肢动物门、昆虫纲、半翅目、蝉科，俗称知了。

---

① 姜珊等：《蟾蜍类药材本草考证》，《亚太传统医药》2020 年第 12 期。
② 注：蟾蜍和兔一起被视为月亮的象征动物，应该与二者都会"吐生"的功能有关。
③ 李经纬、李振吉主编：《本草纲目校注》，辽海出版社，2001 年，第 1148 页。
④ 同上，第 1152 页。

全世界约有 2000 种，长着两对膜翅，有突出的复眼。蝉有一根像针一样中空的嘴，用以吸食树木的汁液。"蝉"之得名，与其蜕变方式有关，蝉在树上产卵，孵化出幼虫后随风飘落，钻入土壤中，吸取树根汁液，在黑暗的地下，度过三四年甚至更为漫长的岁月（国外科学家现已发现有深居地下 17 年的种类，称为 17 年蝉），经历数次蜕皮，然后挖出通往地面的隧道，在某个寂静的夜晚破土而出，栖身于树上，然后蜕化，故名蝉。[1] 关于"蝉"之得名，李时珍《本草纲目》引王充《论衡》曰："蝉者，变化相禅也。蚱音窄，蝉声也。蜩，其音调也。"[2] 蝉的生存之所若在庭院里，则桃李等果树是其栖息地；若在田间地头，则喜欢选择桑树；如在溪河岸边，则柳树是它们最喜欢的栖身处；其他如杨、榆、松等树木上，也常见其身影。

古人很早就有食蝉的习惯，《淮南子》曰："耀蝉者，务在明其火；钓鱼者，务在芳其饵。明其火者，所以耀而致之也；芳其饵者，所以诱而利之也。"[3] 蝉是趋光性昆虫，耀蝉是夜晚在野外燃起篝火，待其扑火而取食之。

其三，萤火虫。广泛分布于全球各地，喜欢栖息于温暖潮湿、多水的环境中，如杂草丛、河边及芦苇地带。它的一生要经历四个阶段，即卵、幼虫、蛹、成虫。成虫产下卵后，20 天左右幼虫即出壳，幼虫会本能地到干净的水中寻找食物，在第十个月时，会完成第四次蜕皮，然后爬出水面，用泥浆和唾液制作巢穴，在里面蜕变为蛹，当其完全成蛹时，尾部就可以发出微弱的光了，之后再经过一个月时间的成长，就迎来它的最后一个阶段，即变为成虫，当荧光亮起时，证明它实现了最终的嬗变。萤火虫是肉食性昆虫，常捕食蜗牛、蛞蝓等软体动物及蚯蚓等

---

① 马健鹰、嵇娟娟：《食"蜩""蝗"考——兼论农耕文化生态视角下的先民饮食生态》，《美食研究》2018 年第 4 期。
② （明）李时珍：《本草纲目》，中国档案出版社，1999 年，第 1751 页。
③ 张双棣：《淮南子校释》（下），北京大学出版社，2013 年，第 1733 页。

环节动物，捕食时，用其上颚将分泌液注入猎物体内，将其麻醉，并分解猎物体内组织，再进行吸食。萤火虫的雄性常有较长的触角。

其四，蚕。为节肢动物门昆虫纲鳞翅目蚕蛾科昆虫，分布于温带、亚热带和热带地区，原产于我国，是完全变态昆虫。蚕的生命大概一个半月，一生也要经历四个阶段：蚕卵阶段，为极其细小的圆卵；幼虫阶段，以桑叶为食，每次蜕皮后体型都会增大，有四次蜕皮，这个阶段会有停止进食并在一定时间内进入休眠状态；虫蛹阶段，最后一次蜕皮后，会吐丝结茧，并在茧中最后一次蜕皮，变成蛹，茧刚化蛹时，体色淡黄，蛹体柔软，后颜色变深，蛹皮变硬；成虫阶段，由蛹变成蛾，从茧中羽化而出，雌蛾会产卵，进入下一个生命周期，雄蛾交配后立即死去，雌蛾产卵后慢慢死去。

结茧前，蚕先吐丝黏结在蚕蔟上，形成网状，作为结茧支架，然后以 S 形方式吐丝以加厚茧网内层。此时蚕体前后两端向背方弯曲，成"C"字形，继续吐丝，吐丝方式变成∞字形，形成一个个∞字形排列的丝圈，每织 20 多个丝圈就动一下身体位置，一头织好后再织另一头，一个茧有 6 万多个∞字形丝圈。

除了以上昆虫外，其他如金龟子、步行虫、孑孓（蚊子幼虫）等，不一一介绍。这些昆虫为人类所习见，跟人类生产生活关系紧密，与农业文明的生态环境密切相关，总之，古人的日常活动中，要么是不能避开这些昆虫，要么需从这类昆虫处获得收益。其中有些昆虫是人类避之唯恐不及的，如蚊虫及其幼虫孑孓、苍蝇等，无论是人还是动物，都不胜其烦；有些是不能直接为人类提供好处的，如蟾蜍，但它们消灭害虫，保护了农作物，其幼虫即蝌蚪，能为鱼类提供丰富的食物；有些昆虫则可成为人类的食物，如蚕蛹以及蝉类，可直接食用，古代有些地方已有食蛙的习惯。蚕还能为人类提供衣物的原材料，一个小小的虫子，能同时满足人类的衣、食之需，是其特别伟大之处。

不过，对昆虫的认识和利用是经历了长期经验积累的，尤其对那些完全变态昆虫的认知，需要长期观察，积累丰富的关于季节、气候、土壤、各种植物及农作物的知识。《史记·五帝本纪》载，黄帝"时播百谷草木，淳化鸟兽虫蛾"[①]。黄帝作为华夏始祖，首先是作为一个文化英雄而受人崇拜，"时播百谷草木"表明其对季节、时令的准确把握，对各种谷物的栽培种植技艺的掌握，这些无疑促进了农业的飞跃发展；"淳化鸟兽虫蛾"的意义同样重大，"淳化"即是人工培养、选育，将"野生的"变为"家养的"。植物栽培能很好解决温饱问题，粮食作物主要为人类提供碳水化合物，如淀粉、糖分等，绿色植物则提供维生素、膳食纤维等，而鸟兽虫蛾类食物能提供人体必需的蛋白质、脂肪、氨基酸及各种矿物质等，而正是以植物性食物为主，并以动物性食物作为必要补充，并将二者完美结合起来的生计模式，奠定了华夏民族的生存基础。但是我们应该认识到，华夏先民在对动植物的培育驯化过程中，必定存在一个认知问题，也就是所谓民族植物学、民族动物学（包括民族昆虫学）这样的知识体系，人们从海量的物种类别中，选择出相应的品类进行人工培育，正如神话学里所说的把"自然的"变为"文化的"、把"生的"变为"熟的"，也即将"野生的"培育为人类可以利用的优良品种。

正如一个原生玉米的营养价值仅仅相当于我们今天种植的玉米的一颗籽粒而已，人为的不断选择和培育，大大地改良了谷物的性状和品质。不少神话故事和民间传说里，都讲述了"谷子"的起源，其中一个说法是谷子的种子起初并不为人类所掌握，而其拥有者却对人类不是那么友好，而且他住在一条大河的对面，所以人类想要拥有谷子就只有派遣动物去偷，结果是狗将种子藏在尾巴里带给了人类。这类故事相当普遍，或许暗示了人类对谷物起源的一种"历史记忆"，即人类可能就是从"狗尾草"中培育出了今日的谷类作物。[②]也就是说，在人类进行培

---

① （汉）司马迁：《史记》第一册，中华书局，1985年，第6页。
② 粟也称"谷子"，去壳后即"小米"。一般认为，粟是由狗尾巴草驯化而来。见葛威等著：《东南地区民族植物学调查与研究》，厦门大学出版社，2017年，第131页。

育之前，那些植物原本并不像今日我们所见的这样硕大和出色，它们或许体量较小，或许口感太差，或许还没有找到加工的方法与工具因而无法加以利用，等等，但是，我们的先民却似乎能预见它们可堪造就的前景，因而在面对它们时，心中充满了化渺小为神奇的想象力。

对动物界的"淳化"同样如此。面对眼前那些小小的生物，古人常常感觉到它的魅力和神奇，感悟到它与超自然的神秘力量的联系，在自然神受到普遍崇拜的时代，古人不会受我们今天所持的狭隘价值观的束缚，不会做简单的有用／无用的二元对立判别和取舍。如面对小小蝌蚪，古人知道它们即将长成青蛙和蟾蜍，而青蛙与天上的雷神存在神秘联系，蟾蜍的生殖能力则跟月亮有神秘联系；萤火虫虽小，但它拥有的神奇力量能使其在夜晚发出亮光，甚至能照见地下幽冥世界；蚕虫虽小，却能吃桑叶而吐茧丝；地上的虫蛇虽然细小，也许它不久就会变身为巨龙腾空升天。《管子》云："龙生于水，被五色而游，故神。欲小则化如蚕蠋，欲大则藏于天下，欲尚则凌于云气，欲下则入于深泉。变化无日，上下无时，谓之神。"[1]我们发现，包括蟾蜍、萤火虫、蚕、蝉等在内的不少昆虫都符合管子的描述，而这些"神虫"肯定是先民崇拜、认同或"淳化"的对象。

在远古时代，生物多样性和丰富性是无可怀疑的，同类品种常包含数量较多的亚种和变种，在古人看来，它们都属于一个大家族，受布留尔的"互渗律"支配，它们之间有着某种神秘的联系，彼此并无明确界限，因此与现代动植物分类学有明显差异。而这种"互渗"联系在某些关键汉字中为我们留下了蛛丝马迹，以"蜀"字为核心的昆虫群体形象，正体现了远古神话思维的特质，显耀着前人精神世界的光辉。

我们现在看到典籍中所载的"蜀"，或许已成为一个类概念。"蜀"作为神话昆虫，早已被想象化、神话化、类化了（我们可以用"神话

---

① 颜昌峣:《管子校释》，岳麓书社，1966 年，第 351 页。

化"一词概括之），乃至于其原始取象被湮没而难以厘清，但是，我们相信它最初应该是有特定"模特儿"的。正如鲁迅笔下的闰土，是一个文学形象，是一个类型化符号，代表了生活在底层且麻木愚昧的那个群体，但还是有一个生活中的"原型"（即章运水）。"蜀"也应该是有"原型"的，我们将其称为"原始取象"。

华夏民族的昆虫崇拜意识，可以说在"龙"的象征形象上体现得最为鲜明。龙的身上聚集了太多符号功能，乃至于跟很多动物都能产生关联，但又都似是而非，成了"四不像"（"四不像"本来是麒麟的外号）。"龙"在卜辞中作人名、国族名及神祇名，卜辞所见的"龙方"活跃于武丁时期，"龙"的甲骨文形象其身躯呈"S"形，且尾部向外蜷起。[1]裴锡圭先生认为："从甲骨卜辞来看，商代已经有作土龙求雨之事。"[2]可见龙很早就已是"神话动物"了，但是《左传·昭公二十九年》曾载春秋时的一段对话："（舜）帝赐之姓曰董，氏曰豢龙……故帝舜氏世有畜龙……龙一雌死，潜醢以食孔甲，夏后飨之，既而使求之，惧而迁于鲁县……"[3]这些信息说明，"龙"在最初是有具体所指的对象，是存在于自然界中的某种具体动物，只是被神话化之后，变得形象鲜明却又面目怪异，竟不知所云了。

我们在考古与民俗资料中常见的羽蛇、飞马、九尾狐、人头蛇身等等图像，就是将各种动物的神奇功能集合为一个动物形象，乃至于这样的动物显得极为怪诞，这其实是神话动物的共同特征。神话动物当初应该是一个具体对象，而随着时间的迁移，在以信仰为基础的艺术加工过

---

① 王建军、杨铭洋：《殷商时期的龙方及其相关问题》，《古文字研究》2022 年第 6 期。注："龙"与"蜀"字的虫身有明显区别。唐兰曾明确指出，甲骨文中"龙"字的结体虬曲而尾向外。见唐兰：《天壤阁甲骨文存考释》，北京辅仁大学丛书之一，1939 年，第 40—41 页。
② 裴锡圭：《说卜辞的焚巫尪与作土龙》，见《裴锡圭学术文集·甲骨文卷》，复旦大学出版社，2012 年第 204 页。
③ （晋）杜预辑：《春秋左传集解》第四册，上海人民出版社，1977 年，第 1575—1576 页。

程中,逐渐类型化,很多同类动物的元素都被附会到这个形象上了。我们相信"蜀"就是这样一个被逐渐神话化的象形文字符号。

三、"蜀"与"叟":远古人类的火烛崇拜

如前所述,文献中曾称"蜀"为"叟","叟人"即"蜀人",且二字读音相近或相同,这是前辈学人所注意并特别提出的。[①] 对此现象我们认为值得深究,其背后或许深隐着人类文明的某些关键信息,弄清"蜀"与"叟"究竟有何关联,也是我们探讨"蜀"之字源应该且必须解决的一个难题。

(一)远古人类的用火情景

根据学者的研究,5亿4千万年前,第一只三叶虫出现了眼睛这个器官。人类的大脑皮层是人科动物最特别的身体组织,它比猴子的大,也比大象、海豚的大,而且好多动物都没有大脑皮层,而人类的大脑皮层有50%以上的神经细胞是在做视觉方面的工作。[②] 由此可见,视觉对生物的重要性,直接关系到生物的存活,关系到生存竞争,否则生物绝不会把宝贵的能量如此之多地耗费于此,所以,各种生物对发光的东西具有根深蒂固的"共情"反应,或者说,这种"趋光性"、对光的向往,具有成百上千万年时间跨度的、物种意义上的生物基础。

在人类所生存的宇宙中,会发光的东西首先是太阳,然后是月亮、星星,这几样东西都高高在上,人们只有仰望崇拜而无法接近,而自然

---

① 除了前文提到的童恩正等学者曾论及"蜀""叟"的读音相近或相同外,王献唐亦云:"燭从蜀声,与叟又同读,古人称叟,犹其称燭。"见王献唐:《古文字中所见之火烛》,齐鲁书社,1979年,第16页。

② 见杨澜访谈:《李飞飞谈AI视觉算法难点,人类视觉用了五亿年才完成进化》,搜狐网,https://www.sohu.com/a/763661402_120395136。

环境中会发光的东西除了极少的昆虫，还有火光。火与太阳相似，既发光又发热，在给人们带来温暖的同时，还可帮助他们战胜野兽，并烧烤食物，在古人心目中应属最高级别的光。对火的热爱、追求和最终拥有，是人类历史上一个伟大的文化事件。据信人类对火的最初接触是通过雷电引起的天火，让他们偶然吃到了烧熟的食物，特别是肉类，从此就再也无法忘怀。据说直立人在至少约 40 万年前就在用火了。① 考古研究显示，中国旧石器时代人类控制性用火遗址基本为洞穴遗存。② 因为通风良好的洞穴便于保存火种，不受风雨天气影响，且易于防范野兽袭击。有学者推测，有一种大型猫科动物（恐猫），长久以来养成了喜食人肉的嗜好，它们惯于夜间潜行捕猎，人科动物一直受到这种死亡的威胁，而人类则最终用火摆脱了这一恐惧，但是火的保存却相当不易，所以群体间难免互相借火。③ 不难推测，在人类学会生火之前，对好不容易得到的自然火必须小心照看，让它长燃不熄，这样，就可能以火堆为中心而聚拢人群。专家认为，"一个群体的形成就是以分享同一堆营火作为纽带。驯化本身很可能就是开始于对火焰的管理"。④

以色列的格什姆洞穴遗址距今有 40 万年历史，有很多的证据表明这里的人族使用了火，进行合作狩猎，并烧烤和分享鹿肉。美国人类学家派因写道：

① 以色列科学家维恩（Weiner S.）写道："我们人类祖先何时何地不再怕火，开始保存火种作为一种维持生存所必需的极为重要的工具？在上半个世纪，几乎每一本考古学教科书对这个问题都提供了一个简单的答案：50 万年前，在北京周口店，北京直立人围着一个火堆来烤鹿肉。"见武仙竹：《旧石器时代人类用火遗迹的发现与研究》，《考古》2010 年第 6 期。

② 武仙竹：《旧石器时代人类用火遗迹的发现与研究》，《考古》2010 年第 6 期。

③ ［荷兰］约翰·古德斯布洛姆著，乔修峰译：《火与文明》第二章"用火对前农业社会的影响"，花城出版社，2006 年。

④ ［美］斯蒂芬·J. 派因著，梅雪芹等译：《火之简史》，生活·读书·新知三联书店，2006 年，第 34 页。

炉膛形式的对火的管理带来了颠覆性的影响。它延长了人族的日常社交时间，从而修正了日光对人族的时间限制。同时，火的集中使用有助于人族走向更强的肉食性……火把人们吸引到这个圈子里，通过温暖和闪烁的光的魅力，提供了一个情感放大的空间。火提供了一种保护，不仅是保护珍贵的食物资源不被其他食腐动物抢走，而且通过提供身体和心理安慰来提供保护。①

（二）华夏先民对火烛与光明的崇拜

如何才能找到"蜀"的原始取象呢？要解决这个谜题，自然不应回避相关的神话观念，也即华夏先民的火烛与光明崇拜意识。

《山海经·大荒北经》载："西北海之外，赤水之北，有章尾山。有神，人面蛇身而赤，直目正乘，其瞑乃晦，其视乃明，不食不寝不息，风雨是谒。是烛九阴，是为烛龙。"郭注："《离骚》曰：'日安不到，烛龙何耀？'《诗含神雾》曰：'天下不足西北，无阴阳消息，故有龙衔火精以照天门中。'"②《山海经·海外北经》亦载："钟山之神，名曰烛阴，视为昼，瞑为夜，吹为冬，呼为夏，不饮不食不息，息为风。"郭璞注："烛龙也，是烛九阴，因名云。"③《楚辞·天问》："日安不到，烛龙何照？"王逸《楚辞章句》注："言天之西北，有幽冥无日之国，有龙衔烛而照之。"④"烛龙"又名"烛阴"，可知它是在夜晚或者幽冥世界发光的神话动物。

姜亮夫认为"烛龙"即"祝融"的分化。因南北热量悬殊，北方寒冷少水，故曰"幽都""玄冥""增冰"，这些词语皆表示其地黑暗，少

---

① ［英］克莱夫·甘布尔著，郭建龙译：《定居地球——深层人类历史的考古学》，山西人民出版社，2023年，第242页。

② 周明：《山海经集释》，巴蜀书社，2019年，第531—532页。

③ 同上，第360页。

④ （汉）王逸撰、黄灵庚点校：《楚辞章句》，上海古籍出版社，2017年，第72页。

光明少热力，所以其日神大异于南土。"然语言意识固仍根于光热之神主，依声托事，遂使祝融之音，分化为烛龙，南方炎神，遂化而为北方寒神。古人束草木为烛，修然而长，以光与热，远谢日力，而形则有似于龙……"又云："《海外北经》言烛龙为钟山之神，钟者正烛龙之合音也。音稍变，则为章尾之山，章钟烛皆双声，尾韵与钟合韵最近。"① 根据姜先生的论述，烛、祝、钟、章等字皆同一声音之分化，皆含光、热之义，而祝融乃为光热之神的原型，烛龙则似为其变形，也就是说，先有祝融，后才分化出烛龙。

刘宗迪教授不同意姜亮夫的观点，认为祝融与烛龙两个神话故事全不相涉，且"烛龙"之名源于"束草木为烛"的说法乃想当然之词。刘先生特别注意到烛龙的形象为"人面蛇身而赤"，此蛇作红色，或即"烛"之得名的缘由。那么"烛龙"到底是什么呢？据其论证，乃天上的大火星或龙星，"蜀"的本义即蚕，"烛"为龙星，其字从"火"，是火耕节令的标志，龙星在东方升起即为蚕事之候，所以古有"蚕为龙精"之说。《管子》言"龙生于水……欲小则化如蚕蠋"（《管子·水地》），其谓龙能化为蚕蠋，正体现了龙星与蚕蜀之间的联系。最后刘先生推断：此星既名为"蜀"或"烛"，又名为"龙"，故亦可合称为"烛龙"。②我们认为，从文字学上讲，"烛"（"燭"）为"蜀"的特义字，是可以推断"蜀"字带有火或光的含义，至于它是带有火、光或者身为赤色的地上之爬虫，还是天上之龙星，还有进一步探讨的空间。

古人对某类夜游性动物的特别关注，在相关考古器物中可明显看到。比如有一类蟾蜍造型的灯具，以蟾蜍蹲踞在乌龟之上作为造型主体。而四川成都跃进村汉墓出土陶灯，四川博物院藏龟蟾座陶灯，四川雅安小山子岩墓陶灯，灯柱则为一兔和一蟾蜍的合成体。2009 年，江苏盱眙大

① 姜亮夫：《楚辞通故》，见《姜亮夫全集》（一），云南人民出版社，2002 年，第 192 页。
② 刘宗迪：《失落的天书——山海经与古代华夏世界观》（增订本），商务印书馆，2023 年，第 185—199 页。

云山一号墓发现 2 件青铜五枝灯，其中 1 件（M1：3707）有灯枝五枝，蟾蜍身扁平，四足蹲踞，头部饰两角。有学者认为，这种造型"把西王母神话构成要素的蟾蜍，塑形在灯具之上，寄托了东汉时期生活在四川地区的人们希冀登仙、长生不老的美好愿望"。① 可以看出，这些器物中蟾蜍的形象十分突出，特别是它与兔的组合，堪称经典的灯具造型，兔子在民间有个外号叫"明视"，它在月明之夜非常活跃；蟾蜍总是在夏夜雨后出现在人家屋檐之下，或许在古人看来它是向往屋中的灯光（"炷"）。② 应该说，正是这样一种在黑夜里渴望光明的集体心理和神话思维，为这些灯具的造型提供了想象依据。

（三）"叟"之"文字考古"

我们目前所见最早的"蜀"字，是甲骨文中作为部族的名字而出现的。前文所引周清泉先生的说法，"蜀"作为方国是因为该氏族早期担任了商人游牧大队的前导任务——搜兵，如果此说不虚，那么"蜀"可能是因其职官而得名的。一些甲骨卜辞中的"叟"字，与出土的先秦时代叟国印章的"叟"字写法完全相同，所以可断定卜辞"叟"应该是指作为方国的叟族及其居地。③ 商代的方国中，这种现象极为普遍，比如有以犬为名的，在当时不仅有专门的"宍"，而且有"犬侯""犬中""多犬"，这类官员的职责就是饲养、训练犬只。④

那么"蜀"是否以职官而得名，进而成为方国名呢？"蜀"字象形明显是一只虫，我们虽然知道古有"豢龙氏"，但恐怕没有养虫的专业职务吧？根据前述，如果"蜀"是因在商王牧队中担任前导"叟兵"而得

---

① 谭玉华：《汉墓出土蟾蜍灯具寓意探析》，《四川文物》2018 年第 2 期。
② 据笔者的经验，"蟾"字的造字理据，或许是它经常在雨后的早晨出现于人家屋檐之下，因夜晚下雨时许多昆虫会跳上房屋阶沿躲避雨水，蟾蜍即于此处等候觅食。
③ 詹鄞鑫：《华夏考——詹鄞鑫文字训诂论集》，中华书局，2006 年，第 230 页。
④ 卫斯：《商代的养狗业及狗在商代的用途》，《殷都学刊》1986 年第 3 期。

名，因此作为氏族名称之"蜀"又可称"叟"，那么能否以这两个字的关联作为突破口，在弄清"叟"的原始本义的基础上，进而探寻"蜀"字背后失落的远古文化信息呢？

"叟"字在甲骨文中作 （前 4.28.7）或 （甲 788），是以手举火搜索之像，如果联系殷商的"火田"方式，将"叟"视为田猎队伍中的"搜兵"似乎是讲得通的，那个时代经常打猎，时常遇到老虎、野猪之类，需要专人走在前边承担搜索或警戒的职责，"叟"最早因为职官而得名，是很好理解的。但是我们认为"叟"字并不会这么简单，如果将眼光投向浩瀚的远古历史，这个字的背后还有极为丰富的人类文化信息。

古人如何经管火焰与炉膛，是考古学界遇到史前洞穴遗址时常常需要思考的问题，那个时候还没有发明出方便的取火技术，因此得到火种后必须小心照看，让其长燃不熄。那么我们推想一下，应该是什么人来照看这个火堆呢？身强力壮的年轻人肯定不行，因为他们的首要任务是外出打猎；成年女性在必要时需外出采集，而且即使不离开营地，也要照看幼小的孩子；未成年的少年倒是没有多少事情可做，但他们的经验和责任心都不足，显然不适合担任此项工作。最后，不要忘了群体中还有一类人，就是那些年龄偏大、已经无法胜任外出打猎和采集的繁重工作的老年人，但是他们经验丰富，见多识广，责任心强，让氏族中年长的这些人来照看炉膛、保管火种，是最恰当不过的事了。而且老人在团体中往往德高望重，也许年轻人的猎获物带回营地后，还必须由其中的某位来主持公平的分配，让每一个人都得到相应的一份，所以，照看火堆这事对团队来讲极其重要，而承担这一工作的老人，即称为"叟"。今四川方言俚语中有"管火"一词，询问某人"管不管火"，意思是有无做主拍板的权力或能力，其语似极鄙俗，而其义却悠远古老。

在汉语中，"叟"往往又可在前面加上"老"字，变成"老叟"，指的是老年男性。典故里有个"河曲智叟"（见《列子》），字面意思是河曲这地方的一个有智慧的老头。在《列子》的故事里"智叟"是个被讽刺的人物，但在神话里面经常出现的"智慧老人"，当然是正面形象，多是男性。那么，远古时代保管火种的是不是清一色的老年男性呢？其实未必，因为上了年纪而待在营地里的人是不分男女的，而且保管火种、照看火塘的工作男女皆可胜任。甲骨文字"叟"，是手举一支火把的形象，本来也没有性别的区分，所以，"叟"加一个"女"字就是"嫂"，"媼"为其异体字。《说文》释"媼"："兄妻也"，段注："郑注《丧服》曰：'媼者尊严之。媼犹叟也。叟，老人之称也。'按古者重男女之别，故于兄之妻尊严之，于弟之妻卑远之，而皆不为服。男子不为兄弟之妻服，犹女子不为夫之兄弟服。"[1] 看来郑玄尚能明白"叟"字是指所有老人，而后来到了段玉裁处却不甚了了，只能迂回曲折地解释一大堆。正是"嫂"（"媼"）这个字的存在，让我们可以反推出"叟"字原本是包括男女两性，后来加"女"为"嫂"，特指老年女性，于是乎"叟"则专指老年男性了。由此可知远古时代照看火的工作是老年男女都会承担的，他们经管火堆，为氏族成员备制食物，向族中的年轻一代传授技巧和智慧，坐在篝火边讲述往古的神话故事和英雄传奇，这些知识正是氏族生存不可缺少的部分，因而他（她）们被视为有智慧的人。

"叟"的象形中不仅包含了火与光，还有极其丰富的文化人类学内涵。不管是"老叟"还是"长嫂"，都是备受尊敬的角色，其工作性质已远远超越了一般所谓的职官范畴。斯蒂芬·J.派因将照看火视为"驯化的范式"，[2] 是极具洞见的，因为火堆创造了一个人居中心营地，驱散了野兽，烧烤食物以去除其中的毒素，并以火作为手段而制作生产与生活用具；与此同时，火塘也驯化了人类自身——长期待在火旁，身上的毛发必然会脱落，火堆旁的工作让他们的手指更加灵巧了，尤其是因共同拥有一个火堆，彼此增加了互动，增强了感情纽带，使得人与人之间

---

① （清）段玉裁：《说文解字注》，中华书局，2013年，第621页。
② ［美］斯蒂芬·J.派因著，梅雪芹等译：《火之简史》，生活·读书·新知三联书店，2006年，第178页。

的关系与协作更为和谐愉快，由此人群的社会组织化程度就得到了提升。[1]有学者指出，甲骨文"叟"字有两种写法，一种所持为火炬，一种所持为戈柲，表明其不但含有搜索藏匿的一般意义，还可表示搜索野兽和鬼疫。[2]这两种类型的"叟"与神话中的"烛龙"或"烛阴"可能表达了相同的意思，将搜索与驱逐融合在一起。因此完全可以将"叟"视为一个神话原型，是象征光明和智慧的原型意象，透过"叟"字，我们可以看到火神、光明之神和智慧之神的身影。

四、"蜀"为萤火虫考论

弄清"叟"字的文化内涵，对于理解"蜀"字至关重要，我们现在觉得，这两个字并不仅仅是音近或音同的关系那么简单了。琢磨"蜀"字本原，我们发现它跟"叟"之间有一层更隐秘也更关键的关联，就是二字都与火、光有关；或者说，这两个字的音近或音同只是表象，它们可说是远古文化在语言上留下的遗迹，二者都带有火、光才是其造字本原；所以，我们的考察应该聚焦于"蜀"与火、光的联系。换一个说法，如果它是一只虫的话，很可能是一只带着"火"与"光"的虫。通过前述对各种相关昆虫的生物性状和习性的考察、比较，并结合古代典籍中的描述，我们认为"蜀"即是萤火虫。

"蜀"与"叟"虽然分别为两个不同的文字，却反映出相同的集体心理。作为文字本身，虽然它们最早都见于殷墟卜辞，但其所表象的并不仅仅是造字之时的社会文化情景，也不仅仅是当时客观存在之事物的"反映"，而很可能是凝聚了悠久邃古的人类精神和心性——对光与火的崇拜。人类作为从千百万物种当中脱颖而出的智慧生物，其感官的发

---

[1] 时至今日，汉语中"同伙"还是所谓"共同体"或"社团"的最佳代名词。

[2] 詹鄞鑫：《华夏考——詹鄞鑫文字训诂论集》，中华书局，2006年，第274页。

达，尤其是视觉的进化，对于生存竞争和物种进化具有极其重要的意义；而对光与火的追求与掌握，则将人类推升至一个全新的境界，获得了万物灵长的地位。

对于远古人类的集体心理来说，因为萤火虫在古人的生存环境中显得非常突出，所以我们推断其对于"蜀"之形象的成立占有十分重要的位置。在殷商及更为遥远的时代，中原地区气候温暖湿润，据甲骨记载，那时还可狩猎到大象，应该是草泽湖泊随处可见。《尔雅·释地》云："鲁有大野，晋有大陆，秦有杨陓，宋有孟诸，楚有云梦，吴越之间有具区，齐有海隅，燕有昭余祈，郑有圃田，周有焦护，十薮。"①总共列举了十个大型泽薮，简直是处处皆草泽——很显然，川西这片沮洳之地同样是巨大的泽薮，没有列入其中，说明后来被称为"蜀"的这片神奇土地，尚未进入其视野。《诗经》云"山有榛，隰有苓"（《邶风·简兮》），又云"山有扶苏，隰有荷华"（《郑风·山有扶苏》），《尔雅》解释道："下湿曰隰。"②这样的自然环境为萤火虫的栖息提供了有利的条件，而甲骨文中"蜀"地在殷商周边，也说明那时中原地区的环境与气候特点。夏夜里，当成群的萤火虫与月光相映生辉，是相当壮丽的景致，对远古人类来讲，会直接入脑入心，成为一种心理原型，只不过我们现在的人类很少见到也难以体会了。

我们假定"蜀"氏族是一个居住于某个低洼地带的人群，这里到处是草泽、水塘，因而常见成群的萤火虫飞舞，人们对此颇感神秘进而转为信仰，或以之为图腾。古人对夜晚的黑暗有着本能的恐惧，每晚都祈祷着明天的太阳能够照常升起，他们崇拜光明，自然也崇拜火烛，希望自己也能像这只小小的虫子那样拥有神奇的力量，因而以"蜀"自名。

---

① （晋）郭璞注，（宋）邢昺疏，李传书整理：《尔雅注疏》，北京大学出版社，2000年，第211—214页。另，《吕氏春秋》则曰"九薮"。见许维遹：《吕氏春秋集释》，中华书局，2022年，第279页。

② 同上，第218页。

而"叟"可以说正是这一愿望的实现者，他（她）已经拥有足够的知识和智慧让火光长明不熄。从文字外形看，一个是虫，一个是人，似乎毫不相干，其实它们都是完全相同的人类心理的反映，表现了对光明与智慧的追求精神。

一种感觉、感受、念头、心象、观念的出现，或者说人类意识最初的发想，是一个由外在而内化的过程，肯定是先有自然存在之物，后有人类创作之象。"蜀"当然是自然之物象，而"叟"是人自身的形象，二者皆与火、光有关，但"蜀"字作为自然界的火光，并内化为心象与观念，是极其邃古的，而"叟"作为人为之火光，时间上自然远在"蜀"之后。①

从"蜀"字造型看，上为目而下为虫，"目"是表现它的光亮。在人类早期的意识中，眼睛能看见物体，并非缘于外界的光线反射进了眼睛，而是眼睛发出了光芒，照亮了物体，才能看得清楚。在方言里，当我们评价一个有能力、有头脑的人，就说是一个有"眼光"的人，眼睛有光的人，才能真正看见，否则就是"视而不见"。

尽管萤火虫的发光点不在其头部，但并不妨碍人们造字时将发光部位想象为其头部，古人不会拘泥于此——只要发光的都是神圣之物，都必须崇拜，并根据自己的身体经验制造出相应的文字，将表示发光的"目"理所当然地放在头部而不是尾部。②所谓"近取诸身，远取诸物"，就是在创制文字时，既参照外物之"形"，同时又本于内心之所"想"，内外结合，最终落实为汉字象形。对于"蜀"字的解释，李孝定在《甲骨文字集释》中写道："……且此从目乃象头形，非眼目……"③他认为其

---

① 这里不涉及作为文字符号的"蜀"与"叟"两者孰先孰后的问题。
② 先民对外界事物的认知和描述往往带有身体隐喻的特征，比如神话中盘古死后，其尸体化生为山川草木，再如"山头""山腰""屋顶""门脸"等词，都是这一思维模式的体现。
③ 林向：《三星堆遗址与殷商的西土——兼释殷墟卜辞中的"蜀"的地理位置》，《四川文物》1989年第1期。

头上的"目"是头而不是眼睛。实际上，头与目在汉字象形中并不是截然区分的，如"望"的甲骨文字形作 🖐（前 7.38.1），其上部符号可以认为是头与眼合一的形象。"臣"的甲骨文字形作 👁（甲 2851 合），完全是以眼睛代指人体全部。"蜀"字上部的"目"无论是头还是眼睛，实际上就是它的主要感觉器官，是它的视觉和触觉，正如许多昆虫的头部都集中了视觉和触觉等感知功能。

不过，我们大多数人所知的萤火虫是在野外飞行的、闪着亮光的那种，一般不知道它其实是"完全变态"的昆虫类，它从虫卵变成幼虫后，喜欢进入水中觅食，其后在生长到第十个月时完成第四次蜕皮，然后会爬出水面，用泥浆和唾液为自己制作巢穴，并在里面变化为蛹，再经过差不多一个月时间，才会迎来最后一个阶段，即从蛹变为成虫。萤火虫的腹部末端有发光细胞，其中含有萤光素酶，这种酶与氧气混合后就会发光。值得强调的是，萤火虫不只是成虫会发光，它的卵、幼虫和蛹都同样具有发光能力。李时珍曰："萤有三种：一种小而宵飞，腹下光明，乃茅根所化也，吕氏月令所谓'腐草化为萤'者是也；一种长如蛆蠋，尾后有光，无翼不飞，乃竹根所化也，一名蠲，俗名萤蛆，明堂月令所谓'腐草化为蠲'者是也，其名宵行，茅竹之根，夜视有光，复感湿热之气，遂变化成形尔；一种水萤，居水中……"[1]萤的第一个生命阶段为虫卵；李时珍所谓"水萤"，是其卵变成幼虫后，迁居清洁的水中，这是萤的第二个生命阶段；李时珍提到的蛆蠋、萤蛆或蠲，很明显是它的蛹，即其第三个阶段；"小而宵飞"者最为常见，李时珍介绍时将其放在最前边，其实是萤的成虫，属于第四个阶段。看来李时珍的观察并不全面，他所看到的是萤火虫不同阶段的不同形态，但他却以为是三个不同的亚种。李时珍所谓的"蛆蠋""蠲"或"萤蛆"，就是萤火虫的蛹，也即"蜀"字以为造字依据的原始物象。在先民眼中，"蜀"不但像蚕、

---

[1] 李经纬、李振吉主编：《本草纲目校注》，辽海出版社，2001 年，第 1141 页。

蝉等昆虫那样能够变形羽化，此外还具备洞幽烛微的大神通，可以说，在"烛龙""烛阴"这一神话动物身上，也能明显看到它的影子。

远古人类一定对此虫感到十分神秘，特别是在没有火的时代，夜晚的亮光哪怕十分微弱，也充满了诱惑力，"蜀"字正是反映了人们对夜晚的恐惧和神秘感。他们尤其对在夜晚活跃的各种动物如蟾、猫头鹰、兔子等充满好奇，而夜晚会发光的生物就显得更加神圣了。

如前所述，一些学者论及石器时代华夏民族对变形羽化的昆虫的信仰，其所提及的崇拜对象最典型的如蚕、蝉、蟾等，甚至包括蚊子、金龟子、叶蜂和步行虫的幼虫，却未提及萤火虫。萤火虫不仅是"完全变态"昆虫，能够满足人们崇拜变形羽化昆虫的全部条件，更为重要的是它还能发出光亮，与其他昆虫相比，它是独一无二的，更有理由受到崇拜。变形羽化的神圣性，主要是体现了人们的再生愿望，这一信仰可谓自有文明以来，一直存在而且始终都非常强烈；但是对火的崇拜，对光明的渴望，也许是更为古老的人类集体意识，甚至是集体无意识。

古人因为居住地的草泽多有这种会发光的神圣昆虫，并以之为氏族名字，应该是顺理成章的事情。他们的集体心理一直存有这个小小的火烛之虫，并渴望受到光明的指引，因而无论迁徙到哪里，"蜀"这个名字都会成为其永远的标志。毋庸讳言，在华夏文明区域里，中原地区首先得到开发利用，随着人类活动的加剧，自然环境受到强烈扰动和巨大改变，像萤火虫这类对环境要求极高的生物，其活动范围会逐渐缩小甚至消失，而当人们发现川西这块"化外之地"还保持着曾经熟悉的风貌，见到曾经崇拜的神奇动物，自然是倍感亲切，并移用故乡的名字，这是顺理成章的事情。

五、"从蜀"或"蜀声"的家族字研究

"蜀"字是萤火虫的象形，还有一个考察维度，即"从蜀"或"蜀

声"的家族字研究，看其能否为我们提供文字学的印证。也就是说，"蜀"作为其家族字的核心，它在每一个以其为部首或组合成分的汉字里，都会映现其身影。根据我们长期的关注和研究，一个较早的象形字或部首字常常具有"神话原型"的价值，它本身就是一个重要的原始意象，凝聚了一个民族的心理与文化特质。

从神话原型的视角看，"蜀"字最初是一个综合体、一个"混合象征"①，后来，随着社会生产的发展，促使以其为部首或组合成分的诸多"形声字"不断孳乳增生，也就促进了对该象征综合体的细分。根据神话学家的论述，在"混合象征"阶段，神话原型的包容性极强，其内涵极为丰富、深邃、复杂，甚至"可以容纳最互异和相反的各种象征"，后来则经历"分化过程"，即发生了"原型的崩溃"，"导致了个别的诸原型从一个巨大的复合体中的出现，并导致了相应的原型群的形成"②。按照神话学家埃利希·诺伊曼的观点："我们把属于一种原型的诸种象征称为该原型的象征群或象征组合。"③ 所以，我们可以把"从蜀"的家族字看作一个"象征群"，从而考察这个家族中每一个重要文字分别承担哪些象征意义。

换一个说法，"蜀"字作为原始意象，最初既是名词，又是动词和形容词，综涵了事物的名称、行为和性状等，随着社会文化的发展，人们不得不将这一混合体进行区分以承担更为细致而精确的表意功能，因此，以其为核心的众多家族字被创造出来。作为原始意象，"蜀"字包含的内容越丰富、越深邃，该字的家族成员就越多，这一"象征群"或

---

① 德国神话学家埃利希·诺伊曼写道："只有当意识学会了从一个适当的角度观察现象，反应更加敏锐地去区分和识别，原始模型中占优势的混合象征才能分化为具有一种原型或一组相关原型的象征群。"见［德］埃利希·诺伊曼著，李以洪译：《大母神——原型分析》，东方出版社，1998年，第12页。

② ［德］埃利希·诺伊曼著，李以洪译：《大母神——原型分析》，东方出版社，1998年，第7页。

③ 同上，第6页。

"象征组合"也就越庞大。

如前所述,"蜀"的原始取象如果是萤火虫,从理论上讲,既然其每一个家族字都是从这一"原型"中分离出来的,它们也就都会分担起某一部分象征内容,换句话说,每一个"从蜀"或"蜀声"的汉字里,都能看到这一原始意象中的某个部分、某个方面、某个阶段。

(一)"蠋"

《康熙字典》的解释:"《唐韵》:'直录切'。《集韵》:'厨玉切,丛音躅。'蹢蠋,虫名也。通作蜀。《诗诂》:'蜀本从虫,又加虫,俗字也。'或作蠋。"[1]《中文大辞典》的解释:"蛾蝶类之幼虫,为害虫之一种,本作蜀。《说文解字》:蜀,葵中蚕也。引诗曰:蜎蜎者蜀。"[2]《汉语大字典》的解释为:"蛾蝶类的幼虫。"[3]《尔雅·释虫》云:"蚅,乌蠋。"郭注:"大虫,如指,似蚕。"[4]《庄子·庚桑楚》载:"奔蜂不能化藿蠋",成玄英疏:"蠋者,豆中大青虫。"[5]《说文解字》未收"蠋"字,此字之义当由"蜀"承担。由以上典籍的描述、解释可知,"蠋"当为蛾蝶类的幼虫的统称,也就是说,作为后起字的"蠋"字不能等同于"蜀"字,只是分担了"蜀"字的部分含义,前人可能觉得"蜀"字本从"虫",而又加"虫"为"蠋",似乎是叠床架屋,不符合造字原则,所以定为"俗字",其实不然,因为加了偏旁"虫",并不是要以"蠋"代"蜀",不是要以俗字替代古字,因为"蠋"只是承担了"蜀"某个部分、某个方面的内容而已。[6]

那么,"蠋"到底承担的是"蜀"的哪部分内容呢?我们认为"蠋"

---

① 《康熙字典》(同文书局原版),中华书局香港分局,1987年,第1100页。
② 林尹、高明主编:《中文大辞典》,中国文化学院出版部,1968年,第12971页。
③ 《汉语大字典》(缩印本),湖北辞书出版社、四川辞书出版社,1995年,第1208页。
④ (晋)郭璞注、(宋)邢昺疏、李传书整理《尔雅注疏》,北京大学出版社,2000年,第324页。
⑤ (晋)郭象注,(唐)成玄英疏,曹础基、黄兰发校:《庄子注疏》,中华书局,2016年,第414页。
⑥ 古汉语教材中许多所谓"古今字",当作如是观。

的初始字义就是指营巢独处的萤火虫，即李时珍所谓的"蛆蠋"。后来，由于营巢独处这一共同点，人们将萤火虫营巢之象引申扩展到食叶而吐丝做茧的这类昆虫，而这类昆虫种类繁多，包括乌蠋、蚕等皆是，随着农耕文明兴起，草泽变桑田，萤火虫逐渐远离人们的视野，而吐丝之"蠋"类所见皆是，尤其是蚕，本是"蠋"类之一种，因其杰出表现，后来成为"蠋"类的典型代表（此即不少人认为"蜀"即蚕的根源）。《本草纲目·虫部·蚕》载："《尔雅》云：蚖，桑茧也。雔由，樗茧也。蚢，萧茧也。棘茧、栾茧皆各因所食之叶命名，而蚖即今桑上野蚕也。今之柘茧与蚕茧并育，即棘茧是也。南海横州有枫茧，丝作钓缗。凡诸草木，皆有蚅蠋之类，食叶吐丝，不如蚕丝可以被天下，故莫得并称。凡蚕类入药，俱用食桑者。"[1] 可以看出，食叶而吐丝作茧的昆虫是一个大类，包含了不少亚种，名称各别。"蠋"不但食桑叶、豆藿，还食其他植物、草木之叶。总之，"蜀"已经从萤火虫的专用字迁移引申为啃食植物而吐丝的昆虫"蠋"了，而其原始初义反而隐退于历史的烟尘中而难以觅见了。

《诗经·东山》云："蜎蜎者蠋，烝在桑野。敦彼独宿，亦在车下。"注："蜎蜎，蠋貌。蠋，桑虫也。"笺云："蠋蜎蜎然特行，久处桑野，有似劳苦者。"[2] 这一解释并不确切，只不过是顺着前文的意思大致揣摩其义而已，一只食叶的虫子有何劳苦可言？它的"蜎蜎然特行"体现在何处？都不甚了然。既然《说文解字》最早的版本引为"蜎蜎者蜀"，表明"蠋"为后起字，较晚才从"蜀"字分化出来。"蜀"为萤火虫之象形，且特指其蛹，表象了萤的幼虫完成了巢穴的建造后，待在里面蜕变为蛹的情景。而诗中的"蠋"确实是啃食植物叶子的虫类，应该包括了野蚕和其他类似虫蛾，这些昆虫的共同特点，是会吐丝结茧（当然不会都像

① （明）李时珍：《本草纲目》，中国档案出版社，1999年，第1713页。
② 李学勤主编：《毛诗正义》（十三经注疏整理本），北京大学出版社，2000年，第609页。

家蚕的茧那样大而好），把自己包裹起来，然后在里面羽化成蝶——这与"蜀"（萤火虫）营巢变蛹并独处其中极为相似。也就是说，古人通过隐喻思维、象征思维的方式，将萤火虫的某一特征，扩展、迁移到结茧营巢这类昆虫身上，可以看出，《东山》之"蜀"（"蠋"）是取其作巢独处之"象"①。诗人在描绘这个情景时，所取的核心意象就是其结茧、营巢并独宿其中，在风飘雨摇中悬附于枝叶间，所以下一句"敦彼独宿，亦在车下"，是说主人公自己也如此"蜀"（"蠋"），苟且存身于车下，句中用"亦"字将二者并置，真是写尽了独宿孤处的凄凉况味。再关联后文"鹳鸣于垤，妇叹于室"一句，则蠋在上而"我"在下，鹳在外而妇在内，形成精确的对比和呼应关系，加上全诗"我"在东而妇在西，隔着万水千山的遥盼，将征戍之劳、相思之苦表现得淋漓尽致。

可见，"蠋"之为字，理解的要点在于其营巢独处，并不在于它具体是哪种虫子，它实际上是指某一类昆虫。我们能够在它身上看到了萤火虫的意象，但并不完全等同于萤火虫，虽然该字原本从"蜀"得义，但却是取"蜀"之"混合象征"中的某一部分，即其营室而独处的这一方面的含义。

（二）"爝"

《说文解字》释："庭燎，火爝也。从火蜀声。"段注："若《韵会》'庭燎，爝也'，尤善。《小雅》毛传曰：'庭燎、大烛也。燕礼，宵则庶子执烛于阼阶上，司宫执烛于西阶上，甸人执大烛于庭，阍人为大烛于门外。'《周礼·司烜氏》：'凡邦之大事，共坟烛、庭燎。'郑云：'坟，大也。'……按未爇曰燋，执之曰烛，在地曰燎，广设之则曰大烛、曰庭燎。"②《仪礼·士丧礼》云："烛侯于馈东。"郑玄注："火在地曰燎，执之

---

① 当然，"蜀"字作为"混合象征"，它除了有作巢独处之象，还有其他的象征，如火光照耀之象（即"爝"字所示）等等。

② （清）段玉裁：《说文解字注》，中华书局，2013年，第488页。

曰燭。"①可见，"燭"需以手执之，是单独一支，故"燭"含有"独"义，"燎"亦曰"庭燎"，是在宫廷地面树立火烛。"寮"甲骨文作※（甲144合）、※（后1.24.2合），本义为积柴而烧之象形，《说文解字》曰："寮，柴祭天也。"段玉裁注："烧柴而祭谓之柴，亦谓之寮……"②所以，"燭"是手持一支，而"寮"是数支架于地。

原始的"燭"是以麻秆、芦苇、树皮等物捆束，再灌入油脂而成，该字真正承接了"蜀"字本身的火光意象。"燭"字后来省变为"烛"，因为蜡烛的制作材料改变，使用虫蜡制成，亦可谓名副其实。

《康熙字典》载："又石燭，一名水肥，一名石脂，一名石液。……《前汉·武帝纪》：'见光集于云坛，一夜三燭。'注：服虔曰：'燭，音炷。师古读如字。'"③因为油脂的普及，特别是石油的使用，原先作火把的"燭"，也就变而为"灯烛"之"燭"。最初的"灯"是采用了作盛器的"豆"，倒入油脂，插上灯芯，故为"主"，亦曰"炷"④。王献唐认为："古代道路荒僻，行人投止，必有标识，标识不一，主要为火光。火光之发出者为主，就而止宿，因谓止宿亦为主……有火必有人，其人因曰主人，简称曰主……"⑤张相平提出："形声字的声符往往在表音的同时有着示源的功能"，"火炬之'烛'，烛之原始。《说文解字·火部》'烛，庭燎，火烛也。从火蜀声。'声符'蜀'兼示义，为'葵中虫'，居葵中逐渐食葵使之枯萎。烛象蜀形，点燃后逐渐燃尽，故从蜀得声。"⑥我们赞成火炬为最早的烛的说法，但"蜀"为葵中虫，还是葵本身，许慎显

① 李学勤主编：《仪礼注疏》（十三经注疏整理本），2000年，北京大学出版社，第809页。
② （清）段玉裁：《说文解字注》，中华书局，2013年，第485页。
③ 《康熙字典》（同文书局原版），中华书局香港分局，1987年，第685页。
④ 据王献唐推断：历代朝觐祭享大典，皆有在门庭设火烛之仪式行为。所用之材为草苇竹薪及荆条桦皮松木，灌以脂膏，最初原始之烛不过火把而已，后因其膏液流溢，而用古之豆，器中加钉镤而插之。见王献唐：《古文字中所见之火烛》"火烛古制"部分，齐鲁书社，1979年，第1—8页。
⑤ 王献唐：《古文字中所见之火烛》，齐鲁书社，1979年，第57页。
⑥ 张相平：《"烛"词源考》，《汉字文化》2007年第1期。

然没说清楚。

不管怎样，现在我们已然了解了"燭"之前世今生。"蜀"为"燭"之"声符"，却又有"示源"性质，是萤火虫的原始意象，亦自明矣。并由此间接证明，"蜀"不是"蚕"，因为"蚕"并不含有火光之意象成分。

（三）"獨"

由"蜀"之营巢独处的习性创造了"獨"字。看来，"獨"字加犬旁，是为了与本就带"虫"的"蜀"字作区别，其实"獨"的本义还是指昆虫，并非直接指犬类动物。《康熙字典》载："《说文》：'犬相得而斗，从犬蜀声，羊为群，犬为獨也。'又兽名。《埤雅》颜从曰：'獨一叫而猨散，罴一鸣而龟伏。或曰罴鸣夜，獨叫晓。獨，猨类也。似猨而大，食猨。今俗谓之獨猨。盖猨性群，獨性特，猨鸣三，獨叫一，是以谓之獨也。'……《尔雅·释山》：'獨者蜀。'疏：'虫之孤獨者名蜀，是以山之孤獨者亦名曰蜀也。'"[1]"虫之孤独者"为"蜀"的原始含义，山之孤独者就只能视为临时性的修辞用法了。

蚕与萤火虫的蛹，都是自作巢穴或茧房，独自待在里面，经过一段时间，成虫破壳而出，由蛹转化为美丽的飞虫。在典籍里面，古人提出"卓尔独化"，在玄冥空虚中"独生而无所资借"（郭象语），非常符合萤火虫、蚕这类营巢而变形羽化类昆虫的生命特征，由此看到，这样重要的传统哲学思想，也肇因于自然物象的启发。因而此一哲学术语表明，"獨"和"化"是相因为义的，在古人看来，因于内在，而不待于外物，才是突破自我、实现演化的最高境界。

（四）"濁"

虽然萤火虫的幼虫实际上选择干净清洁的流水处生活，但在古人

---

① 《康熙字典》（同文书局原版），中华书局香港分局，1987年，719页。

的意识里，有虫的水即为"浊水"，是不干净的水、被污染的水，因而是"危险"的，人喝了要生病；而且，萤火虫的幼虫自作巢穴时，要以沫和泥，也是"浊"的。《山海经·西山经》载："又西三百里，曰阴山。浊浴之水出焉，而南流注于蕃泽，其中多文贝。"袁珂按："经文浊浴，《太平御览》卷八〇七、卷九一三并引作浊谷。"①山谷里流出的水不可能是浑浊的，只能是水中多有某些虫子；此水流注于"蕃泽"，即草泽之地，很可能是萤火虫滋生的地方。"浊"字也可间接证明"蜀"不是蚕，因为蚕的幼虫和蛹都是不能入水的。

（五）"襡"

此字义为长襦，即较长的上衣。《康熙字典》曰："长襦也。《晋书音义》：'襡，连要衣也。'……又《广韵》：'徒谷切，音独。韬藏也。'《礼·内则》：'敛簟而襡之。'注：'襡，韬也。'"②长襦即为连腰衣，跟"蜀"、蝉、蚕等变形羽化的昆虫蜕皮新生极其相似，也跟它们所营巢穴与茧壳能产生联想，所以"襡"字应该与蜕皮变形的意象有关，特别是萤火虫的幼虫蜕皮变形为蛹的过程，犹如返老还童从而获得再生。

（六）"韣"

该字含有两个意思：一是弓袋，二是表束缚。蚕与萤火虫类昆虫，因变形羽化的需要，在从蛹化为成虫之前，出于安全的需要，一般要自造窝房，将自己封闭在里面，犹如一个套子，"韣"字在《说文解字》中的解释为："弓衣也。从韦蜀声"③，表明其材料性质为皮革，可以推知，在造字之初，也就是在神话原型的"混合象征"阶段，"蜀"字本身即带有"封套"意象，同时容纳了相反的象征，即"束缚"之义，正如成语

---

① 袁珂：《山海经校注》，上海古籍出版社，1980年，第53页。

② 《康熙字典》（同文书局原版），中华书局香港分局，1987年，第1125页。

③ （清）段玉裁：《说文解字注》，中华书局，2013年，第238页。

"作茧自缚"所示。

（七）"蠋"

《康熙字典》的解释："《说文》：'马蠋，虫也。'《明堂月令》曰：'腐草为蠋。'又洁也。《诗·小雅》：'吉蠋为饎。'《周礼·天官·宫人》：'除其不蠋。'又明也。《左传·襄十四年》：'惠公蠋其大德'。"[1] "蠋"除了指萤外，又称马陆或马蠋，俗称千脚虫。马陆性喜阴暗潮湿，常栖息于树皮、落叶、石头或苔藓下面的洞穴中，多以腐烂的植物、霉菌及其他真菌为食，居住在洞穴中的种类也有以动物尸体为食的，还有些种类吃植物嫩芽、嫩根，是农作物的害虫，当其处于危险时，可分泌臭气以驱敌。千足虫的雌性把卵产在土里的巢穴中，世界上发现个别的品种会发冷光，这些都与"蜀"有相似的地方。余云岫在《古代疾病名候疏义》中将"蠋"释为"除"，"谓陈则去之也"，"谓去陈气也"[2]。我们推测"蠋"的最初得义，是萤火虫幼虫建巢后，在里面蜕掉旧的皮囊，变而为蛹，因而其主要含义为"免除""蠲免"。

（八）"髑"

此字义指死人的头骨，骷髅。人的头部本为眼睛所在的部位。且死人头骨所出现的地方为坟地，坟墓土壤中含磷较多，常有磷火游动，与夜间的萤火极为相似。该字的存在，表明古人难免将萤火与磷火混淆。

（九）"觸"（触）

此字义从昆虫的触须引申，表各种生物的触觉。萤火虫幼虫和成虫的触觉器官都很明显。而牛羊等动物以角抵触，乃后起义。

---

[1] 《康熙字典》（同文书局原版），中华书局香港分局，1987年，第1103页。
[2] 余云岫：《古代疾病名候疏义》，学苑出版社，2012年，第41页。

（十）“躅”

此字义为足迹。踯躅：徘徊不行。

（十一）“趢”

此字义为行貌，或小儿行也。

躅、趢二字与蠕虫爬行有关。因为与成虫相比，蛹是敦然一躯，无足无肢亦无须，行动迟缓笨拙，有如小儿，四肢尚不发达，走路颠顿。四川方言中，对失去手掌、指头而残留的手胫，戏称为“杵杵”，或即“躅”与“趢”所表达的意思，言其有干而无枝①，因而动作难免笨拙，失去接物的灵巧性。

（十二）“鐲”

《康熙字典》释：“《说文》：‘钲也。从金蜀声。军法，司马执两鐲。’《周礼·地官·鼓人》：‘以金鐲节鼓。’注：‘鐲，钲也。形如小钟，军行鸣之，以为鼓节。’”②根据权威字典的解释，从字源讲，“鐲”或表示外形像葵，其中摇而发声的小舌似蜀；“鐲”的另一个含义是“套在手腕脚腕上的环形装饰品”③，当即造型为虫的手镯。镯应为断开的环形，但首尾临接，也有相接靠处为两个虫头形状的样式，这可能是手镯的典型样式之一。因萤火虫是带有火光的昆虫，自然具备驱邪功能，古人最初制作这一首饰的时候，其想象力应来源于“蜀”之蠕虫形。④

---

① 四川方言中对“手”的叫法：手的组成部分由上而下依次称：手杆、手胫、手掌、手指。
② 《康熙字典》（同文书局原版），中华书局香港分局，1987年，第1323页。
③ 冷玉龙、韦一心主编：《中华字海》，中华书局、中国友谊出版公司，1994年，第1547页。
④ 根据许进雄的研究，红山文化出土的C形龙饰件，是悬挂于身体上的，因其弧形的中部有钻孔，应是用于穿绳的。见许进雄：《文字小讲》，天津人民出版社，2016年，第131—132页。可见，古人以虫类为饰物，保佑健康、驱除邪祟，应是常见的现象。

（十三）"鸀"

《康熙字典》的解释为："《集韵》：'殊玉切，音蜀。'《尔雅·释鸟》：'鸀，山乌。'郭注：'似乌而小，赤觜，穴乳。'出西方。"[1]这种鸟即"山乌"，全身羽毛黑色发亮，尾、翼有绿色光泽，嘴鲜红，脚淡红，常结群高飞，叫声响亮，亦称"赤嘴乌""红嘴山鸦"。《汉语大字典》的解释为："山乌，又名赤嘴乌，即红嘴山鸦，通体黑亮，其巢营于石窟或土穴中。"[2]此鸟得名原因有二：其一乃因其头部的红色，红色是火光的颜色；其二乃因其居于土穴中。这两点都与萤火虫联系得上。据信世上还存在故意纵火的鸟类，特别是猛禽，它们以此获得烧死的动物尸体。[3]

（十四）"劅"

《康熙字典》解释为："《集韵》：'竹角切，音斲。'《玉篇》：'刑也。'《说文》：'去阴之刑也。'本作斀。《书·吕刑》：'劅劓 斀 黥。'"[4]"劅"为形声兼会意字，字从刀，因"去阴"要用刀，那么"蜀"也就是"阴"了，为什么呢？我们认为跟"势"有关。

（十五）"势"

从埶从力。据王献唐的说法："埶犹埶……势从埶声，埶之形音出于爇……《说文》：'势，盛权力也。'《增韵》：'气焰也。'爇为火把，光热薰腾，人之气焰，炙手可热者，以爇譬况……"[5]"势"还有另外一个含义，据《康熙字典》的解释："又《韵会》：'外肾为势。'宫

---

① 同上，第 1502 页。
② 《汉语大字典》(缩印本)，湖北辞书出版社、四川辞书出版社，1992 年，第 1938 页。
③ 见"胖福的小木屋"2021 年 2 月 8 日 18 时 53 分上传"澳大利亚野鸟纵火案"的文章。
④ 《康熙字典》(同文书局原版)，中华书局香港分局，1987 年，第 144 页。
⑤ 王献唐：《古文字中所见之火烛》，齐鲁书社，1979 年，第 31 页。

刑，男子割勢。”[1]“埶”的原始象形是手执火把，甲骨文中多有此字形，作（前 2.27.4 合）形，所以说“埶”出于“燭”是有一定道理的，而“燭”又出于“蜀”，反之，这几个字的发生、孳乳顺序就是“蜀”→“燭”→“埶”→“勢”，都是相承先前已有之字与其义而造出新字，“蜀”为带火光之虫，“燭”为象此虫形之火把，“埶”为手执火把之状，“勢”为火把光热薰腾之象。但是，“勢”为“外肾”怎么理解呢？无非是手执火把之象的隐喻，男子阳物与带火光的“蜀”（或“烛”）极为相似，而手执火把的形象又与男子小便等身体经验非常近似。孩子幼小时如厕训练，父母会发出“嘘”“嘶”或“shi”的音，诱导孩子小便，小男孩们在玩小便游戏时，比赛看谁尿得高尿得远，四川方言叫“shi 得高”“shi 得远”，玩耍时蹦跳也称 shi。这些俚语中发音为“shi”的，应即“勢”字的本音，本义即高举火把，光芒远射。火烧得旺、火苗蹿得高，四川方言也称“shi 得高”。《老子》云：“骨弱筋柔而握固，未知牝牡之合而朘作”，“朘”指“赤子阴也”[2]，这句话是对“勢”字最好的注释。

“勢”因火把的隐喻，从而也就表象了人或动物的强大的身体能量与生殖力，因此，“劅”或“斀”为“去勢”之义也就很好理解了。[3]

（十六）“臅”

《汉语大字典》的解释：“胸中的脂膏。《集韵·烛韵》：‘臅，狼臆中膏。’”[4]我们知道以狼粪作燃料烧起的“狼烟”是可抗风力的，在有风的天气也能直冲云霄，“臅”既然是狼的脂膏，是否可以用来做成火烛，而

---

① 《康熙字典》（同文书局原版），中华书局香港分局，1987 年，第 149 页。
② 蒋锡昌编著：《老子校诂》，中华书局，1988 年，第 338 页。
③ 王献唐还提到“樹”字，其异体字有“尌”“尌”，按他的观点，这几个字都以“燭”为核心义素，都是以手持烛的含义。见王献唐：《古文字中所见之火烛》，齐鲁书社，1979 年，第 30 页。
④ 《汉语大字典》（缩印本），湖北辞书出版社、四川辞书出版社，1995 年，第 887 页。

具有较强的抗风效果，不会轻易被风吹灭呢？

（十七）"蘹"

蘹活，药名。本作"獨"。独活是一味中草药，是伞形科独活属的多年生草本植物，其显著特征是一茎直上，不为风摇，其实也暗含了火烛之象。

（十八）"屬"

《说文解字》曰："屬，连也。从尾，蜀声。"徐灏注笺："屬之言续也。《系传》曰，屬，相连续，若尾之在体，故从尾是也。引申为会合之义。"《康熙字典》载："《说文》：'连也。'从尾蜀声。徐曰：'屬，相连续，若尾之在体，故从尾。'《广韵》：'聚也，会也。'……又《前汉·贾谊传》：'善屬文。'师古注：'屬谓缀辑之也。'"[1] 动物交配，亦曰"交尾"，"屬"字从"尾"从"蜀"，两个字都有阴部或阳物的隐喻，所以二字会意就有"连屬""交会"之义。

从"蜀"的字是一个堪称庞大的群体，还有很多字现在都已不用，也无法解释了，以上所提到的文字足以体现"蜀"作为核心字，其巨大的"再生"能力，也足以证明该字在华夏文明的历史长河中，因触动深层民族心理和感情，联结着人类行为习惯，凝结着悠远的民族精神，因而不断激活我们的想象力。文字家族有其特定的系统性，并具有贯通性的思维逻辑，通过梳理这一文字家族，古人观看与认识世界的角度、他们想象力的起点，乃至于隐喻思维模式、原始分类观念等等，也就得以彰显。

刘师培云："古人观察事物以义象区，不以体质别，复援义象制名，

---

[1] 《康熙字典》（同文书局原版），中华书局香港分局，1987年，304页。

故数物义象相同，命名亦同。"①有学者认为，"以义象区"的结果是相类似的事物合而为一，"不以体质别"的结果是对事物不能有具体、准确的认识。②古人云："义苟在健，何必马乎；类苟在顺，何必牛乎。"③这里的"义""类"，实即相当于刘师培所谓的"义象"，的确反映出华夏先民"原始分类"的观念特征，而在语言实践中，常会出现数物一名的情况，反之，也可能出现一物数名的现象，这样，很可能给我们认识、理解汉字的准确含义造成相当的困难。我们看到，"蜀"之与"蚕"、"蚕"之与"蠋"、萤火之与磷火等，确实存在叠加、交叉、替代或者混淆的情况，因此，如何溯流而探源，分析每一个义项的发生、发展与变化，准确把握汉字的精义，是研究文字与文化的学者必须面对的问题。

通过结合相关文字学、神话学、人类学方法，我们对"蜀"的原始取象进行了溯源式研究，并由源而及流，清理了重要的从"蜀"的家族字的意义发生和字形演变的脉络。刘师培说："……试观古人名物，凡义象相同，所从之声亦同。则以造字之初，重义略形，故数字同从一声者，即该于所从得之字，不必物各一字也。及增益偏旁，物各一字，其义仍寄于字声。故所从之声同，则所取之义亦同。"④我们循此方法，对"蜀"字为萤火虫之取象进行考论，试图探寻与该字相关的、已经失落在历史长河中的远古文化信息，难免粗疏浅漏，贻笑于方家。

①　刘师培：《刘师培经典文存》，上海大学出版社，2004年，第220页。
②　蔡永贵、蔡荣之：《汉字认知理论研究》，阳光出版社，2021年，第96页。
③　（魏）王弼著、楼宇烈校释：《周易注校释》，中华书局，2012年，第174页。
④　刘师培：《刘师培经典文存》，上海大学出版社，2004年，第222页。

| 第二章 |

三星堆与金沙文明的神话考古

一、三星堆与金沙的金射鱼纹图像释义

（一）关于三星堆与金沙金射鱼纹图像寓意的主要观点

古蜀考古发现的射鱼纹金杖和金冠带图像，包含了"人·箭·鱼·鸟"等要素，其中各个单独形象都极为明确，但它们组合起来形成的完整画面到底有何象征含义与神话意蕴，学者们见仁见智，各有主张，故仍有继续探讨的必要。

关于这个问题，目前的学术讨论可大致分为三种看法：

第一，图腾象征观。这种看法一般将图像中的鸟和鱼视为传说中的古蜀王国的图腾标志。邱登成认为，金杖图案中的人面代表蚕丛，鱼、鸟代表柏灌、鱼凫和杜宇，而"矢"实应是穗形木柄，与蜀人的社稷崇拜有关。[①]杜正胜提出："射穿鸟颈和鱼头，是不是在述说鱼凫族败亡的故事

---

① 邱登成：《广汉三星堆出土金器管窥》，《三星堆与巴蜀文化》，巴蜀书社，1993年，第193—195页。

呢？"他认为该图案显示了鱼凫族灭亡或式微的神话或历史叙事。① 黄剑华认为人面代表太阳神，飞鸟代表族属，箭代表神权，而鱼鸟作为图腾显示了两个氏族的联合。② 再如，陈立基认为"这是象征分别以鱼和鸟为祖神崇拜的两个部族联合组成的鱼凫王国"，其过程中或有敌对关系和激烈战争；有人认为"鱼能潜渊，鸟能升天，鱼鸟图案象征着金杖具有上天入地的功能，是蜀王通神的法器"。③ 还有学者提出，当时处于用箭猎鱼的时代，而此鱼死后，就禅变为一只神鸟，图像中在鸟的颈部和鱼的头部压有一穗形叶柄，正是以农作物的收割表现死亡的含义，而且"'五行'中以西方为'金'，史前大凡用金制作的祭器，多为祭祀西方的宗祖神灵图腾。从此图上有神鱼、神鸟和太阳神，且用'金'作载体来看，似乎正是图记的西方昆仑神话中太阳神禅变为鱼、鸟之形的故事。而氐羌——华夏民族，特别是东夷人（夏族团）正是典型的崇拜神鱼、神鸟的民族"。④ 也有人认为鱼是被射杀的，鸟连箭杆带鱼驮负着飞来，表现了古蜀人根据顺势巫术希望捕鱼成功的祈祷图景，并隐含着图腾崇拜的意味。⑤

第二，祭祀仪式观。一些学者将考古图像与典籍记载进行关联，以之作为分析的出发点。《淮南子·时则训》云："季冬之月……命渔师始渔，天子亲往射鱼，以荐寝庙。"⑥《吕氏春秋·季冬纪第十二》载："是月也，命渔师始渔，天子亲往，乃尝鱼，先荐寝庙。"⑦ 孙希旦《礼记集解》曰："是月鱼美，于始鱼而天子亲往，为将荐寝庙，重其事也。"⑧ 古

① 杜正胜：《人间神国——三星堆文明巡礼》，太平洋文化基金会（台湾），1999年，第33—34页。
② 黄剑华：《金沙遗址金冠带图案探析》，《文博》2004年第1期。
③ 陈立基：《趣说三星堆》，四川文艺出版社，2000年，第163页。
④ 白剑：《三星堆金杖"鱼鸟图"——华夏古老神奇的"鲲鹏之变"》，《阿坝师范高等专科学校学报》2004年第2期。
⑤ 陈德安、魏学峰、李伟纲《三星堆长江上游文明中心探索》，四川人民出版社，1998年，第49、50页。
⑥ 张双棣：《淮南子校释》（上），北京大学出版社，2013年，第622页。
⑦ 许维遹：《吕氏春秋集释》（上），中华书局，2022年，第259页。
⑧ （清）孙希旦：《礼记集解》（中），中华书局，2017年，第501页。

籍记录表明，古代祭礼往往要射鱼、射鸟作为祭品，因此可以推论出图像中的鸟、鱼连同箭一起是用于祭祀的。有学者认为"鸟代表时王，其与鱼、矢图的组合代表时王于明堂辟池中行射鱼之礼，鸟负鱼、矢向两神人而来，代表时王向两位祖先行尝新之礼，'鱼、鸟、矢'图为四组蕴含'辟雍四方''礼射唯四'的古仪。循此，则此金杖准确地讲当属于'祭杖'"。[①] 还有学者断定，"金带的圆圈图形，外圈是两个同心圆组成的圆环，它应是圆鼎的俯视的示意图。中间有两个小同心圆并列，上下各有两个小长方块，共6个图形，应该是鼎中盛置的食物祭品。圆圈图形在中间，也就是鼎在中间，两边放置箭、鸟、鱼，也说明鼎是祭祀中的重要食器。此金带应是祭祀用礼器的一个部分"。[②] 这里出现了一个很有意思的现象，持有这种看法的学者，既然先行确定了鸟和鱼都是祭祀物品，所以大都断定箭枝射中了鸟和鱼，从而忽略了图像中箭和鸟的平行并列的空间关系，甚至有人直接推测古蜀先民不具备在平面上表现空间关系的绘图技法。[③]

第三，综合性分析。关于金沙金冠带的射鱼纹图案，黄剑华研究员做了非常详细的描述和综合分析、推论："金冠带上每组图案之间，还刻画了构思奇妙的双圆圈纹。该圆圈纹直径约2厘米，外轮廓为两道旋纹，中间又有两个对称的由双旋纹构成的小圆圈，在每个小圆圈内以象征手法加以巧妙的组合，从而形成了好像圆日又类似人面或兽面的图案纹饰。""象征圆日与人面或兽面的双圆圈纹在整个画面中占据着主导的地位，强大有力的长杆羽箭就是从这里射向两侧的鱼鸟的，以此来表明主宰着鸟与鱼的命运"，因此可以断定，鸟和鱼朝向长杆羽箭飞来的方向，

---

① 顾问：《三星堆金杖图案内涵及金杖新论》，《江汉考古》2006年第2期。
② 钱玉趾、沙马拉毅：《三星堆金杖与金沙金带新考》，《文史杂志》2007年第2期。
③ 《三星堆金杖与金沙金带新考》一文解释道："图中箭杆是射穿鸟身中部，又射中鱼头。箭杆射穿鸟身的画法，在鸟身处应不见箭杆（或画虚线）。古蜀先民大概还不知道这种画法，而画成叠压式了。"（同上）

且被箭镞贯穿。但黄剑华又提出："这是否说明，金冠带图案中寓意丰富的双圆圈纹，应是古蜀崇拜太阳观念的反映，同时又是古蜀族统治者掌握着神权与王权的象征呢？被羽箭横贯射中的鸟和鱼，既可能是古蜀时代渔猎生活的真实写照，又会不会是古蜀族群中一些氏族或部落所崇奉信仰的鱼鸟图腾呢？"[①] 黄的研究重点指出了古蜀文明中存在的太阳崇拜观念，提出图像中的圆圈纹为圆日与人面的双重形象，而这个形象代表了羽箭的发出者，他对图中的四个组合成分作了整体性的综合分析，应是值得肯定的，但其将鱼、鸟认定为羽箭所射的对象，也同样忽略了一个细节：箭头虽射进鱼身，却没有穿过鸟体，箭杆与鸟是平行并列关系。

可以看出，学术界对古蜀考古的图像研究普遍带有一种"史学"的倾向，即将其视为某种实际发生过的事情的"记录"，要么认为其反映了史前氏族战争或民族融合的重大事件，要么认为是祭祀活动中的一个重要行为或环节，或者是当时初民的真实生活的写照，等等。可以看出，因为受这种"反映论"式的研究方法的影响，故此不少人似乎要为图中的每个形象分别寻找到对应的外在客观事物，却很少从神话信仰与神话思维的角度考察其隐喻结构，因而对图中"人·箭·鱼·鸟"各个主要成分的逻辑关系无法给出整体阐释。

（二）古蜀文明中的太阳崇拜及母题样式

太阳崇拜现象广泛存在于整个人类文明中，古蜀考古发掘中显得尤为突出。三星堆和金沙遗址出土了极具代表性的相关实物和图像，主要包括玉石、黄金、青铜、象牙制品等，其中跟太阳崇拜密切相关的有太阳神鸟、金射鱼纹权杖和冠带、"车轮"（太阳形器）、鸟首鱼纹金带、青铜神树、顶着圆泡的二鸟铜挂件[②] 及各种器物上的眼睛纹图案等等。

① 黄剑华:《金沙遗址金冠带图案探析》,《文博》2004年第1期。
② 见顾问:《三星堆金杖图案内涵及金杖新探》,《江汉考古》2006年第2期。

太阳崇拜作为信仰、观念，相当于叙事中的主题、主旨，属于民间故事学的母题或类型，这一母题又具体表现为各种次级形式，①如鸟/日结构、鸟（或箭）/鱼造型、日/箭意象，以及太阳与人面复合形象、沉渊化鱼故事模式等等。

　　鸟/日图像以金沙"太阳神鸟"金箔图案最为典型，该文物2005年当选为中国首个文物保护标志，可谓实至名归。据国家文物局的官方解释，"太阳神鸟"是物质和精神的双遗产：作为物质，它只是一枚金箔，但传达的却是如金子般闪光的精神，表达了"古代人民'天人合一'的哲学思想"。"四鸟绕日飞翔，体现了先民追求自由、美好、团结向上的寓意"，这也是古蜀文化的精神向往。②华夏考古中的飞鸟负日、双鸟朝阳、胸前有圆日的人面鸟身图③、汉画像日中踆鸟等，以及民间故事中大量的雄鸡唤日、兄弟民族中的太阳鸟母叙事等④，形成了一个庞大的母题类型，表明了自古以来华夏民族就将飞鸟与太阳关联在一起，金沙的"太阳神鸟"更以精妙的构图展示了古老深邃崇日信仰。三星堆一号坑出土的青铜神树造型，则与典籍记载中的鸟/日神话完全吻合。此大树有三层九根枝条，每个枝头停歇一只神鸟，据考古报告该树顶端缺

① 民间故事分类学中的"母题"，一般认为是故事中的最小成分或单元，具有独特的文化蕴含，表现了人类生存的一般经验，故此能产生不同寻常的、动人的力量。母题也可以理解为一个故事类型或形态，它可以是主题、人物、情节，或者是一个意象或原型，它一再出现，因而成为统一整个作品的意义线索。根据专家的论述，"母题"显然也包括非时间性组合的结构或模式；"母题"兼有"类型"和"层级"双重性质。参见刘魁立：《世界各国民间故事类型索引述评》，《民间文学论坛》1982年创刊号；王宪昭：《论盘古神话的母题类型与层级结构》，《湖北民族学院学报》2019年第2期。本文即将太阳神话视为一个神话母题的基本类型，而这个母题之下还存在若干次象征形式或叙事模式。
② 以上据《成都日报》《成都商报》2005年8月17日第1版报道。另见王炎：《"太阳神鸟"金箔图饰为朱利部落族徽说——关于成都金沙遗址出土金箔文物的文化阐释》，《中华文化论坛》2009年第1期。
③ 王仁湘先生在一篇研究论文中提出，阳鸟神话在8000年前就已形成，该文中展示了鸟翅带神面、鸟身中带太阳图案等考古图片。见王仁湘：《飞翔的獠牙：面目狰狞的光明使者——高庙文化白陶艺术的神面獠牙与阳鸟》，《百色学院学报》2021年第1期。
④ 王宪昭：《论女子太阳节的民俗性价值——以云南省西畴县汤果村壮族女子太阳节为例》，《文山学院学报》2016年第2期。

失，推测还应有一只鸟停驻其上。①《山海经·海外东经》载："汤谷上有扶桑，十日所浴，在黑齿北。居水中，有大木，九日居下枝，一日居上枝。"② 三星堆青铜神树虽没有直接出现太阳图像，但枝头上的每只鸟都是太阳，鸟与日完全"同一"。在初民的心里，太阳能在天空出没是件神奇的事情，而其视野之所及，发现只有长着翅膀的飞鸟才能高翔于虚空，所以两者一定具有神秘的关系和神圣的同一性，除此之外他们无法找到另外的解释。

关于全世界普遍存在的日/箭意象，同样令人瞩目。弓箭堪称人类的伟大发明，它对人类的价值或许仅次于火的作用。弓箭大大延伸了人的手臂，急剧扩展了人类的取食范围，同时，因其巧妙的结构并与人类的身体动作精密配合，借助弓与弦的机械力、箭锋的锐利，形成了对猎物的精准指向和击杀的强大力度，这样就将人类力量提升到一个前所未有的高度，为人类生存带来了全新的境界。对如此重要的事物，初民必定会在神话中给予解释，将其神圣化，表之于各种仪式和象征活动中，古代岩画中多有持弓射箭的情景，正表现了这种神话想象与思考。弓箭对猎物来说是杀死生命，而对人类自己来说则意味着食物和对生命的维持，也就是获得生命，这一悖反的逻辑是如此神秘，但是太阳却可与之形成完美类比，春天的太阳给予万物以生命，而冬天的太阳则令万物枯萎死亡，可谓"成也太阳，败也太阳"。希腊神话中具有太阳神神格的阿多尼斯被野猪咬伤性器而死，中国古籍中也有相应神话故事。③ 天上的太阳具备生杀予夺的强大力量，真正至高无上，而在地上的王者，当

---

① 孙华、黎婉欣：《中国上古太阳神话的起源与发展——从古蜀文化太阳崇拜相关文物说起》，《南方文物》2022年第1期。
② 袁珂：《山海经校注》，上海古籍出版社，1980年，第260页。
③ 据《山海经·海内经》载："帝俊赐羿彤弓素矰"郭璞注云："……矰，矢名，以白羽羽之。……'白羽之矰，望之如荼'也。""珂案：《御览》八百五引《随巢子》云：'幽厉之时，天赐玉玦于羿，遂以残其身，以此为福而祸。'"见袁珂：《山海经校注》，上海古籍出版社，1980年，第467页。

其手持弓箭之时，也能感受到这种神力，加之箭矢发射与太阳光线照射的运动路径几乎相同，所以在原始图像中我们经常都能看到这种高度认同的象征符号。有学者专文讨论弓箭与太阳的双重意义，即它们都具有射杀、猎食和性的象征（夺取和给予生命），几乎所有狩猎民族的神话中，太阳都是伟大的射手，在原始农业兴起后，太阳的无穷生殖力与地母的孕育力被视为一切生命之源，而中国神话英雄羿就具备善射和好色的双重人格。①古蜀考古中金杖、金冠带图像中的弓箭，当其与太阳形人面像关联在一起时，绝不只是表现了渔猎生活中的一种工具，其背后必定隐含了深厚的信仰。

鸟／鱼关系，也可以说是日光和鱼儿的关系，鸟象征的是日光。《淮南子》云："毛羽者，飞行之类也，故属于阳。介鳞者，蛰伏之类也，故属于阴。"②鸟、鱼结合，象征了阴阳相济。鸟／鱼复合意象其实是华夏考古中的一个普遍现象，许多学者从图腾角度将其解释为鸟氏族战胜鱼氏族；或者叫"鱼鸟共融"，表达了民族融合的含义。但是我们还可从鸟／鱼互化的神话学角度进行考察：鸟食鱼很可能是为了把鱼的灵魂带到高空，是在拯救和给予新的生命，而不是征服和残杀。由于许多学者对此问题皆有探讨，此不赘述。

太阳与人面的二重复合形象同样是日神崇拜这个主题的一种特有表现形式。何星亮认为："人面形太阳神形象是拟人化、抽象化的产物，是较高一级的太阳神形象。"③内蒙古贺兰山岩画中，就有许多人面形太阳神形象，"大多数的神像，头上光芒四射的灵光，颇似太阳光，有的简直像一个金光万道的太阳的形象，只是中心部分有人的五官，这种形象兼用了人和太阳的形象即太阳的人格化和人的太阳化，将两者巧妙地糅

---

① 户晓辉：《论弓箭与太阳在远古文化中的双重意义》，《新疆师范大学学报》1993年第4期。
② 张双棣：《淮南子校释》，北京大学出版社，1997年，第246页。
③ 何星亮：《中国自然神与自然崇拜》，生活·读书·新知三联书店，1992年，第163页。

合在一起了"。^① 盖山林还提到，带有刺芒状射线的人面形在我国分布很广，"岩画中的太阳神，既具自然物（太阳）成分，又有人（人面）的因素，即人的正面形象＋太阳光辉＝太阳神。这种人、物互化的特点，起源于遥远的古代，是远古人类对世界本质模糊认识的表现。……同时又由于太阳神的人格化，而赋予它以人的特性——人面和喜怒哀乐的表情。只是到了后来，以太阳为图腾的氏族部落的首领，才戴上具有审美观念的太阳光冠"。^② 在古蜀考古中，除了金射鱼纹图像中的人面形太阳神像外，三星堆还出土了带有双鸟"圆泡"图案的器物，顶着"圆泡"的两只飞鸟，鸟身抽象简化，似两根羽毛，其"圆泡"造型与金沙出土的金射鱼纹图中的人面形极其相似，自应识别为人面形太阳神像。

　　沉渊化鱼的神话故事同样值得关注。《山海经·大荒西经》载："有鱼偏枯，名曰鱼妇。颛顼死即复苏。风道北来，天乃大水泉，蛇乃化为鱼，是为鱼妇。颛顼死即复苏。"郭璞曰："《淮南子》曰：'后稷龙在建木西，其人死复苏，其中为鱼。'盖谓此也。"^③ "珂案：郭注引《淮南子·地形篇》文，今本云：'后稷垅在建木西，其人死复苏，其半鱼在其间。'故郭注龙当为垅，中当为半，并字形之伪也。"^④《拾遗记》卷二记载："鲧自沉于羽渊，化为玄鱼。"^⑤ 另外还有鲧死后化为黄熊、黄龙的记载。《楚辞·天问》中"阻穷西征，岩何越焉？化为黄熊，巫何活焉"^⑥ 讲的就是鲧的故事，言其死后化为黄熊，入于羽渊。《王氏合校水经注》卷三十三引来敏《本蜀论》云："荆人鳖令死，其尸随水上。荆人求之，

① 盖山林：《内蒙古贺兰山北部的人面形岩画》，《中央民院学报》1982年第2期。
② 盖山林：《太阳神岩画与太阳神崇拜》，《天津师大学报》1988年第3期。
③ 袁珂：《山海经校注》，上海古籍出版社，1980年，第416—417页。
④ 同上。
⑤ （晋）王嘉：《拾遗记》，中华书局，1981年，第3页。
⑥ 唐兰于1937年在《古史辩》第七册发表《天问"阻穷西征"新解》，涉及化熊还是化能的问题，指出能即熊字，后人以为能为三足鳖者误也。《归藏·启巫》谓为黄龙，龙为能音之转，是神话又谓鲧化为黄熊为巫所活。见吕思勉、童书业编：《古史辩》第七册，海南出版社，2005年，第683页。

不得。令至汶山下复生，起见望帝。"①《山海经·海内南经》记载："氐人国在建木西，其为人人面而鱼身，无足。"②按史籍中所载，鲧、颛顼、鳖令、氐人，甚至普通人都可因死后"变身"而得以复生，不论是《山海经》神话还是蜀地本土神话或民间传说，这类故事都有此共同点，死而化熊、化龟（或鳖）、化龙、化鱼，都是为再生做准备的一个必要环节，所化之动物也都是善于在水中生存者。③另外，在古代传说中，乘赤鲤可以升仙，鲤鱼可通神，穿越阴阳两界④，民间俗语有云"成龙的上天，成蛇的钻草"等等，也可视为同类神话信仰的表达。在天／地、上／下、阳／阴、生／死、龙／蛇的二元划分中，世俗界的人类是有死亡的，只有穿越两界，变成真龙才能成为永生之神圣。需要强调的是，鱼崇拜或者沉渊化鱼信仰也得到考古实物（如"鱼殉"）的有力佐证。⑤我们还注意到，原四川境内叫"鱼复""鱼凫"或"鱼涪"的地名很多，毫无疑问，这些名称也寄托了蜀地人民的再生愿望。

总之，太阳崇拜或日神信仰乃是包括古蜀文明在内的远古神话的一个核心观念。就古蜀先民而言，他们的想象和虚构又会受到自身的环境因素和历史传承的影响，故其神话叙事带有浓厚的地方色彩，构成神话领域里的"地方性知识"，从而为日神崇拜赋予了格外鲜明的色彩。

（三）古蜀文明中的金射鱼纹图像的寓意

相比中原地区，地处成都平原的三星堆和金沙遗址以出土了众多黄金制品而引起广泛关注。三星堆出土了69件金器，其中包括金杖、金

---

① 转见李炳海：《巴蜀古族水中转生观念及伴生的宗教事象》，《宗教世界研究》，1995年第1期。
② 袁珂：《山海经校注》，巴蜀书社，1992年，第330页。
③ 我们完全可以将"沉渊化生"视为一个神话母题的基本类型，而化熊、化龟（鳖）、化龙、化鱼等即这一母题的次级形式。
④ 聂济冬：《有关鲤鱼的民俗及其成因》，《民俗研究》1997年第3期。
⑤ 屈小强：《古蜀鱼崇拜与蜀人东进》，《西华大学学报》2009年第2期。

面罩、金虎、金鱼、金璋、金叶饰等黄金器物，体现了高超的制作技艺；金沙遗址的出土金器则以金箔、金片为主，达200余件，其数量和种类都远超中原地区和三星堆。三星堆一号坑出土的金杖与金沙遗址出土的金射鱼纹带，二者的图案结构极为相似，表明了它们之间的文化传承关系。

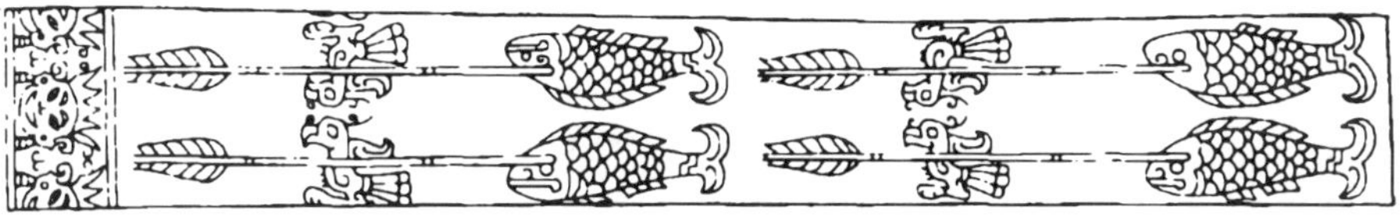

图一　三星堆（一号坑）金杖（K1：1），采自四川省文物考古研究所：《三星堆祭祀坑》，文物出版社，1999年，第60页

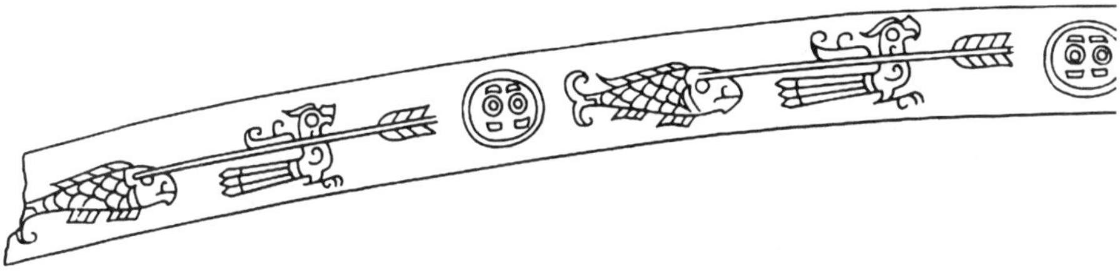

图二　金沙金射鱼纹带（2001CQJC：688），采自成都市文物考古研究所、北京大学考古文博院：《金沙淘珍——成都市金沙村遗址出土文物》，文物出版社，2002年，第23页

　　要理解金射鱼纹图像的神话意涵，其人面形太阳神形象是关键。有人视为人面、有人视为神像的这个图像，其实是人面、神像二合一的，它既是天上的光芒四射的大神，又是地上的令人敬畏的帝王。这是一个真正的神话隐喻，即弗莱所说的"同一性单元"，即"两件事物被说成是一码事却又保持其双重性"，他进一步解释道，"神祇就其观念和性格讲具有人性，但又与自然界的好些方面一致"，故而才有太阳神、森林之神等[1]；弗莱还说过，"从原型上看，象征是一簇激起联想的东西，这时隐喻是把两个个别的形象合二为一，每个形象又都各自代表着一个种

----

[1]　吴持哲编：《诺斯洛普·弗莱文论选集》，中国社会科学出版社，1997年，第144页。

类或类型"。①在仪式中，人间帝王与天上太阳实现了充分的认同，当他以人的身份捕鱼杀鱼时，同时以神的身份令鱼复活——在此仪式行为与巫术魔法中，让人体验到一种至高无上的权力。也就是说，如果从射箭者的角度看，这个人头代表的是世俗世界的王；如果考虑到那只鸟带着鱼的灵魂向高空飞翔，那么这个人头就应该象征天上神圣世界的帝，而这个帝也就是太阳。镂刻于权杖和冠带上面的射鱼纹金饰肯定是在最重要仪式场合中使用和展示的，而仪式中的大巫，往往扮演的是天上的帝与人间的王合二为一的角色。所以，完全可以推知，人王将鱼杀死，天帝又令鱼复活；人面形象是人神一体，与之对应的鱼则是生死合一。

所以我们需要深究其图案的隐喻结构，并与相关的神话信仰和神话思维相结合，才能理解"人·箭·鱼·鸟"的关系和含义。图中的箭射进鱼头，却未射入鸟身，可见箭与鸟处于并列的空间关系。仔细查看会发现，箭的方向和鸟的方向是相反的，对于这条大鱼的生命来说，箭和鸟起到的作用当然也是相反的，也就是说，当我们看到箭将鱼射死，则鸟的作用就是拯救它的灵魂，将其灵魂带到高空，带到太阳那里去。②所以，箭和鸟的并列，其实是一种反向互动，从而完成了一个生死循环。

现代人因长期接受理性思维和逻辑推论的训练，很难真正进入神话世界之中，只有尽力克服那种非此即彼、二元分离的思维习惯，才能对神话思维略有领悟。林向先生曾提出鱼、鸟、人头图案为"鱼凫王"的观点，他认为射鱼之箭并非意味鸟对鱼的伤害，而是象征二者的亲密结合。③我们需要进一步追问，箭/鱼、鸟/鱼亲密关系的形成究为何因？

这涉及古人对其赖以为生的食物及其来源的信仰问题，原始部族往

① [加]弗莱著，陈慧等译：《批评的解剖》，百花文艺出版社，2006年，第177页。
② 确有学者注意到，"在鱼的头部和鸟的颈部上压有一支箭，似表现鸟驮负着被箭射中的鱼飞翔而来的场面"。见李忠义主编：《三星堆传奇：华夏古文明的探索》，太平洋基金会（台湾），1999年，第128页。
③ 林向：《说"鱼凫"——文献记载与考古发现的相互印证》，《长江文明》第七辑，河南人民出版社，2011年。

往将为人类贡献肉食的动物视为兄弟，动物不但是人类的兄弟，而且很多动物在先民的眼里具有大能耐、大神通，所以它们还是人类的兄长，人类自己只能当小弟。在这种敬畏情绪里，虽然人类制作弓箭射鱼、驯养鱼鹰捕鱼，却往往会编出一个这样做的理由：即人类在食其肉的同时也善意地解放了动物的灵魂，这样可帮助其再生并继续为人类提供肉食。而人类和动物的真正的生命、所有的动物之灵，都来自一个更伟大的神灵，这个神灵高高在上，发出万丈光芒，明察世间一切，是生命之灵的拥有者和保护者。《诗经·大雅·皇矣》云"皇矣上帝，临下有赫"[1]，令人很容易想到太阳。三星堆和金沙的射鱼图像中，如果人头是象征太阳神的话，鸟就是太阳的使者，鸟在捕鱼的同时，也将被解放的鱼的灵魂带到太阳神那里；而箭在射鱼的同时，也表现了太阳神发出箭一样的光芒，将鸟儿带回的灵魂再发送到水里，从而生长出新的鱼。在传统文化里，太阳之灵光与鱼身之鳞甲也存在神话隐喻关系。《吕氏春秋·节丧》载："国弥大，家弥富，葬弥厚，含珠鳞施。"[2]《淮南子·齐俗训》亦载："非不能竭罔靡民，虚府殚财，含珠鳞施，纶组节束，追送死也。"高诱注云："含珠，口实也。鳞施，施玉于死者之体如鱼鳞也。"[3]"鳞施"即指今人所谓"金缕玉衣"的丧葬形式。这些神话虽为片段式记载，但其背后的神话思维逻辑却十分明显：死者变身为鱼，并得到太阳的灵光照射，于是得以复活。考古发掘中，三星堆二号坑出土了不少金皮鱼[4]，或许这代表了"金缕玉衣"的史前原始形式吧？由此可知，在"沉渊化鱼"母题类型中至少还有两个次级形式，死者化鱼只是获得新生命的第一个环节，而获得太阳灵光照射才是推动生命发生转化的最终环节。

---

[1] 《毛诗正义》，北京大学出版社，2000年，第1195页。

[2] 许维遹：《吕氏春秋集释》，中华书局，2009年，第222页。

[3] 何宁：《淮南子集释》，中华书局，1998年，第786页。

[4] 陈显丹：《三星堆遗址一、二号祭祀坑发掘日记》，《史前研究》，陕西师范大学出版社，2007年，第509页。

另外必须强调的是，在远古神话观念里，黄金与太阳有着天然关联，根据原始思维的相似律，黄金和太阳都是金黄色的，太阳会发出金黄色光芒，而黄金也有金黄色的反光，所以两者就是同类事物，都具有神圣性质。太阳神以金色之光照亮大地，地下的金子正是它光芒的化身，而如果泥土里的黄金露出地面，那是因为受到太阳的召唤。此外，青铜器本来也是金黄色的，三星堆二号坑发现不少戴有金面具的青铜头像，许多青铜器上有明显的朱砂色。考古人类学表明，人类远古时代即将赤色和黄色视为生命与食物的颜色。而根据维科的看法，人们曾把世界分为金、银、铜、铁四个时代，"正是谷粮这种诗性黄金在希腊人中间把它的名称借给了'黄金时代'"①，这里的"黄金"实际上并不是金属，而是指粮食。因此可以说，在古蜀先民那里，用黄金来象征生命和维持生命的食物，是再恰当不过的事。华夏文化传统历来重视和讲究器物的材质，在古人看来，内容和形式是不可分的，功能与材质是统一的，但这一点很易被现代人忽略。我们甚至可以说，在古蜀先民的观念里，太阳神只能用黄金才能得以表象，因为黄金是太阳的一部分，也就是太阳本身。

（四）金射鱼纹图像的神话功能

中国文学人类学者的神话理论和研究，从传统上的文本神话、口传神话扩展到了仪式神话、图像神话的广义神话领域，由此，神话的范畴包括了图像中的神话场景和仪式中的神话情节。②同时，仪式－神话本是一个综合体，难以区分彼此，或者说它们犹如一枚硬币的两面，这一综合体在历时性和共时性层面发挥多种作用，具备多种功能。所以，金射鱼纹本身作为"图像神话"也好，或者作为与其他考古实物共同参与的仪式神话也好——以及在它们背后存在的口传神话（被摘选、记录到

---

① ［意］维科著，朱光潜译：《新科学》（上），安徽教育出版社，2006年，第320页。
② 王倩：《作为图像的神话——兼论神话的范畴》，《民族文学研究》2011年第2期。

《华阳国志》《山海经》等典籍中的神话片段，很可能就是来自这些远古口传神话），都可以"神话"概而论之。

根据马林诺夫斯基的神话功能论，神话是一种基于信仰的、能够发挥道德功能的叙事，所以神话是该社会的"宪章"或"特许状"（charter）。神话带给人们应有的信仰，告诉人们如何思考如何行动，所以它是一种准则，人们依此行事就会得到神的眷顾和青睐，否则会受到可怕的惩罚。如果没有神话的约束力，没有仪式中体验到的敬畏，初民就不会形成社会。金射鱼纹图像是在宗教仪式上出现的神圣之物，是代表着权力的象征符号，我们可以设想，手持权杖和头戴金冠带者，一定是参与仪式的这个群体的首脑人物，他的出现和对圣物的展示标志着仪式进入高潮和最神圣的时刻，受到万众瞩目和顶礼膜拜。那么，此图像这时候发挥的是意识形态作用，具备为社会权力和秩序"背书"的功能。可以推测，由于图像高度相似，表明从三星堆到金沙，王权应该是由同一个集团的首领所掌握。将金射鱼纹这一图像神话还原到仪式场景中，我们仿佛看到，国王（大巫师）凭此神圣之物，沟通了天地，从世俗之界联系到了那看不见的世界中的力量，从而使自己也变成了高高在上的神。

但是我们发现，金射鱼纹作为图像神话还发挥了另一种功能，即展现了一种集体知识，这种知识往往是神圣的和秘不外传的，是整个氏族王国共享的知识财富。图像中的弓箭透露出古蜀先民生存环境中的自然条件和资源的独特性，同时是其生计模式的核心组成部分。弓箭的原材料多为各式各样的竹子，《山海经》中提到"竹"达20处，有竹箭、大竹、草竹、扶竹、筼竹、寻竹、竹等各色名目，其中尤以"竹箭"为最多，有9处记载"多竹箭"。竹箭是竹的一种，秆挺直坚劲，因可制箭，又称箭竹。[①] 据晋代戴凯之《竹谱》载：（箭竹）"内实外坚，拔之不曲"。又载："竹箭，高者不过一丈，节间三尺，坚劲中矢，江南诸山皆有之，

---

① 逯克胜：《解读〈山海经〉中的弓箭文化》，《青海民族大学学报》2018年第3期。

会稽所生最精好。"①虽然不能说《山海经》中所载都是蜀地的竹子,但西南地区的确遍地生长有各种竹子,其中以四川境内为主的大熊猫活动区域长满箭竹,邛崃更是以产邛竹杖而闻名于世。戴凯之称赞"会稽所生最精好",他应该没有到过四川,还不知道古蜀之地出产好竹。《天工开物·弧矢》云:"凡造弓以竹与牛角为正中干质。"又说"凡箭笴,中国南方竹质,北方萑柳质,北房桦质,随方不一"。②古蜀地域内制作弓箭所用的材料极其丰富,包括竹、木、漆、丝等,堪称出产之地。因此,当带着射鱼纹图像的权杖高高举起,当头戴金冠带的国王出现在仪式上,就是在一次又一次地向大众重申整个集体"赖以生存的神话"。射鱼纹的神圣图像是在向蜀人展示和昭告一个信仰:当我们手持弓箭进行渔猎时,会受到太阳神的庇护和眷顾,福祚绵绵、生生不息。

如果抛开或者超越所谓诸侯争霸或者国家竞争,以及攻城略地的战争需要,就会看到古蜀先民发挥出最高智慧,充分开发物力,利用漫山遍野的竹子,因之而获得了强大的力量。因此说,三星堆、金沙的射鱼纹图像作为原型意象,无疑成了古蜀的"国家神话"的象征,它宣示了一个重要的"神话传统",即就地取材、物尽其用,凭借得天独厚的资源作为立国之基、民生之本,从而实现自强自立。

二、古蜀再生神话研究

(一)"建木西":古蜀山川地理特征及其神话想象

自古以来,距离川西平原数百上千里的岷江上游的巨大山峰常年积雪,冰雪之水冲刷着沿河两岸,也裹挟大量泥沙滚滚而下,慢慢填平了低洼沼泽之地。彭邦本曾提出,从距今约 200 万年的旧石器时代早期的

---

① 转见苟萃华:《戴凯之〈竹谱〉探析》,《自然科学史研究》1991 年第 4 期。
② 潘吉星:《天工开物校注及研究》,巴蜀书社,1989 年,第 500—502 页。

巫山人，到旧石器时代晚期的资阳人、筠年人和铜梁县（今重庆市铜梁区）张二塘、资阳市鲤鱼桥、汉源县富林、攀枝花市回龙湾等遗址，反映出当时人类栖息生活的地点，一般位于盆地周边或者盆地之内的山地丘陵、近水的小山或山坡上。这种情况直到新石器时代早、中期仍未根本改变。因为由岷江、沱江水系冲积而成的川西平原，位于盆地底部，古时沼泽河流密布，长年积水而不宜栖居，直到新石器时代晚期，距今约4500至3700年的宝墩文化诸史前聚落涌现于川西平原。[1]古蜀原住民经过了漫长的等待和试探，才由丘陵山坡下到原隰地带，直到遍布于整个盆地。还有专家指出，成都平原海拔较低，大概在750—440米范围内，从灌县（今都江堰市）到郫县（今成都市郫都区）再到成都一线，原是岷江江水的正中冲击线，由于这条线泥沙堆积，陆地增高，江水即从两边分流。[2]古蜀先民在与江河湖泽打交道的过程中，积累了丰富的智慧，长期的渔猎、种植、导江开渠，最终使这片沮洳之地变成了天府之国。

江河之水是生命之源，它的源头更被视为神圣之地。在古人的想象中，大江大河的源头应在高山之巅，这里与天相接，是人、神交通的必经之路。宋代诗人胡寅写道："河出昆仑墟，江出岷山底。"（《寄张赵二相三首》其一）在华夏文明史上，江、河同样神圣，也同样激发着文人的想象力。明朝之前，典籍中单独所称的"江"多指长江，且古人视岷江为长江之正源，因此，岷江上游的山川就获得了显著的人文地理特征和浓厚的神话想象品质。

似乎人人都知道"河出昆仑"，但江源（岷江）所出之山在哪里呢？虽然《山海经·中山经》记有"岷山，江水（即岷江）出焉……其上多金玉"。[3]但是神话传说中江、河发源之地的高山还是有些混淆。《山海经·海内西经》记载："海内昆仑之虚，在西北，帝之下都。昆仑之

---

① 彭邦本：《上古蜀地水利史迹探论》，《四川大学学报》2007年第6期。
② 罗开玉：《成都城的形成和秦的改建》，《成都文物》1989年第1期。
③ 袁珂：《山海经校注》，上海古籍出版社，1980年，第156页。

虚,方八百里,高万仞。"郭璞云:"盖天地之中也。"①一些学者认为"昆仑"即指今四川西部的岷山。②《淮南子·地形训》云:"昆仑之邱,或上倍之,是谓凉风之山,登之而不死。或上倍之,是谓悬圃,登之乃灵,能使风雨。或上倍之,乃维上天,登之乃神,是谓太帝之居。"③郦道元《水经注》云:"三成为昆仑丘。《昆仑说》曰:'昆仑之山三级,下曰樊桐,一名板松;二曰玄圃,一名阆风;上曰增城,一名天庭,是谓太帝之居。'"④"太帝"居于"昆仑之虚",说明这里是天地相连相通的地方,是世界的中心。如果"昆仑之虚"即岷山,则可推论出岷山即为"天下之中"。

《山海经·海内南经》记曰:"有木,其状如牛,引之有皮,若缨,黄蛇。其实如栾,其木若蓝,其名曰建木。在窫窳西弱水上。"⑤按华夏的宇宙神话,"建木"当是宇宙树,它立于天地之中。有学者提出,"建木"所在之地,可能属于川西平原。⑥另外,《山海经·海内经》云:"西南黑水之间,有都广之野,后稷葬焉。爰有膏菽、膏稻、膏黍、膏稷。百穀自生,冬夏播琴。鸾鸟自歌,凤鸟自舞;灵寿实华,草木所聚;爰有百兽,相群爰处。"郭璞云:"其城(即都广——引者)方三百里,盖天下之中……"⑦"都广"和"广都"之名,研究古蜀史的学者倾向于认

① 袁珂:《山海经校注》,上海古籍出版社,1980年,第295页。
② 研究巴蜀古史的学者如蒙文通、邓少琴等持此观点。蒙文通:《略论〈山海经〉的写作时代及其产生地域》,《巴蜀古史论述》,四川人民出版社,1981年,第161—162页;邓少琴:《邓少琴西南民族史地论集》,巴蜀书社,2001年,第498页;另见贾雯鹤:《昆仑原型为岷山考》,《四川大学学报》2009年第2期。
③ 张双棣:《淮南子校释》(增订本)卷四《地形训》,北京大学出版社,2013年,第451页。
④ (北魏)郦道元撰,王国维校注:《水经注校》,台北新文丰出版公司,1987年,第1页。
⑤ 袁珂:《山海经校注》,上海古籍出版社,1980年,第279页。
⑥ 刘复生:《"都广之野"与古蜀文明——古蜀农耕文化与蚕丛记忆》,《中华文化论坛》2009年第11期。
⑦ 袁珂:《山海经校注》,上海古籍出版社,1980年,第445页。另,或云"其城方三百里,盖天下之中,素女所出也"十六字原本为正文,乃传抄过程中脱入郭注。参见蒙文通:《巴蜀古史论述》,四川人民出版社,2019年,第176—177页。

定为同一个地方[①]，而典籍中记载："广都县，本汉旧县，隋仁寿元年避隋炀帝之讳，改为双流县。"[②] 双流县（今成都市双流区）的地势明显要高于现今的三星堆和金沙所在地，确为古蜀先民较早开发和居住的地方。

从上面引文可以看到，太帝所居的"昆仑之虚"应该位于天地之中，而建木立于天地之中本就无可怀疑，"都广"也在天地之中，但是，昆仑之虚是否即岷山？建木是否位于川西平原？这些都需要存疑。而且我们还应诘问："广都"与"都广"、"都广"与"都广之野"是否为同一个地理名称、指的是同一个地方？[③]

这些疑问似乎动摇了岷江源的神圣性，因为当岷江源不在昆仑之虚、建木不在川西平原、广都不是都广，古蜀之地也就不是天下之中，或者天下之中就不在川西平原的某个地方。但是我们又要追问，是否因此古蜀之地就失去了神圣性？是否唯有建木所在的"天下之中"才具有起死回生的神奇力量呢？

据《淮南子·地形训》所载："扶木在阳州，日之所曊。建木在都广，众帝所自上下，日中无景，呼而无响，盖天地之中也。若木在建木西，末有十日，其华照下地。"[④] 扶木—建木—若木，构成了太阳巡回和天地交通的结构模型，也勾勒出了古代华夏神话地图的大致轮廓，这三个地方都是宇宙空间中的神圣之地，这里人神交通，都有起死回生的神奇功能。《山海经·大荒西经》中有关于氐人国的记载，其原文曰："有

[①] 持此观点者，蒙文通颇具代表性，如"都广即是广都，今四川双流县，在四川西部。都广既是'天下之中'，正说明《大荒经》以下五篇也是以四川西部为'天下之中'"。"……《山海经》全书三个部分所说的'天下之中'，都与中原文化所说的'天下之中'迥不相同。它所指的是巴、蜀、荆楚地区或者只是巴蜀地区。"见蒙文通：《巴蜀古史论述》，四川人民出版社，2019年，第176—178页。

[②] （唐）李吉甫撰，贺次君点校：《元和郡县图志》卷三二，中华书局，1983年，第770页。

[③] 按：很多人可能忽略了一个关键点："其城方三百里，盖天下之中，……"一句中，该"城"严格意义上应指"都广"，而非"都广之野"。

[④] 张双棣：《淮南子校释》（增订本）卷四《地形训》，北京大学出版社，2013年，第451页。

互人之国。炎帝之孙，名曰灵恝。灵恝生互人。是能上下于天。"王念孙校改"互"作"氏"①。从神话学的角度看，他的校改不能说没有道理②，氏人"能上下于天"，原因在于其独特的地理位置，氏人所处之地与建木所在地具有某种结构性关联。据《海内南经》记载："氏人国在建木西。其为人人面而鱼身，无足。"③《大荒西经》又载："有氏人之国。……有鱼偏枯，名曰鱼妇。颛顼死即复苏……"④氏国之人人面鱼身的奇怪形状，他们能"上下于天"，颛顼在此能死而复活，是因为这里即"建木西"。同时，在古代神话地理的版图上，"都广之野"与建木也存在结构性关联，《海内经》云：后稷葬于"都广之野"，《淮南子·地形训》则说"后稷垅在建木西，其人死复苏……"⑤也就是说"都广之野"和"后稷垅"都应在"建木西"。看来，"都广"与"都广之野"并非同一个地方，如果说"都广"是建木所在地，那么"都广之野"即应在"建木西"，也就是在都广之西了。

总而言之，若木、氏人国、后稷垅、都广之野都位于"建木西"，应该在同一个方位，或即同一个区域，甚至是同一个地点，而且这几个地方与建木所在地一样，也都是能让人起死回生的神圣之地。

我们无法证实"建木"是否在川西平原，也无意论证"昆仑之虚"是否即为岷山，但是"建木西"在古蜀之地应该是大概率事件。原来，人死后之所以要沿江上溯，求得复活或者成为神仙，这跟古蜀作为"建木西"的地理位置密切相关。

而且，《山海经·海内经》载："黄帝妻雷祖，生昌意，昌意降处若

---

① 袁珂：《山海经校注》，上海古籍出版社，1980年，第415页。
② 按："互人"有可能指长有甲壳的因而能在水中生存的人。《周礼·天官·冢宰第一》载："鳖人掌取互物。""互物"指有甲壳类的动物如龟鳖之属。见郑康成注、陆德明音义、贾公彦正义：《周礼注疏》，吉林出版集团有限责任公司，2005年，第85页。
③ 袁珂：《山海经校注》，上海古籍出版社，1980年，第280页。
④ 同上，第442—443页。
⑤ 张双棣：《淮南子校释》（增订本）卷四《地形训》，北京大学出版社，2013年，第493页。

水，生韩流。韩擢首……取淖子曰河女生颛。"①郭璞云："《世本》云：'颛顼母濁山氏之子，名昌僕。'郝懿行云：'《大戴礼·帝系篇》云：昌意娶于蜀山氏之子，谓之昌僕氏，产颛顼。'郭引《世本》作濁山氏，蜀，古字又通濁，又通淖，是淖子即蜀山子也……"②可以看出，颛顼跟氏人国、若水、蜀山都有密切关系，也正因为此，他才获得了"死即复苏"的待遇。而《太平御览》载："蜀王之先名蚕丛，后代名曰柏濩，后者名鱼凫。此三代各数百岁，皆神化不死，其民亦颇随王化去。王猎至湔山便仙去。今庙祀之于湔。时蜀民稀少。后有一男子，名曰杜宇，从天堕止朱提。有一女子，名利，从江源地井中出，为杜宇妻。宇自立为蜀王，号曰望帝。治汶山下邑郫，化民往往复出……"③传说中的古蜀确乃神奇之地，此地能获得"建木西"的神话地理位置，而且神人辈出，这背后一定跟蜀地的山水所激发的神话想象有关。

（二）"西征"：古蜀神话中死而再生的复活之路

在华夏神话传统里，人死后灵魂是要上天的。民间习俗中每个家庭在年节祭祖时都要拜托先人的"在天之灵"保佑全家。在兄弟民族的祭祀仪式中，这一观念表现得更为明显："自入殓始，每天早中晚各敲一次铜鼓，通知天神派使者迎接死者上天。"④但是升天之路在哪里？电影《红高粱》中九儿死去，其子高喊："娘，娘，上西南，宽宽的大路，长长的宝船"，似乎死者之灵既要走旱路还要走水路，不过这应该只是一个模糊的想象性描述。王充在《论衡》里试图细究升天之路，论及"升天之人，宜从昆仑上"时产生了疑问："天之与地皆体也，地无下，则天

---

① 袁珂：《山海经校注》，上海古籍出版社，1980年，442—443页。
② 同上，第444页。
③ （宋）李昉等：《太平御览》卷八八八，中华书局，1960年，第3944页。
④ 蒋廷瑜：《铜鼓与丧葬礼仪》，四川大学博物馆、中国古代铜鼓研究学会编《南方民族考古》第三辑，四川科学技术出版社，第54页。

无上矣。天无上，（上）升之路何如？穿天之体，人力不能入。如天之门在西北，升天之人，宜从昆仑上。淮南之国，在地东南，如审升天，宜举家先从（徙）昆仑，乃得其阶；如鼓翼邪飞，趋西北之隅，是则淮南王有羽翼也。今不言其从（徙）之昆仑，亦不言其身生羽翼，空言升天，竟虚非实也。"[1]看来王充也承认人死后灵魂应该升上昆仑山（再从这里升天），他纠结的只是具体的方式和路径。

《王氏合校水经注》卷三三引来敏《本蜀论》云："荆人鳖令死，其尸随水上。荆人求之，不得。鳖令至汶山下复生，起见望帝。"[2]跟颛顼复活再生故事一样，鳖令的故事也相当于同类故事的地方版本，作为"地方性知识"的鳖令故事一方面具有相应的类型学特征，同时又将地方文化的信息透露出来。鳖令故事将其复活的地理路线描述得十分清晰，事实上解答了王充《论衡》里的疑问，那就是死而复生的艰难历程既不是翻山越岭、爬上远在西北的"昆仑"，也不是身生双翼，直接飞向那上与天齐的高山之巅，而是走水路。鳖令溯江而上，到汶山即得以复苏，说明此山乃神圣之地，堪比"昆仑"。

死后化生的故事类型中还包括鲧的传说，言其死后化为黄熊，入于羽渊，然后复活。屈原对此疑惑不解，在《楚辞·天问》里追问道："阻穷西征，岩何越焉？化为黄熊，巫何活焉？"[3]屈原的疑问与王充是相同的，鲧死后其尸身要向西翻越重重高山，直到"昆仑"（或古蜀神话中的"汶山"），怎么做得到？鲧化为黄熊后[4]，巫师又把它变回一个大活人，怎么做得到？楚国王室皆为熊姓，对熊图腾自然有高度认同，所以屈原特别关注黄熊变人这个关键节点，此不待言。但我们却重点关注

---

[1]（汉）王充撰，黄晖校：《论衡校释》卷七《道虚篇》，中华书局，1990年，第319页。

[2]转见李炳海：《巴蜀古族水中转生观念及伴生的宗教事象》，《宗教世界研究》1995年第1期。按：汶山即岷山。

[3]董楚平：《楚辞译注》，上海古籍出版社，2012年，第55页。

[4]（晋）王嘉：《拾遗记》卷二载："鲧自沉于羽渊，化为玄鱼。"见王嘉：《拾遗记》，中华书局，1981年，第3页。

"西征"这一关键词，说明屈原时代荆楚广大区域里流行的祭祀仪式和相关习俗中，也认可同一个宇宙图式，就是死者灵魂要一路西行才可求得复活。

　　神话故事中的英雄之旅，往往会遇到一位出自水中的女性。《蜀王本纪》载："后有一男子，名曰杜宇，从天堕止朱堤。有一女子名利，从江源井中出，为杜宇妻……"① 这个故事中的杜宇在另一传说中化为杜归鸟，表明他是天上的，或能够上天的神，而朱利既然能从江源而出，显然具有水神和鱼神的属性，他们的结合相当于天父地母或鸟鱼之媾和，正是典型的神仙眷侣，该故事也强调了古蜀人是神的后裔。②《四民月令》载："十一月，冬至之日，荐黍、羔，先荐玄冥于井。"玄冥即水神 ③，朱利与玄冥应具有同样的水神的神格。《山海经·海内经》载："西南黑水之间，有都广之野，后稷葬焉。……有木，青叶紫茎，玄华黄实，名曰建木，百仞无枝，上有九欘，下有九枸……"郭璞注曰："其城方三百里，盖天地之中也，素女所出也。"④ 这里"素女"应该也是水神。素女在"都广"，朱利在"江源"，鱼妇在"氐国"，玄冥在"井"，她们都具有起死回生、化育众生的本领。相应地，如果死者在黄泉国的旅程中遇到水神的拯救，自然就会复活。

　　作为古代巴蜀神话系统中的重要组成部分，颛顼、鳖令和鲧的再生神话，与仰韶文明所代表的中原再生神话叙事或者《山海经》中其他同类再生神话故事相比较，具有共同的类型特征，那就是人死后化生为水中动物，方可获得再生。但巴蜀神话道出了明确的方位和地点，既显示了故事背后的整个宇宙图式，而且其"在地性"特征也十分明显，因此

---

①　（汉）扬雄撰，张震泽校注：《扬雄集校注》，上海古籍出版社，1993年，第244页。
②　或以为"江源"即双流县，而且开明氏的都邑，史籍也有记载为广都（即双流）的。参见张建世：《试论铜鼓船纹》，《四川文物》1988年第6期。
③　（汉）崔寔著，石声汉校注：《四民月令》，中华书局，1965年，第71页。
④　袁珂：《山海经校注》，上海古籍出版社，1980年，第445页。

也具有更加生动鲜明的色彩。

（三）"鱼复"：古代巴蜀再生神话中鱼的神奇作用

郭璞《玄中记》载："天下之多者，水也。浮天载地，高下无不至，万物无不润。"[1] 古人对水产生了一种"迷思"，因为它一方面表现出向低处流淌的物理性质；另一方面却又会出现于最高的山巅，俗话说"山有多高，水有多高"；它还会变成云雾升上高空，再变成为雨滴从天而降，水降到哪里，哪里就会出现生机勃勃的景象；当它变成霜雪覆盖大地，就意味着来年的丰收；溪流汇成江河，浇灌两岸的土地，带来恒久的丰饶。甲骨文中经常提到对"河"神的祭祀，"河"的地位不亚于四方风神，显示了在商代的农耕文明中对水的重视。

江河对人类的馈赠还有数不清的鱼类。摩尔根提到："鱼是人类最早的一种人工食物，人类有了鱼类食物，才开始火的利用及大规模的迁徙。"[2] 人类总是沿着江河流域而迁徙，一个重要原因就是鱼类提供了食物保障。台湾雅美人最常见的食物是块根类作物和鱼类——鱼类分为季节性与非季节性两种，其中在春天洄游至兰屿的季节性鱼类，被认为平常与天神同住于天界，只有在春天才从天上下来，以供雅美人捕食，而季节结束后又回到天界，因此在他们看来洄游鱼类是神圣的。[3] 而川江沿流因喀斯特地貌而多有洞穴，里面的阴河与泉水经常有鱼涌出。清咸丰《开县志》记载：车河上游官渡河至白马泉仅30多公里的河段，就有鱼泉20多处。巫山县城附近有一石洞，每年打春雷下春雨时节，水位上涨鱼直往外跳。[4] 史载今重庆奉节县境内有"鱼复城"，是西周时

---

[1] 转见尹策：《〈玄中记〉研究》，云南大学硕士论文，2011年。
[2] ［美］摩尔根：《古代社会》，商务印书馆，1987年，第20页。
[3] 余光弘：《雅美人食物的分类及其社会文化意义》，《"中央研究院"民族学研究所集刊》第76期，1994年，第24页。
[4] 陶灵：《川江传统捕鱼方法》，《红岩春秋》2018年第12期。

的"鱼复国"故地，后也叫"鱼复"，其得名缘由为：山下有丙穴，常以春末游渚，冬初入穴，因嘉鱼洄游而得名。[1]作为先楚集团首领的颛顼，当是在巫山以东逝世，那里有高阳山、高阳溪的地名，该地有丙穴鱼泉，其中嘉鱼的冬藏春出，遂演化为颛顼变形为鱼而转生的神话。[2]

在长江流域，经常会有大量的鱼类从海洋洄游至特定的水域产子，这种现象或许给了古人一种启示，即水中生物可以通过向上游溯洄的方式获得再生。俗话说"世上有，戏上有"，看来神话中鳖令之所以逆流而上，并非完全是人类凭空想象，而是有现实的根据的。

古代典籍中所载再生神话故事值得仔细分析。《山海经·大荒西经》云："有鱼偏枯，名曰鱼妇。颛顼死即复苏。"[3]《淮南子·地形训》曰："后稷垅在建木西，其人死复苏，其半鱼，在其间。"[4]双棣按："……又《大荒西经》云：'有鱼偏枯，名曰鱼妇。颛顼死即复苏。'郭璞注云：《淮南子》曰：'后稷垅在建木西，其人死复苏，其半为鱼。'盖此谓也。郭璞引《淮南子》文与今本稍有不合。今本'半'下似亦当有'为'字。"[5]这个神话故事完全可以对应于仰韶文明的考古图像，如姜寨、半坡等地出土的"人面鱼纹"彩陶图案，据考查，绘有人面鱼纹的仰韶彩陶盆，多是作为婴幼儿的瓮棺葬具，相当数量的器物底部或顶部凿有小孔。[6]一般认为，这样的小孔是供死者灵魂出入而设的。这类图像中人面和鱼构成的奇特造型，很好地注释了典籍中死而复生的神话叙事，并且呈现了具体的情景，有助于我们更好地、更完整地理解这一经典神话原型。上述《淮南子·地形训》中的那段话中，"半"是一个关键词，是"半

① 李炳海：《巴蜀古族水中转生观念及伴生的宗教事象》，《宗教世界研究》1995 年第 1 期。
② 李炳海：《〈山海经〉江汉沿岸的冢陵传说及楚族的自川入鄂——兼论楚文化与巴蜀文化的关联》，《江汉论坛》2011 年第 7 期。
③ 袁珂：《山海经校注》，上海古籍出版社，1980 年，第 416 页。
④ 张双棣：《淮南子校释》（增订本）卷四《地形训》，北京大学出版社，2013 年，第 493 页。
⑤ 同上，第 510 页。
⑥ 黄冉：《〈鹳鱼石斧图〉图像研究》，江苏大学硕士论文，2016 年。

鱼"还是"半人"呢?《大荒西经》云"有鱼偏枯",当然是指"半鱼",《淮南子》云"其人死复苏,其半为鱼",显然是偏重"半人"而言。其实,这里更可能描述的是半人半鱼的合体,表现了亦生亦死、方死方生的状态,正如袁珂对"鱼妇"之名的阐释:"或以其因风起泉涌、蛇化为鱼之机,得鱼与之合体而复苏,半体仍为人躯,半体已化为鱼。"①

另外,如果考虑到鱼作为帮助死者穿越死亡之海或黄泉大水的"灵媒",及其为死者升天所起到的导引作用,我们还可以有另外的断句方式:"后稷垅在建木西,其人死复苏其半,鱼在其间。"鱼作为地下水中亡灵之国的居民,它们是一个群体,共同帮助死者复活,类似于巫咸带着他的巫师团队一起助人复活的情景。

总之,综合典籍上的记载,我们可以得出这样的神话叙事:人死后先是化生为鱼,然后由鱼再转生为人;或者,在鱼的帮助和导引下,穿过黄泉大水而获得再生。

古蜀文明的考古实物中,鱼是不可忽视的存在。三星堆和金沙的金射鱼纹图像屡被提及,自不必说,三星堆二号坑还出土了不少金皮鱼②,却常常被人忽略。古蜀之地金子比青铜和玉石更为稀缺,只有极其重要的圣物才用金箔做成,可知鱼在其观念中的崇高地位。实际上,包括巴蜀荆楚在内的整个长江中上游地区,都有鱼崇拜的信仰。大溪遗址(在原四川巫山境内,距今6000年)M3的墓主人口中含有两条大鱼。③出土于湖南长沙战国楚墓的人物御龙帛图为我们描绘了一幅引魂升天的生动景象:人物乘坐龙形船,船下水中有一鱼,而船尾上停驻一只鸟。④

---

① 袁珂:《山海经校注》,上海古籍出版社,1980年,第417页。
② 陈显丹:《三星堆遗址一、二号祭祀坑发掘日记》,西安半坡博物馆、三星堆博物馆编:《史前研究》,陕西师范大学出版社,2007年,第509页。
③ 林向:《大溪文化与巫山大溪遗址》,载《中国考古学会第二次年会论文集》,文物出版社,1980年。
④ 周连华:《古代鱼图像的信仰内涵与表现形态研究》,山东艺术学院硕士论文,2015年,第30页。

图三　战国人物御龙帛画线描图，采自周连华：《古代鱼图像的信仰内涵与表现形态研究》

说明巴蜀荆楚之地确实存在一种悠久的再生神话信仰，这个图像中鸟代表天空，鱼代表水界，龙则穿行于二者之间，表现了死而复生的完整图景，并以当时人们能够理解的方式加以呈现，这显然可以视为鳖令再生神话故事的异文，也可视为鳖令神话原型的变形。

从上述所引《山海经》《淮南子》等典籍以及考古证据和民俗资料都可以看出，人死变鱼是再生的前提条件。由于跟鱼类的亲密关系，古代巴蜀人民与华夏其他地区的先民一样，将人类自身的生命与鱼类的生命紧密联系起来，从而产生了相关神话想象，并成为华夏再生神话的元叙事。

（四）跨界：古蜀再生神话中的"两栖类"动物

此处所称"两栖类"动物，当然不是现代动物学意义上的分类概念，而是用如维科所谓"诗性的类"之含义。[1]北宋经学家邢昺指出，《尔雅》之《释鱼》篇载："释其见于经传者，是以不尽载鱼名，至于龟蛇贝鳖之类，以其皆有鳞甲，亦鱼之类，故总曰'释鱼'也。"[2]这种分类透

---

[1]　关于"诗性类概念"，维柯写道："人类的最初创建者都致力于感性主题，他们用这种主题把个体或物种的可以说是具体的特征、属性或关系结合在一起，从而创造出它们的诗性的类。"见［意］维柯著，朱光潜译：《新科学》（上），安徽教育出版社，2006年，第286页。

[2]　（晋）郭璞注，（宋）邢昺疏：《尔雅注疏》，上海古籍出版社，2010年，第506页。

露出悠久的神话思维方式和原始分类观念，其所言"龟蛇贝鳖"，皆可算是跨越水陆的"两栖类"神话动物。[1]

《山海经·海内经》云："流沙之东，黑水之西，有朝云之国、司彘之国。黄帝妻雷祖，生昌意，昌意降处若水，生韩流。韩流擢首、谨耳、人面、豕喙、麟身、渠股、豚止，取淖子曰阿女，生帝颛顼。"[2]这里明确记载了昌意—韩流—颛顼为祖孙三代，但也有另外的说法，如郭璞所引《大戴礼·帝系篇》所云，昌意娶于蜀山氏之子，直接生下了颛顼。[3]颛顼能够"死即复苏"，如前文所述，是因为在其复苏过程中得到了鱼（或鱼妇）的直接帮助，除此之外，可能还跟其出生于神圣帝王世家有关。其始祖为黄帝，黄帝号有熊氏，熊是能够出入于水中的动物；其父韩流虽外形怪异，但可以看出其基本构形很接近于猪，而猪也是喜水塘泥淖的动物。[4]熊与猪皆可称得上水陆"两栖类"动物，它们都有穿越两界的能力，对远古人类来说，这是令人惊异的本领。

神话学显示，古人想象中的世界大多分为上中下三层，也就是天空、陆地和水的世界，这可能是远古人类最重要的"原始分类"观念之一了。天空属于长翅膀、有羽毛的动物，水中属于无足但身披鳞甲的动物，陆地属于有足而善奔跑的动物，它们各自在其领域中活动，想要"越界"是相当困难的。其实这里面有一个人类中心主义的视点，即人不能飞翔于天空，也难以生存于水中，他们自己只能在地上蹒跚而行，所以非常羡慕空中的飞鸟和水里的游鱼。人类自己难以逾越的界限，有些动物却能自由穿越，尤其人们身边的那些两栖动物，它们下水能游，

---

① 贝类动物跟龟鳖之属一样，也属于水陆"两栖类"动物，古人称为"貍物"。《周礼·天官·冢宰第一》注云："貍物，龟鳖之属自貍藏伏于泥中者。"见郑康成注、陆德明音义、贾公彦正义：《周礼注疏》，吉林出版集团有限责任公司，2005年，第85页。

② 袁珂：《山海经校注》，上海古籍出版社，1980年，第442—443页。

③ 同上，第444页。

④ 徐南州曾撰文提出，擢首就是首挺拔、耸立；谨耳就是葫芦形的耳朵；豕喙就是大嘴巴；麟身即文身的花纹为鱼鳞状；渠股即是腹股沟深陷、臀部突出的形状；豚止即若猪蹄。见徐南州：《古代蜀人是怎样得名的》，《古巴蜀与山海经》，四川人民出版社，2004年。

上岸能走，具有水陆通吃的本领。

在考古发掘中，三星堆遗址范围曾出土一件石质雕刻的蛇形器，被称为"蛇鹰阴阳形器"，三星堆二号坑出土了多件残断铜蛇。金沙遗址出土了多件石盘蛇，公布的一件石蛇呈盘曲的 S 状，使用彩绘的方式描出圆形的黑色眼眶和瞳仁，用朱砂涂绘眼珠、口部和头颈。[①]与太阳神鸟同时出土的，还有 7 件"金蛙形饰"，用金片镂成，外廓压出成行的小点，表示蛙身上的凸斑。[②]叶舒宪先生提及早年参观三星堆博物馆时，曾拍到一张照片，一只石雕的蛤蟆趴在一只石龟旁，石蟾蜍栩栩如生，背上带有一个个精心雕刻的圆点状疙瘩。[③]

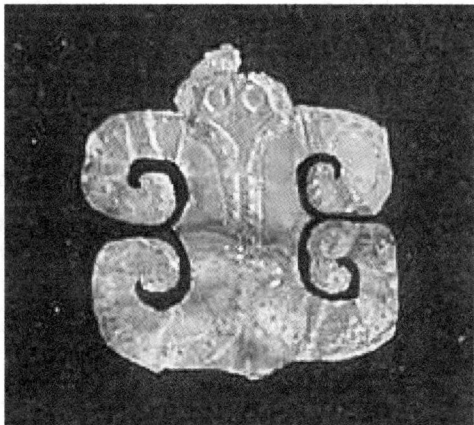

图四　金沙蛙形金箔（杨骊提供）

古蜀神话传说中化熊、化龟（鳖）的故事大量存在，而考古发掘中出土了大量的蛙（或蟾蜍）、蛇等"两栖类"动物形象，它们都属于能够死而复活的神话动物。其实，上文提到的人面猪形的韩流形象，在远古神话的分类中，也应算作龟、蛇、鳖的同类。而且，这个神话动物家族还应包括一个重要成员——"龙"。根据早期中国神话的观念，龙为"鳞虫之长"，是水生动物的老大，它能毫无障碍地穿行于水陆两界。《海外西经》云："龙鱼陵居在其北，状如狸，即有神圣乘此以行九野。一曰鳖鱼，在夭野北……"（句中的"鲤"被后世讹传为"狸"）。[④]"龙

---

① 黄剑华：《古蜀金沙》，四川文艺出版社，2022 年，第 254—255 页。
② 冯广宏：《金沙"太阳神鸟"文化解读》，《西华大学学报》2007 年第 1 期。
③ 叶舒宪：《绵竹的蛤蟆与三星堆的蟾蜍像——人文救援笔记之三》（未刊稿）。
④ 袁珂：《山海经校注》，上海古籍出版社，1980 年，第 224 页。

鱼"已经超越了水中生存的鱼,可以离开水界登上陆地而"陵居",可以作为神人的坐骑。① 三星堆出土的著名的青铜神树上,除了九只鸟儿外,还有一条头朝下似乎准备下潜的龙(或蛇),至今还没有人能够说清这一形象到底意味着什么。我们可以做出一个大胆猜测,如果此树是神话中的"若木"的话,那么这条长有脚爪的神龙,因其可以自由穿梭于陆地和水中,这时正准备负载着树上的某一只太阳鸟,潜入地下的黄泉大水,穿越到东边的"扶木"。②

对水陆"两栖类"动物的崇拜,当然不是古蜀先民

图五 三星堆青铜神树,采自杨式:《修复三星堆青铜神树》,见《东方收藏》2010 年第 1 期

的专利。如仰韶文化、石岭下文化遗址彩陶鲵鱼图案,陶寺遗址出土的龙山文化彩陶盘盘屈的蛇纹图案。凌家滩玉器中的动物形象除鹰、凤、蝉、兔、虎之外,也包括龟、猪、龙,这些动物基本出土于大墓中。③

---

① 蛟龙还能飞上天空,实际上最终成了能够打通海陆空三界的最为神圣的动物。
② 有学者认为青铜神树是扶桑、建木、若木的综合形象,展现了独特的古蜀地域文化。见樊一:《三星堆寻梦》,四川民族出版社,1998 年,第 95 页。
③ 安徽省文物考古研究所编:《凌家滩玉器》,文物出版社,2000 年,第 6 页。

青蛙蟾蜍的崇拜，更是遍布华夏大地。[①] 但是，川西平原这片热土生长发育出众多的神话动物形象，而"两栖类"的动物特别集中，显得格外突出，或许跟此地的山川地理、植被土壤等自然条件有关。这片"沮洳之地"沼泽遍布，给"两栖类"动物提供了理想的生息繁殖场所，也对古蜀先民的生存和居住方式带来重大影响。据《太平御览》引《华阳国志》记载："秦惠王十二年，张仪司马错破蜀，克之。仪因筑城，城终颓坏。后有一大乌龟从硐而出，周行旋走。乃依龟行所，筑之乃成。"[②] 川西平原由于到处都是冲积而成的松软沙壤，房屋与城池的修建会面临基础松动垮塌的问题，乌龟无法待在深水中，只能在浅滩岩岸处生存，当人们无法知道土中和水下的情形，此时神龟就会提供帮助。此故事可以说提供了一个典型的个案，表明古蜀原住民为何对"两栖类"动物特别关注，体验特别深，特别加之以丰富的神话想象。

　　一个民族的神话提供了观察世界的独特视角，表现出独特的想象方式，并呈现出带有鲜明民族文化特色的神话学特征。作为我们民族的总体的"神话学"，是由华夏各族和各地区的神话共同参与、共同构成的，并没有"中心"与"边缘"之分。古蜀及整个巴蜀荆楚地区因独特的山川地理，激发了再生神话想象，既呈现了华夏再生神话叙事的总体形态，同时又带有极其精彩的情节和生动的地方性色彩。

---

① 叶舒宪先生曾撰文，由辛店文化陶罐上的蛙—太阳图式、兴隆洼文化的蟾蜍石雕，以及甘肃马家窑、辛店文化的蛙纹陶器、三星堆石蟾蜍、广西出土的西汉六蛙铜鼓等，联系到红山文化中的顶蛙女神形象，说明华夏大地自古就存在蛙神崇拜。见叶舒宪：《蛙神八千年》，《寻根》2008 年第 1 期。

② （宋）李昉等：《太平御览》第 4 册，中华书局，1985 年，第 7 页。

| 第三章 |

巴蜀考古图像中的再生信仰

——以成都三洞桥战国铜勺为代表

1983 年，考古工作者在成都三洞桥发掘出土一把战国时期的青铜勺，此勺把长 7.3 厘米，勺面直径为 8.4 厘米，厚度 0.5 厘米，勺内刻有鱼、鸟、龟及另外两种图形，被认为是刻有巴蜀符号（巴蜀图语）的典型器物，目前收藏于成都博物馆（图一）。

三洞桥战国铜勺作为带有"巴蜀符号"的代表性器物之一，必然受到学界的广泛关注，对其图像的释读有助于我们深入了解古蜀文明，有助于我们深入理解古蜀先民的精神世界。

图一　三洞桥战国铜勺勺面白描图

一、"巴蜀符号"的属性

总的来讲，"巴蜀符号主要分布在四川盆地西部以成都平原为中心的南北条状地带及重庆至枝江的峡江地区，与巴蜀文化的分布范围一致"。[①] 而这些战国青铜器物上镌刻的图案，到底命名为"巴蜀符号"，还是"巴蜀图语"，或者"巴蜀文字"？这也是学术界长期争论的问题，卫聚贤首先提出"巴蜀文字"之说[②]，也有人认为是拼音文字[③]，著名考古专家李学勤认为："巴蜀文字有两类，一类是'符号'，有的'与铜兵器上的铸文相同'，另一类则是'似汉字而又非汉字者'……其符号可分两种。一种是常见的、重复出现的，在同一铭文或印文里可以出现不止一次。……也有一些象形的，如手形、星形、四瓣花形等，这种符号可各自独立，很可能代表一完整的音节。另一种是不常重复出现的，这种符号多较复杂而象形，如鱼形、兽形、鸟形、蠕虫形等。我们猜想前一种符号用以表音，后一种符号用以表义。"[④] 段渝则提出，巴蜀符号分为方块表意字，符号象形字，分属两个不同的系列，巴蜀方块字是比较成熟的文字。[⑤]

总的来说，"巴蜀文字"说被许多重要学者提出、阐发和接受，似乎成了主流观点，但要形成定论并达成广泛共识则有很长的路要走，因为反对的意见也非常有力。

徐中舒深信《蜀王本纪》中关于古蜀人"不晓文字，未有礼乐"这句话，"不赞成卫聚贤把四川铜器上异于中原的文字系统"都当作巴蜀

---

① 严志斌、洪梅：《巴蜀符号述论》，《考古》2017 年第 10 期。
② 卫聚贤：《巴蜀文化》，《说文月刊》1942 年第 7 期。
③ 邓少琴：《巴蜀史迹探索》，四川人民出版社，1983 年，第 32—36 页。
④ 李学勤：《论新都出土的蜀国青铜器》，《文物》1981 年 6 期。另可参考李学勤：《古文字与古文明：二十一世纪初的认识和展望》，《东岳论丛》2005 年第 2 期。
⑤ 段渝：《政治结构文化模式——巴蜀古代文明研究》第七章，学林出版社，1999 年，第243—273 页。

文字，断定"如果这些兵器上不可识别的绘画就是文字，那也应与蜀无关"。[①]据孙华先生统计，"巴蜀符号"大约 150 种，绝大多数都与战争有关，因为"巴蜀符号"绝大部分都刻在兵器上，其次是刻在乐器上，而乐器在先秦时也多用于战争。现已出土的巴蜀乐器，仅钟、錞于、钲这三种，皆可用于战争，还有一小部分巴蜀符号是属于与战争无关的族徽标记。孙华认为"巴蜀符号"不是文字，因其数量太少、图形线条较为复杂，而且在其流行的时期，汉字已在巴蜀地区流行，"巴蜀符号"无必要向文字演变。[②]年轻学者王先胜提出，冯时先生依据冬笋坝 M50 和 M2 等出土的汉字印与巴蜀符号印的对比释读，得出巴蜀符号应为文字的结论是不可靠的，并认为将巴蜀印章中的汉字印与巴蜀符号印对读，虽然是巴蜀符号释读中的典型案例，但这种方法是不成功的。[③]

童恩正认为巴蜀两族进入阶级社会以后，文字的出现和使用应当是必然性的，他提出巴蜀境内既有中原文字的流行，同时在春秋战国时代还有本土的另一种文字的使用，可能是巴蜀两族自己创造的，"从文字的结构来考察，这种文字是方块字而非表音字，是直行而非横行"[④]，但是，童恩正先生也明确指出，铜器上出现的那些花蒂、手心、虎、鸟等，与远古巴蜀的图腾崇拜有关，类似殷周青铜铭文中图形族徽，不能笼统地称为"巴蜀文字"。[⑤]

① 徐中舒：《论巴蜀文化》，四川人民出版社，1981 年。
② 孙华：《巴蜀符号初论》，《四川文物》1984 年第 1 期。而据新的统计，搜集整理到的符号已逐渐累积到约 300 个（种）。见胡易容、杨登翔：《巴蜀符号：巴蜀文化的源头与活水》，《天府新论》2021 第 6 期。
③ 王先胜：《巴蜀符号印、汉字印对比释读及巴蜀符号释读方法问题——兼与冯时、冯广宏、李学勤等先生商榷》，《社会科学论坛》2022 年第 5 期。冯时：《巴蜀印章文字考释——巴蜀文字释读方法探索》，《四川文物》2015 年第 2 期。
④ 童恩正：《古代的巴蜀》，四川人民出版社，1979 年，第 131—132 页。童认定为文字的器物主要为：1972 年郫县出土的铜戈，上面有一行文字和一组巴蜀符号；1973 年在重庆万县（今重庆市万州区）采集的一柄铜戈，也有一行类似的文字。分见童恩正：《四川郫县红光公社出土战国铜器》，《文物》1976 年第 10 期；《从四川两件铜戈上的铭文看秦灭巴蜀后统一文字的进步措施》，《文物》1976 年第 7 期。
⑤ 童恩正：《古代的巴蜀》，四川人民出版社，1979 年，第 132—133 页。

我们认为，提出"巴蜀文字"说的学者虽然占主流地位，但具体论证还显得薄弱，仔细分析相关文章，其实他们所据样本太少，而且同一器物同一图像上的符号数量也极少，很难释读为一个完整的、表意明确的语段或句子；从书写方式看，真正的文字应该遵循的是线性的顺序，如甲骨文的刻写，我们总能按照先后顺序进行阅读，如果是图案组合形式，就无法按固有顺序将其释读出来，它也就失去了文字的表意功能。不否认"巴蜀符号"中有些属于抽象符号，并符合固定顺序排列，但数量太少，表明其可能处于文字发展的初阶，属于萌芽阶段，因其在发展水平上落后于中原甲骨文字，在中原移民浪潮的冲击下，最终未能形成区域性独立的文字体系。

对"巴蜀符号"的发现和研究，始于20世纪40年代，卫聚贤最初发现的战国青铜器物及其刻画图像是在古巴族的地域范围，他原先以为是巴族符号，后来发现古蜀区域也有相当数量的同类器物出土，才改变看法，认为是古代巴蜀共同的刻画符号。或许当时他就推测，其所能见到的出土文物仅仅是极小部分，乃冰山之一角，还应有大量的刻画符号未能面世，因此在地下还藏着一个独立的区域性文化及其文字符号的宝库，故名之曰"巴蜀文字"。时至今日，已经进行了大量考古发掘，包括三峡库区建设时的抢救性发掘，巴蜀符号的基本面目和轮廓已能看清楚，就目前来看，学界对"巴蜀文字"的定性确实还需要更扎实深入的研究。

二、三洞桥铜勺图像的研究进展

从考古发掘可知，镌刻有"巴蜀符号"的器物绝大部分都铸于铜兵器上，其他类型的器物上出现较少。据专家统计，铜兵器上的"巴蜀符号"占到已发现的"巴蜀符号"的90%以上，其中符号最多的是地方特色显著的柳叶形剑、矛等武器，其次，铜乐器、铜玺印等也刻有大量图像符号。总的来讲，这些符号以虎形、手心形、鸟形等图案最为常见。

成都三洞桥出土的战国青铜勺所刻图像，共有五个图形，看似简单，但是它们分别所指为何？整体所含何义？至今尚在探讨中。孙华考证认为，其中的龟、鸟、鱼分别代表了古蜀人开明氏、蒲卑氏、鱼凫氏，它们是古蜀人图腾崇拜与祖先崇拜相结合的产物。[①] 据刘道军的描述：这五种图像中，龟的位置居中且图像最大，应该是最重要的一个图像，其次是鸟，再次是鱼。而另外两种较小的图像，表现的正是早期的蜀人柏灌氏与蚕丛氏，其中最小的"蝌蚪"状图像，反映的应该就是最古老的蜀人先民蚕丛氏。蝌蚪代表蟾蜍，又代表蚕丛氏，这也与蚕丛氏的图腾是蟾蜍这一传说相符合。[②]

这五个图案中，龟、鸟、鱼形状明显，一看即知，唯有另外两个小的图形一直存在歧见，对于其中的"𐤀"形符号，有不少学者参与讨论，看法渐趋一致，而另一个近似 S 形的图形则至今莫衷一是，难以认定。

巴蜀战国青铜器上实际出现有"𐤀"和"𐤀"两种相近的图形，一般被视为同一个物象的两种符号形式，学者们在论述中一般也未加区分。如果我们单独将其中一个符号提取出来欲作辨识，恐怕会很困难，因其本身是比较抽象简单的图案，而且容易跟其他类似图案相混淆。根据大量的考古发掘案例，巴蜀符号中此类图案往往不是单独出现，而是与其他图案组合在一起的，而最常见的组合样式为"𐤀"结构。

严志斌、洪梅两位学者将已收集的 272 种符号分为人形、动物形、植物形、器物形、建筑形、几何形等六类，他们将"𐤀"和"𐤀"及其成对的图形视为同一类别的几何图纹。据统计有"𐤀"或"𐤀"形符号者共241 件器物，有"𐤀"形符号者 253 件，"𐤀"形符号形成组合者有 210件，在这两类符号中所占比例分别为 87% 和 83%。值得注意的是，出土

①　孙华：《巴蜀文物杂识》，《文物》1989 年第 5 期。
②　刘道军：《古蜀人为何崇拜蟾蜍》，《内蒙古社会科学》2007 年第 2 期。

于四川成都市金沙遗址"黄河"地点的铜矛（M535：1），骹部有蝉形纹样与"🐛"形的组合符号。①

关于"🐛"形符号的命名，因其中的"🐚"像心形，故被前期研究者命名为"手心纹"或"心手纹"，学术界也长期使用该名称。当年卫聚贤进行初步整理后，于1942年公布了48种纹饰符号，他最早将"手心纹"符号解释为"得心应手"②。徐中舒认为"心"纹像含苞待放的花蒂，是"葩"的象形字，而"手"纹则象肱形，"心""手"合在一起表示统治者的"心腹股肱"之意，故此推测使用刻有手纹图形兵器的人应是掌权者或者骁勇的战士。③张文先生不同意将其释为"葩"，认为此符号是表蚕，是蚕虫的象形，包括"蜀"字甲骨文也是蚕的象形。可资佐证的是，成都交通巷出土的铜戈内部有蚕纹，彭县（今彭州市）竹瓦街出土的铜罍盖部也有蚕纹，巴县（今重庆市巴南区）冬笋坝出土的铜戈内部也有蚕纹，特别是冬笋坝铜戈的图像，不但其虫嘴部流出一段丝线，而且其旁还有一张网格状图形，这些都能说明蚕在古蜀人的生存中占有重要地位。④邓少琴引扬雄《蜀王本纪》"望帝杜宇者，盖天精也"之记载为证，认为"心"纹即天文学二十八宿之一的心宿，蜀人称帝星为杜宇君。邓先生虽将"心"纹与杜宇君相联系，但对"手"纹未作进一步解释。⑤陈宗祥通过对川西民族地区的田野调查，认为"手"纹为制刀者的标记，也是族徽；"心"纹应是白海螺，心手纹合在一起可会意为"白海螺族的制刀匠人"⑥。还有人认为，"🐚"形符号接近"箭镞"形象，所谓"心手纹"可以理解为伸手握箭或抽箭欲射的情景，"手"纹

①　严志斌、洪梅：《巴蜀符号述论》，《考古》2017年第10期。
②　卫聚贤：《巴蜀文化》，《说文月刊》（第3卷）1942年第7期。
③　徐中舒：《巴蜀文化初论》，《四川大学学报》1959年第2期；徐中舒：《巴蜀文化续论》，《四川大学学报》1960年第1期。
④　张文：《巴蜀符号琐谈》，《四川文物》1992年第2期。
⑤　邓少琴：《巴蜀史迹探索》，四川人民出版社，1983年，第141页。
⑥　陈宗祥：《巴蜀青铜器"手心纹"试解》，《贵州民族研究》1983年第1期。

和"箭镞"纹组合可能代表了巴人英勇尚武之意，故此可以称为"手持镞"纹。① 张文根据百花潭出土的战国铜壶上的部分图纹，其间有一横置的"☲"形符号，上面的"↡"符被其释读为"巴"字，因而认为"☲"为箭靶，并视其为女阴，其上的"↡"符相当于箭矢，被视为男性生殖器符号，两者重合，即表示箭矢射中靶侯，是表示两性交合生殖之义。②

图二　百花潭出土战国铜壶纹，采自张文
《巴蜀符号琐谈》，《四川文物》1992 年第 2 期

也有学者提出，宣汉罗家坝遗址出土铜剑（M28：15）和铜矛（M5：19）上的符号，其"心"纹上有叶脉状线条，尖端有须状物，再参考成都博物馆藏成都市光荣路 35 号出土的柳叶形剑，以及成都博物馆"成都通史展"中陈列的战国蛇纹铜剑，可确定"心"纹是蛇头符号。因为蛇、虎都是古蜀王国巫师沟通天地的重要道具，三星堆博物馆收藏有铜虎、铜蛇，金沙遗址祭祀区也出土了大量的石虎、石蛇和石俑，因此蛇的符号出现在战国时代的铜器上也就能理解了。③ 吴怡先生根据李学勤的看法，认为有些巴蜀符号似汉字而非汉字，并重复出现，或在同一铭

---

① 王兴堂：《巴蜀符号"手持簇纹"新解》，《文史杂志》2017 年第 5 期。
② 张文：《巴蜀符号琐谈》，《四川文物》1992 年第 2 期。
③ 余乃谦、刘振宇：《战国时期巴蜀文化符号印的新解》，《中华文化论坛》2017 年第 2 期。

文或印文里出现不止一次，即可视为表音文字，如按此标准划分三洞桥战国铜勺上的符号，则用以表义的有鱼、鸟、龟、蠕虫形四种，剩下的"🐟"形是表音的。^①但是所表何音，则无从谈起，无法确认。

对于学界一直争论的"🐟"符号究竟是什么，冯广宏发表了《巴蜀文字的期待》系列文章，他总结道："心文整体上呈蝌蚪形，旧时多视为心脏，晚近学者大都否定此说。"^②这一说法应该得到了大多数学者的认同。

除了所谓"心手纹"的组合图案之外，还有一种典型的组合图案是"双蝌蚪纹"，也同样引起不少学者的重点关注。

1980 年在新都县（现成都市新都区）马家场发现了一座战国木椁墓，出土了一件漆耳杯，杯心绘有两个并列的蝌蚪纹，下有两道波浪纹。冯广宏认为，双蝌蚪纹在巴蜀印章中屡现，"而不见于兵器铭文和其他器物上，由此推测，这个巴蜀文字不带杀气，而是一个相当祥和的字"。冯广宏判断，古蜀开明王朝中，汉字与蜀字可能存在并用的情况，冯先生将冬笋坝出土的汉字印章（见图四：M50：14、M50：15 与 M50：39）与双蝌蚪纹进行对读，还与汉字"王"并列关联在一起，认为此符号即巴蜀文字"忠仁"。根据冯先生判断，巴蜀符号中常见的"🐟"符的字义是表示"人"，而"🐟🐟"型双蝌蚪文，两个蝌蚪形紧挨着，当然就表示两个人并立在一起，它与汉字"人"加上两点（即"仁"字）完全是互相对应的……因此，双蝌蚪文的字义即是团结友爱。^③冯时先生曾重点讨论"双蝌蚪纹"的方向正反问题，他在《巴蜀印章文字考释——巴蜀文字释读方法探索》一文中提出，"巴蜀文字"的"🐟🐟"形才是正位，象两垂叶之形，与甲骨文、金文的"冬"（"终"）字的形构极其相似，不仅如此，汉字"忠""冬"二字的上古音读音全同，所以他同意

①　吴怡:《试析巴蜀青铜器上的鸟、鱼、龟、虫（蚕）纹饰》,《四川文物》1989 年第 5 期。
②　冯广宏:《巴蜀文字的期待》（五）,《文史杂志》2004 年第 5 期。
③　冯广宏:《巴蜀双蝌蚪文考义》,《四川文物》1998 年第 4 期。

将冬笋坝二枚印章（见图四：M50：14、M50：15）的符号释读为"中仁"或"中信"。① 这可以说是在"心手纹""双蝌蚪纹"之外，由学者提出的一种颇有意思的释读意见。

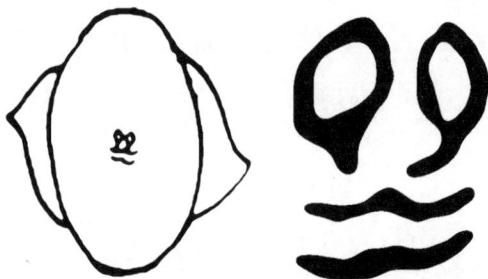

图三　新都蜀王墓漆耳杯双蝌蚪纹，采自冯广宏：《巴蜀文字的期待》（二），《文史杂志》2004 年第 2 期

图四　冬笋坝印章 M50：14、M50：15、M50：39。采自冯广宏《巴蜀双蝌蚪文考义》，《四川文物》1998 年第 4 期

三、"巴蜀符号"中蝌蚪纹的象征价值

三洞桥铜勺所刻的"巴蜀符号"中，看来较为关键、同时是专家学者争论最多的还是那个"心纹"或"蝌蚪纹"，而要理解这个符号，或许应该先弄清楚"心手纹"与"双蝌蚪纹"两种组合图案的象征意义何在。

---

① 冯时：《巴蜀印章文字考释——巴蜀文字释读方法探索》，《四川文物》2015 年第 2 期。

　　从目前出土的"巴蜀符号"资料来看，这两种图案应是出现频率最高的了，它们各自的组合方式、图案结构基本相同或者类似，这样，实际上就为我们提供了相互比较和参证的机会，如果我们能够进一步将"心手纹"和"双蝌蚪纹"放到其所在的整体图像当中加以分析，也就应该能悟出此图案的象征内涵了。

　　让我们先观察一些典型的"心手纹"和"双蝌蚪纹"图案。

图五　涪陵小田溪战国土坑墓出土铜剑（M1：19，符号拓片），采自严志斌：《试析巴蜀文化中的笋形符号》，《四川文物》2017年第1期

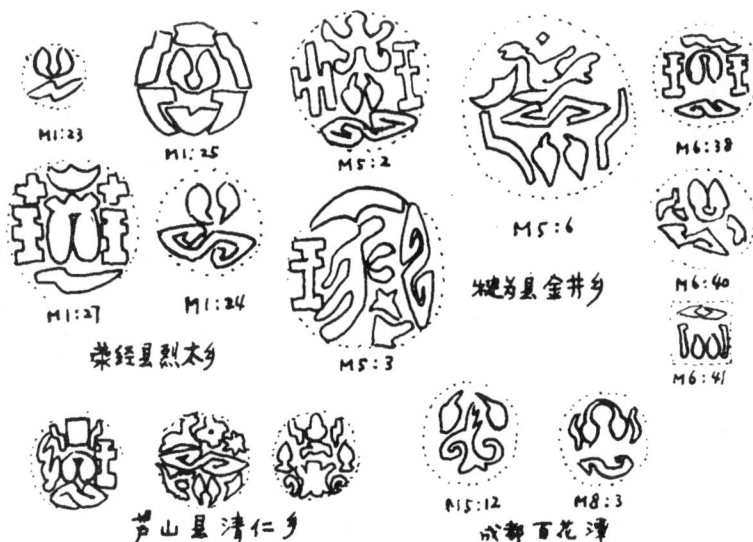

图六　双蝌蚪文图集，采自冯广宏《巴蜀双蝌蚪文考义》，《四川文物》1998年第4期

图七　重庆博物馆藏品,采自孙华:《巴蜀符号初论》,《四川文物》1984 年第 1 期

图八　冬笋坝 M53,采自孙华:《巴蜀符号初论》,《四川文物》1984 年第 1 期

图九　广汉文化馆藏铜矛,采自严志斌、洪梅:《战国时期巴蜀文化水草纹符号试析》,《中国国家博物馆馆刊》2017 年第 7 期

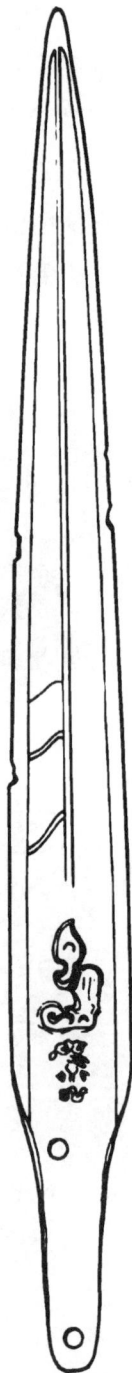

图十　四川省宣汉县普光镇进化村罗家坝遗址铜剑 M5:3。如放大此剑图案,"心手纹"之下可以识别出有蛇、蝌蚪等图纹。采自严志斌、洪梅《战国时期巴蜀文化水草纹符号试析》,《中国国家博物馆馆刊》2017 年第 7 期

　　我们发现，"♠"或"◉"形符号单独出现的情况并不多，要么与手纹结合组成"心手纹"；要么成对出现，组成"双蝌蚪纹"（其下一般带有水波纹）。根据大量的相似图形可知，双蝌蚪纹是巴蜀符号中极为典型和常见的图案，再联系三星堆和金沙遗址出土的各种材料的蟾蜍制品（甚至还有金箔蟾蜍出土），我们大致可以确定在巴蜀大地或者西蜀地区自古便存在蟾蜍、青蛙崇拜的"地方性知识"。蟾蜍在生长过程中会多次蜕皮，于水中产卵，有的品种会"吐生"小蝌蚪，这样一些生物性特征很容易获得古人的认同。在中华大地上，古代不少地方实际上都有青蛙或蟾蜍崇拜，特别是马家窑文化出土陶器上，更是以蛙纹为主，而马家窑文化很可能沿着岷江向下游传播，从而影响到古蜀文明。而古代川西地区，在都江堰水利工程全部完工之前，必定到处是湖泊、池塘，很多地方经常被水淹没，这样的自然环境及气候条件反映到巴蜀符号中，水草纹图案也很常见，有的印章图案中，可以看到土堆上长着树木，或可识别为生于水边的芦苇之类植物，如冬笋坝出土印章图纹（图八：M53）及广汉文化馆藏铜矛图案（图九）。水边或浅水池塘都是蛙类、虫蛇类、龟类及大量鱼类的繁殖、觅食或出游之地，这里各种植物生长丰富，当然也是人类觅食的理想去处。广汉文化馆藏铜矛的图案内容极为丰富，其下层是水波纹，中层为"心手纹"，上层为鹿类动物（见图九）。所以，我们可以判断整个巴蜀符号中，水波纹、蝌蚪纹（或形状接近蝌蚪纹却带叶脉的植物叶片纹）、水草纹（或网状上生长植物或树木的图纹）等都是"巴蜀符号"的基础性成分，它们在构图中往往处于底层。

　　也就是说，"蝌蚪纹"或"心手纹"在"巴蜀符号"中既有对巴蜀先民具体生存环境因素的真实写照，同时带有图案本身的结构组织上的特性。总的来讲，这些图案构成的典型要素及其位置顺序的安排，显得较有规律性，图案中的各种元素绝非随意和杂乱散布，显示出古人制作这些符号的目的、所要传达的意涵及其象征意义等都是非常明确的。如果涉及单独的"蝌蚪纹"，我们相信它即使并不在"心手纹""双蝌蚪纹"

或其他相关图案的组合中，它所携带的基本文化信息和象征功能并不会改变。我们还注意到冬笋坝印章中的一枚（图四：M50：39），其图像由上下两部分组成，下为双蝌蚪纹，而细看上面的图案实际上为三个初生小蝌蚪粘在一起，蟾蜍产子本就是其卵附于带状黏液上，然后慢慢孵化出小蝌蚪，所以这个形象并不难识别。

所以，综合"心手纹"、带水波纹的"双蝌蚪纹"及其他带蝌蚪纹的图像，应该可以确认"♠"纹或"@"纹即为蝌蚪的形象。蝌蚪是生命的起源，是丰产的保证，也是再生的象征。蝌蚪纹被大量镌刻于剑、矛、戈等青铜武器上面，而这些武器多是作为随葬品出土于墓中，也就是说这些武器是墓主人生前所拥有。巴蜀青铜器上的图像中不乏带着剑、矛等武器的人物形象，显示出古代的巴蜀是崇武的民族，在某个历史时期，这里可能存在长期的争战和动荡。许多武器上还刻有虎纹，虎口一般都是朝向武器的尖端，虎口大张，这种造型肯定是要起到降服敌军的象征效果，能令对手心惊胆战。在各种武器上镌刻的图纹中，虎纹一般都是处于图案的中上层位置，而蝌蚪纹、"心手纹"、水波纹或水草纹明显居于下位，整个图像的象征意义不难推测，一个完整的图像应该是讲述了一个成长和追寻的英雄之旅的故事，从蝌蚪到老虎实际上就是一个生命的诞生和成长的历程。在远古部族生活中，每一个男子都渴望早日成为战士，承担起保卫家园、保护家人的重担，他们上阵杀敌，视死如归，对于战士来说，英勇无畏的死亡就是最高荣誉。在个别墓葬中，还能看到箭矢穿过身体，人们并没有将箭矢取出，而是直接下葬，这一方面显示了战争的残酷，另一方面我们也看到了其仪式行为背后的精神世界。在远古人类的观念中，人们相信死亡并不是生命的终结，而是转生为另外一种形态，以另一种方式活着。我们推测，古代巴蜀人民应该有一套独特的生命循环观，就是人死后会进入地下水中世界，变成蝌蚪，然后再次成长为像猛虎一样的战士，如此，我们就可以说"♠"纹或"@"纹正是表现了对生命的奉献和对再生的祈祷。

在巴蜀符号中，不单有那种典型的“心手纹”（就是以右手单手形成祈祷的姿势），还有抽象化的双手奉献或祈祷的图案（即“ʕ ʔ”形符号），两种符号加起来，这类图案就显得更为突出。而且，蝌蚪纹不但出现在武器上，其他随葬器物上也有发现，新都马家场的一座战国木椁墓，出土的漆耳杯上带水波纹的双蝌蚪纹格外引人注目，如前所述，有专家描述它是不带杀气、相当祥和，这说明蝌蚪纹是一种极其普遍的再生信仰的象征符号。

除了“心手纹”、带水波的“双蝌蚪纹”这两种典型图案外，冬笋坝出土的几枚印章图纹显得很特别，对于我们确认和理解蝌蚪纹图案及其象征意义极为重要。其中一枚是明显的蝌蚪纹（图四：M50：39），另外两枚图案（图四：M50：14 与 M50：15）曾被专家释读为“中仁”或“中信”两个汉语词，而且以此作为“巴蜀文字”的重要例证，但是我们觉得尚待进一步考证。

关于“仁”字，《康熙字典》的解释是：“……《释名》：‘忍也。’《易·乾卦》：‘君子体仁，足以长人。’《礼记·礼运》：‘仁者，义之本也，顺之体也。得之者尊。’程颢曰：‘心如谷种。生之性，便是仁。’又《方书》：‘手足痿痹为不仁。’后汉班超妹昭，以兄老西域，请命超还汉土，上书云：‘兄年七十，两手不仁。’又果核中实有生气者亦曰仁。”[①]《说文解字注》关于“仁”字的解释是：“会意。中庸曰：‘仁者、人也。’……独则无耦，耦则相亲，故其字从人、二。孟子曰：‘仁也者、人也。’谓能行仁恩者人也。又曰：‘仁、人心也。’谓仁乃是人之所以为心也。”[②]从这些解释看，儒家伦理观念及意识形态的成分很重，显然是后人的注解，也就是说战国青铜器的符号上大概率不会表现出这种思想意识，尤其是在偏远的巴蜀之地。“仁”字在徐中舒《甲骨文字典》、刘

① 《康熙字典》（同文书局原版），中华书局香港分局，1987 年，第 91 页。
② （清）段玉裁：《说文解字注》，中华书局，2014 年，第 369 页。

钊等编纂的《新甲骨文编》中皆未收录，说明此字乃后起字。今人习见的"果仁"一词，古代是写作"果人"的。尽管《康熙字典》中提到的一种解释为："果核中实有生气者亦曰仁"，[①]但是《说文解字注》释"人"曰："天地之心谓之人，能与天地合德。果实之心亦谓之人，能复生草木而成果实。皆至微而具全体也。果人之字，自宋元以前本草方书诗歌记载无不作人字，自明成化重刊本草乃尽改为仁字，于理不通，学者所当知也。仁者，人之德也，不可为人曰仁，其可谓果人曰果仁哉。"[②]很明显，"仁"是后起字，"果仁"应作"果人"字才对，是指种子植物在发芽时，其种子或果核内的胚芽有似于"人"的形状。那么，进一步思考果中之"人"，我们会发现在华夏先民的观念里，人与植物之间具有类同关系，尤其是粮食作物与人类之间不但具有相似之处，简直就是共生和"互渗"关系。[③]在古人的观念里，土壤、作物、果木等的丰收与人口繁衍就是一回事，它们共同生长，共同繁衍，比如著名的将军崖岩画图像，那些作物都生出近似人头的籽粒或果实。

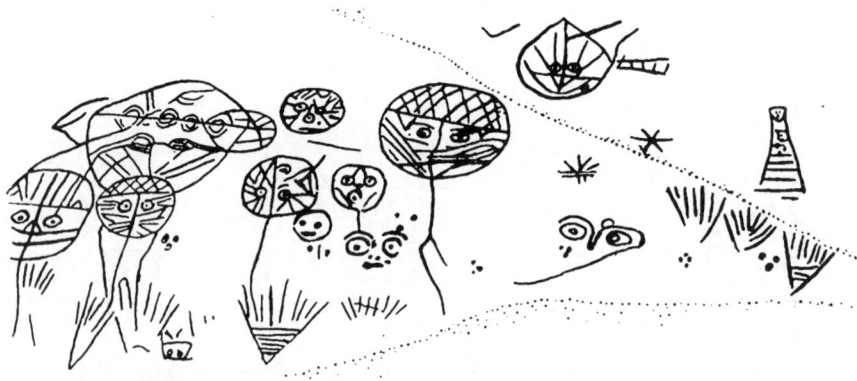

图十一　将军崖岩画 A 组，采自陆思贤：《将军崖岩画里的太阳神像和天文图》，《淮阴师范学院学报》1983 年第 3 期

---

① 《康熙字典》（同文书局原版），中华书局香港分局，1987 年，第 91 页。
② （清）段玉裁：《说文解字注》，中华书局，2014 年，第 369 页。
③ 即原始思维之"互渗律"。

总之，无视古人的神话思维特征，将冬笋坝的两枚图案释读为"中仁"或"中信"，都有"以今求古"之嫌，将后世才有的观念强加于前人的身上，自然不能令人信服。

我们认为，冬笋坝这两个印章的图案并不能释读为中原汉字，可能有人认为其上半的字形确实是"中"字，似乎是直接采用了（甲398合）或（甲1264合）的殷墟甲骨文字形。我们知道，甲骨文"中"字是取象于祭天的神杆（又名"中杆"），而能否因此断定巴蜀图像符号直接借用了甲骨文"中"字呢？无法定论。古代巴蜀也广泛存在祭天仪式，也有神杆的使用，比如同样出土于冬笋坝的一种叫"钺"的兵器上，所刻图案就明显包括"中杆"，四川大学博物馆所藏镎于上的图案也明显有通天的神杆。所以，我们宁愿相信巴蜀符号里如果有所谓"中"的符号，也是从神杆形象简化抽象而来，它是一种抽象图案，虽然在观念上、形状上已经非常接近甲骨文的"中"字，但是不能因此就判定它已经演化为成熟的文字了，特别是不能说它就等同于甲骨文"中"字。在汉语字词系统里的"中""忠""仁""信"等，都是高度哲理化、伦理化的概念，在古蜀人的精神世界中，如果真有这样的观念存在，也需要更多的证据支撑，需要系统性论证。

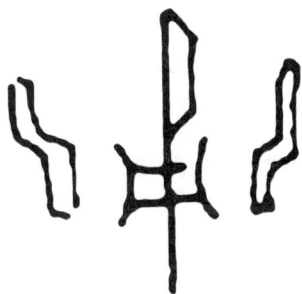

图十二　冬笋坝出土钺的部分图案，采自冯广宏：《巴蜀文字的期待》二，《文史杂志》2004年第2期

图十三　四川大学博物馆藏镎于上的部分图案，采自孙华：《巴蜀符号初论》，《四川文物》1984年第1期

那么，冬笋坝两枚印章（M50：14、M50：15）的下半部分图案，如果不是"仁"或"信"字，那到底是什么呢？就其图形看，由貌似"人"形带着两个小点状组合而成，其"人"形倒是与甲骨文的"人"字非常接近，无论怎么看都高度类似一个人体的轮廓，但是与甲骨文的"人"字还是有些差异。甲骨文之"人"是侧立的人形，作"𠆧"〔甲2940（甲）〕、"𠂉"〔燕4（甲）〕等形，而冬笋坝印章之"人"与其迥异，显非站立之"人"。对此，我们大胆判断这的确是一个"人"形，但它是一个死去之人，而不是活人，其身后的两点则是蝌蚪，也就是说，这一图案表现的是一个去世的人正在转生为蝌蚪。而印章上半部图案的"中"当然是祭天的神杆，上下两部分合在一起，表示死者的灵魂通过神杆而升天，寄寓了复活的愿望。

我们发现，"巴蜀符号"中的"人"形作为墓葬器物上的图像，其典型样式就是作变形之态或作侧卧之状。观察荥经县烈太乡出土印章 M5：3 的构图（图十四），从左到右依次是"王"字形、"人"形、蝌蚪形、波纹形，另外还有两个近似星形的符号，处于中间核心位置的"人"形符号与冬笋坝印章的"人"形符号异曲同工，极为相似，两只蝌蚪似乎刚刚从此"人"身体里变化而出，无疑表明了这个"人"正在由死转生的过程中。

图十四 荥经县烈太乡出土印章 M5：3，采自冯广宏：《巴蜀双科斗文考义》，《四川文物》1998 年第 4 期

图十五 钲，采自孙华：《巴蜀符号初论》，《四川文物》1984 年第 1 期

理解"巴蜀符号"中蝌蚪纹的象征含义，探讨巴蜀考古中带有蝌蚪纹的组合图案及其结构模式的神话意蕴，对于我们确认和理解三洞桥战国铜勺图像具有重要作用。

四、三洞桥铜勺图像的象征意义

三洞桥铜勺上的图案共有五个，其中的鸟、鱼、龟易于辨认，而另外两个小型图案却难以甄别。如前所述，有人说"🜚"形符号或像蝌蚪，或像箭头，或像蛇头，或像人形、像天上的帝星，或者是鱼头蛇尾复合形象，或者认为它是一个表音的文字符号，莫衷一是；而另一个S形符号大家都存而不论，似乎无从说起。之所以如此，或者因为我们忽略了图像背后巴蜀古人的精神世界和信仰，忽略了古人安埋死者时必然会举行的巫术仪式，忽略了巴蜀古人的生存环境，因而未能将这些图像和符号放到一个整体图景中加以锚定。脱离了这些符号生成的语境，就会导致我们在识别这些图案时失去了应有的参照物，仅凭图案本身的轮廓和大体形状去猜测，就像心理学家画的"鸭兔头"，仅凭图形本身无法断定它到底是鸭子还是兔子，但是如果我们看到它出现的地方是池塘或者草坪，就不成问题了。

（一）"巴蜀符号"的整体语境

那么，如何才能获得"巴蜀符号"背后的整体情境或者"语境"呢？或许我们可以从几个方面进行思考：其一，古代巴蜀先民的生存环境，其二，巴蜀先民的再生信仰，其三，巴蜀符号的结构模式。如果将这几方面相结合，并辅以比较的方法，或许可以找到大致的思考方向。

1.古代巴蜀地区的环境条件

迄今为止，我们所见的古代巴蜀研究主要是对其社会文化和经济状况的考察，或者对出土器物进行年代测定和器型分类的研究，极少涉猎古人的生活生产情景，对环境、气候、植被、出产等自然条件和生存资源的综合性考察还不够。

从金沙考古出土大量的象牙可知，古代巴蜀地区气候温暖潮湿，应该接近热带、亚热带气候，可能有比较明显的干湿两季的变化。夏季到来时，岷江等上游山区的降雨和冰雪融化会带来大量的洪水，将成都平原大部分地区淹没，形成一片泽国；而在秋冬时节，水量减少，许多地方露出地面，水边植物丰富。随着干湿季节的交替，自然会形成动物的迁徙、候鸟的去来；随着水流的丰枯，深水鱼类和浅沼动物也会交替出现。每当春天雷声震动，青蛙鸣叫时，就是植物与动物丰产期的来临，也是古蜀先民由台地下到河坝、浅滩和草泽里寻找食物的季节。

《华阳国志》云："后有王曰杜宇，教民务农，一号杜主。时朱提有梁氏女利游江源，宇悦之，纳以为妃。移治郫邑，或治瞿上。七国称王，杜宇称帝，号曰望帝，更名蒲卑。……会有水灾，其相开明，决玉垒山以除水害。帝遂委以政事，法尧舜禅授之义，遂禅位于开明，……开明位，号曰丛帝。……九世有开明帝，始立宗庙……开明王自梦廓移，乃徙治成都。"[1]据《太平御览》卷八八八引《蜀王本纪》载："望帝积百馀岁，荆有一人名鳖灵，其尸亡去，荆人求之不得。鳖灵尸至蜀复生，蜀王以为相。时玉山出水，若尧之洪水，望帝不能治水，使鳖灵决玉山，民得陆处。"鳖灵治水后，望帝"……自以德薄不如鳖灵，委国授鳖灵而去，如尧之禅舜。鳖灵即位号曰开明奇帝，生卢保，亦号开明"。[2]神话故事的背后能看到历史事实的影子，成都平原古时曾为巨大的沼泽，常被水淹，因此治水、排水是氏族首领的头等大事，是安邦治国的基础。历史上鲧治水失败被杀，而禹治水成功受到拥戴的故事，与望帝和鳖灵故事颇为相似，从普罗普故事学理论的角度而言，其实行为者并不重

---

① 刘琳：《华阳国志校注·蜀志》，巴蜀书社，1984年，第182页。

② （宋）李昉等：《太平御览》，上海古籍出版社影印版，2008年。转见孙华：《鳖灵名义考——兼论鳖灵与蜀开明氏的关系》，《四川文物》，1989年第5期。

要，重要的是行为本身，即故事的意义取决于做了什么事情、以什么方式做，所以"治水"这个行为本身才是核心。川西平原的治水、引水、排灌工程确有典型意义，岷江上游的洪水季节每年都会肆虐，谁能治水谁就得天下，降服洪水也就是开辟家园，也可以说治水才是古蜀历史的真正开篇。这一故事写法虽然受到中原正史里"三皇五帝"中尧舜禹的禅让叙事的明显影响，书写者可能刻意模仿了"正史"的叙述，但是我们从中可以看出，在开明帝以前的古蜀帝王杜宇，最早很可能是一个游牧氏族的首领，后来因"教民务农"，实力大增，于是在几个游牧集团中崛起而得以称帝。当杜宇集团从江源山区地带沿江向下游地区拓展时，鳖灵所在集团则是从长江中游向上游发展，两股势力在"郫"这个地方相遇，两者之间斗争的结果，是长江中下游更为成熟的文化打败上游较晚进入农业文明的集团。

古蜀神话传说中，望帝最后化作杜鹃鸟。《华阳国志》云："帝升西山隐焉。时适二月，子鹃鸟鸣，故蜀人悲子鹃鸟鸣也。"[1] 杜鹃鸟原本是森林之鸟，以昆虫为食，是著名的森林益鸟，它们吃松毛虫、甘蓝蛆、金龟虫、松尺蠖、叩头虫，尤其喜食松树的大敌松毛虫。但是蜀中流传的相关神话传说中，望帝所化的杜鹃却已是农业催耕与促收之鸟，两声杜鹃的叫声是"布谷"，像是催人下种。四声杜鹃是我国分布范围极广的鸟类，它们的叫声极有特色，出门在外的人听到的是"不如归去"，单身汉听到的是"光棍好苦"，农民听到的是"快快割谷"。每年小麦成熟的季节，在四川有些地方的民俗传说中，杜鹃鸟叫的是"擀面烧馍"，[2] 意思是催促农民赶快收割，将小麦收回家后才能吃上手擀的面条与火烤的烧饼。我们从杜鹃鸟的双重面相可以推知，杜宇和开明时代，川西平原应该经历了一种大变迁，游猎文明逐渐褪色，农业文明景观取

---

① 刘琳:《华阳国志校注·蜀志》，巴蜀书社，1984年，第182页。
② 四川农村的"擀面"，是用一根长长的擀面杖将面抻做薄皮，再切成条状，即现在的"面条"。

而代之。随着人口繁衍，川西平原地带慢慢得到开发，人们从高山森林来到低地和平原地带，原先茂密的森林变成耕地，森林之鸟杜鹃也迁飞于田野间，栖息于田间高树或丛林中，这时的它们已习于捕食危害庄稼的虫类，如蝗虫、蛴螬等农田害虫，也就从森林保护者变成了农作物的保护神。所以《蜀王本纪》记载传说云："望帝去时，子规鸣，故蜀人悲子规鸣而思望帝。"[①] 已完全变成农夫的蜀人于田间劳作时，耳闻杜鹃之声，仿佛看到前朝圣主化身为鸟再临人间，感念其依然保护着子民，难免萦怀追思。

　2. 巴蜀先民的再生信仰

　在十万年以前的尼安德特人的墓葬中就发现有赤矿粉，表明那时的人类已经举行葬礼了，也说明人们很早就已开始思考死亡的意义，并用仪式来处理这一重大变故。在灵长类动物中，人类是唯一举行葬礼的物种，因为人们心理上不愿意接受死亡的降临，必须用各种仪式手段来缓解或减轻死亡带来的精神压力，由此才产生了灵魂不灭的观念。汉语"魂魄"一词很好地注解了华夏先民的死亡观，"魂"字是指人死后的"灵"，它会升上天空，并与原有的祖先之灵会合，新老灵魂一起形成祖灵的共同体，成为整个氏族生命的源泉和种子；"魄"则是指人死后埋于地下的形体。每过一段时间，以集体方式存在的祖灵会返回到氏族，或者以转世投胎的方式生成新的生命，或者再次光临旧时的形体，所以人们希望保存尸体，以便"魂"能再度降临，届时死者就会复活。

　根据《康熙字典》对"魂"字的解释："……《说文解字》：'阳气也。'《易·系辞》：'游魂为变。'《礼·檀弓》：'魂气则无不之也。'《左传·昭七年》：'人生始化位魄。既生魄，阳曰魂。'疏：'魂魄，神灵之名。附形之灵为魄。附气之神为魂也。'《淮南子·说山训》：'魄问于魂。'注：

---

① 《太平御览》卷九二三引，见刘琳：《华阳国志校注·蜀志》，巴蜀书社，1984年，第185页。

'魄，人阴神。魂，人阳神。'"①所谓"人生始化为魄"者，是说人之初生，虽具形体，其魂不全。民俗中将婴幼儿视为不完全的人，就是指他的魂还不完全，而且处在游弋状态，心魂未定，所以容易受惊而生病。

张泌《南歌子》写道："岸柳拖烟绿，庭花照日红。数声蜀魄入帘栊，惊断碧窗残梦，画屏空。"②所谓"蜀魄"当然是指杜鹃鸟，那是望帝的化身，是他变身后的形体，其形虽为杜鹃之鸟，而其魂却依然未改，还是望帝之魂。

在古人的观念里，一个人是由魄与魂组成的，当其身体健康时，魂魄相合，如果魂离开了，就会生病。人在夜晚睡着时，往往会做梦，这也被认为是魂暂时游离于身体，当其从梦中醒来，魂也就按时回来了，但如果在梦中受到惊吓，魂就有可能不敢回来，于是此人就失魂了，非常危险，就要想办法为其招魂。如果人生重病而死亡，其魂就会永远离开他的身体，再也不回来了，其肉身难免会腐烂解体，这时，人们会举行丧葬仪式，一是想长时间保存其遗体，冀望于"魂"的再度光临，另一方面又希望其遗体化生为另一种动物，或者转世投胎，以迎接灵魂到来。

那么，人死后一般化生为什么生物呢?《山海经·大荒西经》云："有鱼偏枯，名曰鱼妇。颛顼死即复苏。风道此来，天乃大水。蛇乃化鱼，是谓鱼妇。颛顼死即复苏"。③冯广宏先生受到这段文字的启发，将"蛇乃化为鱼"与巴蜀蝌蚪纹符号联系起来，"似乎就得到正解了——尖桃形的上半截，不是鱼的上体么？弯曲尾巴的半截，不是蛇的变体么？这一徽记应当是鱼妇的形象，而不是别的"。④我们不一定同意冯广宏先生对蝌蚪纹的解释，但是这一符号乃死而再生的象征性形象是没有疑问的。

---

① 《康熙字典》(同文书局原版)，中华书局香港分局，1987年，第1461页。
② (后蜀)赵崇祚:《花间集》，天津人民出版社，2020年，第166页。
③ 袁珂:《山海经校注》，上海古籍出版社，1980年，第416页。
④ 作者在注释中专门提到:"笔者以前曾猜想心文为先妣，还未思及鱼蛇之化。"见冯广宏:《心手文·鱼凫·颛顼》，《四川文物》2001年第4期。

3. 古代巴蜀再生信仰的图像模式

在"巴蜀符号"的研究历史中，不少人可能过于注重去分别辨认某个符号或图案刻画了什么样的具体事物，忽略了对图像组合模式的全景式研究和理解。有学者注意到，"过去有些著述在论及'巴蜀符号'时，往往只注意了其中某些图形和符号，并力图分辨出它与哪个汉字有相似之处，忽略了对'巴蜀符号'分布和组合的全面考察和分析。而这项工作正是解决'巴蜀符号'诸问题的关键所在，是应该首先予以注意的"。[1]"巴蜀符号"的重要内容其实就是再生仪式，仪式本身必然要遵照某种规范性步骤，其图像也必定具备或者表现出相应的模式化的结构。如果我们对此视而不见，反而费神耗力于某图与某物、某图与某字的相似与否，就是一叶障目、盲人摸象，在某个点上用力越勤，越易失去全貌。

那么，再生仪式有着怎样的模式或者全貌呢？

首先，让我们看看神话中的宇宙图景。伊利亚德告诉我们，神话宇宙包括"三界"：天界、人间、冥界。叶舒宪先生写道："在世界各民族的神话宇宙观中，上、中、下三分的世界模型常常由水、陆、空三类不同的动物形象来象征。"[2]"在查穆拉人的宇宙模式中，苍天、大地、阴间构成世界最重要的三个层面，而大地则位于中间。"[3]马六甲半岛的俾格米人中流传的宇宙图像是这样的：世界的中心伫立着一块巨石，下面是地狱。以前，巨石上长着一棵大树，直指向天，地狱、地球中心和上天的门户都位于同一条轴线上，通过这条轴线，人可以从一个宇宙空间穿越到另一个宇宙空间。[4]在古人的观念里，死者要复活就必须来到宇宙

① 孙华：《巴蜀符号初论》，《四川文物》1984 年第 1 期。
② 叶舒宪《中国神话哲学》，陕西人民出版社，2005 年，第 53 页。
③ ［美］G·H·戈森：《查穆拉人宗教象征中的时空等价关系》，见史宗主编，金泽等译：《20 世纪宗教人类学文选》，生活·读书·新知三联书店，1995 年，第 258 页。
④ ［罗马尼亚］伊利亚德著，沈珂译：《形象与象征》，译林出版社，2022 年，第 37 页。

中心，这里有棵大树，支撑起一个神圣世界。不光是俾格米人，其实世界上大多数民族都有大致相似的宇宙图景，"巴蜀符号"中这类图像很多，原因很简单，因为这些图像大多是刻在作为随葬品的青铜器上。

其次，我们有必要进一步思考的是，整个死而复活的过程又是怎样表现的？《山海经》中"蛇乃化为鱼"这句话给了我们重要提示，因为这应该是再生历程中的重要步骤。当死者经历了"化鱼"的过程后，就离转生复活不远了，或许只是一步之遥了，因为下一句是"颛顼死即复苏"，也即是从鱼变人或神；那么"化鱼"之前的一个步骤，自然就是"化蛇"了。所以，我们可以构拟出死而复生的大概过程：死→化蛇→化鱼→再生，总共经历四个步骤，也有四种存在形态。

此外，还有一个关键性问题，死而复生这一系列行为的发生是在何处完成的呢？或者说举行再生仪式的地方有无标志物？根据比较神话学研究所揭示，再生之地应是在宇宙的中心，这里有一棵参天大树，大树之根连着一条死亡之河，也即黄泉大水，死者的亡灵就是从地下水世界来到这棵宇宙树下。[①] 各民族的古老神话传说还告诉我们，宇宙树原本是直接伸到天庭的，地上的凡人也可以顺着树干爬上天堂到神仙那里去玩，所以那个时候凡人也可以不死。在丧葬仪式中，仪式场所的中心要树立一根神杆，这根神杆也就是宇宙树的象征，死者的灵魂必须来到神杆之下，从这个特定的地方向上攀缘，才能最终复活。巴蜀符号里很像"中"字形的图案，实际上就是这个神杆（见图十一、图十二）。

（二）三洞桥战国铜勺图像释义

1. 铜勺图案的布列特点

三洞桥铜勺图像的五个图案至今尚未全部识别，且其图案的布列与

---

① 《山海经·海内经》载："南海之内，黑水、青水之间，有木，名曰若木，若水出焉。"见周明：《山海经集释》，巴蜀书社，2019年，第539页。

组合方式也似乎没有逻辑顺序可言，故该图像所含意义众说不一。对于该图像，吴怡先生曾在《试析巴蜀青铜器上的鸟、鱼、龟、虫（蚕）纹饰》一文中提到：古蜀人将鸟、鱼、龟等几种纹饰同铸一器物上，这几种纹饰既不讲究节奏、间隔，也不连贯、均衡，显然非装饰用品，而是有它特别的用意，尤其是"三洞桥战国铜勺上的龟纹饰，与另外四组纹饰呈不规则地排列，与一般的装饰图纹不同，它是在表达某种概念，更富有深刻的含义"。[①]据刘道军对铜勺图案的推断："这五种图像大小的比例与它们所代表的实物并不相符合，说明它们体现的并非是实际比例，而是与它们所代表事物的地位、重要性及影响力有关。"[②]专门讨论三洞桥铜勺图像的并不多，这两位学者的论述比较有代表性，他们都认为该图像很重要、很深刻，至于其到底表现了什么含义，基本止于描述和猜想、推论阶段，并没有进行更深层地探究和论证。

难点在于我们的探讨从什么角度进入，怎样才能找到入口？图案的排列顺序似乎看不出明显的规律性，但这些图案是否真的就没有任何逻辑可言呢？若如此，那么古人采用贵重金属、耗时费力，并将其用于庄重的丧葬仪式，目的何在？仔细观察铜勺的图像，我们可以初步确定如下几点：

第一，这五个图案应该具有某种统一性，如果是文字符号，就应都是文字符号，如果是动物图形就应都是动物图形，不应该既有动物图形又有文字符号（或表音文字），我们既然不赞成"巴蜀文字"说，那么就理所当然地判断这五个形象都是某些动物，也就是说，它们理应属于同一个"类"（当然不是现代动物学的分类，而是属于"神话动物"的分类）。

第二，从五个动物的形状看，乌龟最大，因此有人认为乌龟是核心，

---

①　吴怡：《试析巴蜀青铜器上的鸟、鱼、龟、虫（蚕）纹饰》，《四川文物》1989 年第 5 期。
②　刘道军：《古蜀人为何崇拜蟾蜍》，《内蒙古社会科学》2007 年第 2 期。

但是我们认为此图像中，古人是参照每种动物实际的大小比例而刻画制作的，在现实世界中，这几种动物里乌龟确实是最大最重的，制作者应该是遵循了客观性原则，所以并不能简单判定乌龟是五个动物中最重要的。

第三，这五种动物在方向上可以看出明确的一致性，即它们的头部都是朝向铜勺的勺柄。当一个人手握勺子时，从习惯的方向感和方位感而言，应是勺在下而柄为上，所以这些动物都是遵循同一个轴心和上升的方向，而这点似乎完全没有引起学者的注意。①

第四，就铜勺的勺部形状而言，它本身应是圆形的，但是这五个动物图案却并没有按圆形或者圆弧线排列，它们的头也不是向心的。但是否显得凌乱而毫无章法呢？似乎也不是，因为我们可以将图案分为上下两层，鸟和鱼处于上层，其他三个动物处于下层。

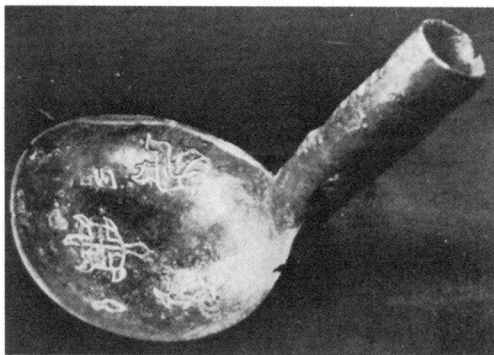

图十六　三洞桥战国铜勺，采自《文物》1989
年第 5 期，图版陆

以上四点基本判断，也是我们探讨该图像的基本条件和出发点。我们相信这几点正是图像本身所呈现的，具有某种客观实在性，而不是因为研究的需要凭借想象附加上去的，也不是为了满足一个先入为主的理

---

① 成都市文物管理处:《成都三洞桥青羊小区战国墓》(图版陆),《文物》1989 年第 5 期。

论或概念而给它们贴上了某种标签。只有从图像本身出发，才能为进一步研究打下稳定的基础。

当然，仅仅对图像本身有了基本判断还远远不够，只有对古代巴蜀总体的文化精神和神话思维有了一定的了解后，特别是对"巴蜀符号"背后的信仰、观念有一个基本认知，并对一些典型的图案、符号的发生根源及其组合模式有一个大概认识，我们才能对某一具体的图像进行分析和阐释，如果就事论事地进行图解式论断，难免陷入支离破碎和顾此失彼的窘境。

在现实环境中，一把勺子可能仅仅用于舀取食物，具备这一用途就算实现了其全部的功能，至于它上面的图案、花纹等，可能会被视为无关痛痒的装饰，可有可无。但当我们将三洞桥铜勺及其看似零散的图案放到丧葬与再生仪式的情景中，其逻辑性和象征意义或许会得以显露，此时，那些图案的象征价值显得尤其重要，我们正是依靠这些图像才能理解丧葬的本质。在丧葬仪式的语境里，看似无奇的铜勺脱离了世俗的价值，进入了神圣境界，它闪耀出异样的光辉，表现出深邃的意义。这时，我们可以将勺把视为轴心，它就成了垂直的宇宙树，勺内的五个动物都努力向上，要攀缘这棵看似无形的神树，从而获得神性，达到再生或永生之境。如前所述，古人的观念中逝去的人想要复活，就是先"化蛇"，再"化鱼"，这是两个关键性步骤，那么，我们再分析铜勺图案，如果将这五个图案分为两个层次的话，很明显第一层的动物里应该有蛇，第二层动物里应该有鱼。仔细审视一下那个 S 形符号，难道不像一条蛇吗？第二层的鱼也赫然在焉，所以说该有的都有了，考古图像与典籍所载全然吻合。

2. 龟、蛇、蝌蚪的象征意义

但是，第一层图案并不只是一条蛇，而是有三个动物，中间的是乌龟，另一个是蝌蚪。很明显，在古蜀先民的"原始分类"观念里，龟、蛇、蝌蚪被划分为同一类别的动物了，我们要问的是，它们有何共同之处呢？或者说，这三个形象彰显了怎样的神话思维呢？详审重庆博物馆藏的印章图案，其左下与右上呈对称的祈祷手势，而左下的虫形为短尾的蝌蚪状，右上的虫形是长尾的蛇状，两者明显被视为同一类别（见图六）。四川宣汉县罗家坝遗址出土的铜剑上的图案，其最底层有蛇、蝌蚪及其他虫蛇之类的形状（见图九）。这绝非偶然巧合，而是古代巴蜀人民的神话世界中典型的象征形象，它们在当时肯定具备公认的象征价值，而这些象征价值有着实实在在的、关系着人类生存的根源。理由如下：

其一，它们的出现都有明显的季节性。这几种动物都会冬眠。蟾蜍在每年 11 月前后，温度到 10℃以下就会进入冬眠期，不吃不喝，行动缓慢，从旱地转移到水下过冬，次年 3 月苏醒。乌龟冬眠时藏身于湿润的泥土或草丛中，持续数月，直到春季气温回暖到 15℃以上才会苏醒。蛇的冬眠情况与前两者类似。它们从冬眠中醒来是每年一度的奇迹，这些动物在春季苏醒，在夏季会频繁出现在人们的视线中。在古人眼里，它们的到来会带来万物复苏，大自然随即呈现一派欣欣向荣的景象，此时，人类自身也充满盎然生机，犹如枯木逢春，进入生育和繁衍季节。这种时间节律的同步，无疑能够加强人类与这些动物的认同感。

其二，这几种动物的生存环境具有特殊性。它们常栖息出没于池泽陂塘、水草交错的地方，即陆地与水面的交界处，这样的地带，常常是生命最初出现和生长的地方，也是能量富集之地。这几种动物都可以算作"两栖"类型，而与其共生的植物也非常丰富，特别是在初春，各种水边植物率先长出嫩芽，诸如芦苇、水芹、荇菜、莲藕、芋头之类，无论是狩猎还是农耕生计，它们都是人们填饱肚皮和补充营养的好东西。

其三，这几种动物都会蜕皮。龟、蛇和蟾蜍（或青蛙）都生长出没于浅水区域，它们都有一个共同的神奇之处，就是都要蜕皮，而且每次蜕皮后，它们就要比原先长得更大一些。我们知道，乌龟在生长期间要脱皮，蛇与蟾蜍、青蛙都会蜕皮，只是蟾蜍蜕皮时会将皮吃掉，人们不易发现。而在世界范围的神话观念中，蜕皮都是再生的标记，尤其是蛇，在神话和民间故事里是不死的神圣动物。苏美尔神话《吉尔伽美什》中，主角吉尔伽美什在完成了数项壮举后，后半生的工作就是去寻找死亡的秘密，结果他在马什山下的湖底得到了仙草，但是蛇却趁其不注意偷吃了这棵不死草，在留下一张蛇皮后溜走了，人类因此失去了永生不死的希望。叶舒宪先生将这个故事与西王母故事和昆仑传说相联系，认为两者属于同类故事，表达了相同的主题。①

因此，人死后"化蛇"，也可以说是对蛇的仪式性模仿，自然也是希望获得蛇的不死魔法；同样原因，乌龟也得到人们的崇拜，因为它不仅脱皮，而且是众所周知的长寿动物；蟾蜍、青蛙除了会蜕皮外，其生育能力更是让人类望尘莫及，因而也受到崇拜。因此，这三种动物的类同性已非常明显，这也印证了我们将三洞桥战国铜勺图像划分为两个层次，从而将这三个动物视为同一类象征形象是不无道理的。三者作为同一个神话动物类别的象征功能也就不言而喻，这意味着人们希望死后"化蛇""化龟"或"化蝌蚪"（蟾蜍、青蛙），这在古代巴蜀人的观念里，也就是跨出了再生之路的第一步。

另外，汉字"旐"也可提供旁证。"旐"字有二义：一为画有龟蛇的旗子，二为引魂幡。"飞旐翩以启路"（潘岳《寡妇赋》），"飞旐"即引柩的魂幡，幡上龟蛇很显然象征再生。

3."鸟/鱼"象征模式及其意义

但是，三洞桥铜勺完整的图像结构告诉我们，再生之路仅仅踏出第一步还不够，死者的魂魄还必须继续上升，努力实现第二次飞越，那就是"化鱼"。鱼有何神奇之处，能在再生神话中占据重要位置呢？《大戴礼记》曰："有羽之虫三百六十，而凤凰为之长；有毛之虫三百六十，而麒麟为之长；有甲之虫三百六十，而神龟为之长；有鳞之虫三百六十，

---

① 叶舒宪:《世界神话二十五讲》，北京大学出版社，2024年，第51页。

而蛟龙为之长；有裸之虫三百六十，而圣人为之长。”①鱼类一般是有鳞甲的，所以鱼和龙是同一类动物，并受龙的统辖。

《说文解字》释“鳞”：“鱼甲也。从鱼粦声。”段注：“甲者，铠也。鱼鳞似铠。”②《康熙字典》的解释为：“《玉篇》：‘鱼龙之鳞也。’《周礼·地官·大司徒》：‘其东物宜鳞物。’注：‘鳞，龙之属。’《礼记·月令》：‘其虫鳞。’注：‘龙蛇之属。’《淮南子·地形训》：‘凡鳞者，生于庶鱼。’”③

《康熙字典》释“粦”曰：“《说文解字》：‘鬼火也。兵死及马牛之血为粦。’《博物志》：‘战斗死亡之除有人马血，积年为粦，著地入草木，如霜露不可见。有触者，著人体便有光，拂拭即散无数。’又《韵会》：‘或作燐。’《淮南子·泛论训》：‘久血为燐。’又《陈思王·萤火论》：‘或谓之燐。’《诗·豳风·熠燿宵行·传》：‘燐也。燐，萤火也。’……《集韵》：‘或作磷’。”④

“粦”即死者的精魂，是会发光的，人们看到磷火飘荡，自然会想到是死者的阴魂不散；鱼身上布满鳞甲，“鳞”也即“燐”，受到阳光照射会反光，也是有光之物，它还跟天上的星、月之光有神秘关联，鱼儿受到“灵光”照射，吸收了日精月华，自然就有通灵的本领了。

鱼生活在江河之中，而中国古人自来就崇拜“河岳”，将河水视为生命之源。陶思炎曾提出，三足乌为日精之兽体，蟾蜍或青蛙为月精之兽体，此外，“鱼还作为星精兽体的象征出现在早期的兽形宇宙模式中”，在这个宇宙模式中，星、鱼是可互代的，因为天上有水，星空为天河，“可见，在中国古人的哲学判断中，天河与地川本相连合。天为水

---

① 刘彬：《〈大戴礼记·易本命〉象数发微》，《周易研究》2003 年第 1 期。
② （清）段玉裁：《说文解字注》，中华书局，2013 年，第 585 页。
③ 《康熙字典》（同文书局原版），中华书局香港分局，1987 年，第 1478 页。
④ 同上，第 909 页。

泉，星辰在天，因此，星鱼同为水中之物，它们具有同体对应关系"。①
天上的银河跟地上的江河是相对应也是相连通的，所以江河中的鱼如果
到了天上就变成了星星；反过来，天上的繁星之精，也可降而生为地上
之物。《论衡·物势篇》云："东方，木也，其星苍龙也；西方，金也，
其星白虎也；南方，火也，其星朱鸟也；北方，水也，其星玄武也。天
有四星之精，降生四兽之体，含血之虫，以四兽为长。"②"四星之精"化
身为龙、虎、凤、龟四神兽，它们从天上下来，随即化生为地上的动
物，所以这四大神兽统领地上四类对应的动物。地上的"含血之虫"分
享了"四星之精"，当这些野兽虫蚁被杀死后，它们的灵魂又要回归到
其掌管者那里去，人们食其肉而存其皮、骨，俟其灵魂再度返回。同样
道理，天上的星星可以降生为河中之鱼，人们捕鱼而食便是解脱其灵
魂，鱼之灵可以升上天空成为天河里的星星。看来鱼的确有大神通、大
能耐，民间传说"鲤跃龙门"，说是鲤鱼跳进龙门后，天火随即烧掉其
尾，它就变身为龙，而龙是不需外力的帮助，可以直接上天入地的。

　　在古人看来，鱼为至阴之物，故人死后的灵魂到阴间后，鱼就陪伴
其左右，并可作人的灵魂引导者，指引人的灵魂穿越黄泉大水，找到上
升的洞口。鱼的大神通还体现在有极强的化生能力，"鲤跃龙门"是著名
典故，意味着鱼能化龙，古籍中记载它还可以化鹿、化虎、化豪猪、化
蝙蝠等等。③看来鱼的神奇之处就在于它几乎无所不化的能耐，它是生
命循环的推动者、转化者，那么，它是否也可以帮助人类实现转化呢？
根据前引《山海经》《淮南子》等典籍所载，颛顼等神话英雄死后全靠
鱼的转化功能，才得以复活。

　　但是，在人们的日常经验中，鱼乃生活于水中，离水则死，而且它
没有翅膀，所以无法离水升空。虽然在神话宇宙中，地上的江河与天上

---

①　陶思炎：《中国鱼文化》，东南大学出版社，2008年，第125页。
②　黄晖：《论衡校释》（上），中华书局，2018年，第130—131页。
③　陶思炎：《中国鱼文化》，东南大学出版社，2008年，第91页。

的银河相通，人间下雨就是天河的水洒向大地，但是常人的理解力更多是基于日常生活的，人们经常看到各种鸟类在水中抓鱼，并将其带到高空飞向远方，可能更倾向于接受更为直观、也更易理解的"鸟/鱼"组合模式。

华夏考古出土了大量的"鸟/鱼"组合图像，专家学者从不同角度给出了各种解释。闻一多很早就注意到，求偶和性爱主题在传统文学中的一种隐喻模式，是将被动方面比作鱼，将主动方面比作吃鱼的鸟类，如鸬鹚、白鹭、雁或兽类等。[①] 石兴邦提出，"仰韶文化的半坡类型与庙底沟类型分别属于以鱼和鸟为图腾的不同部落氏族"[②]。张光直指出半坡类型的"人面鱼纹"是萨满通神状态的描摹。[③] 李默然认为鱼可能代表冥界与重生。[④] 鹳鱼石斧图彩陶缸是国家一级文物，其图像中的鹳鱼图案非常典型，李新伟写道："'鹳鱼石斧图'多被解读为以鸟为图腾的部族用武力战胜以鱼为图腾的部族，棺中死者是为此胜利做出重要贡献的军事领导者。但……此图像更可能表现的是墓主除了拥有钺代表的世俗权力之外，也拥有促成神鸟完成在鱼体内的神奇转化、最终战胜鱼、完成维护天体运行任务的宗教能力。"[⑤] 我们则认为，"鹳鱼石斧图"是一种再生仪式的图像表达，其中的斧直接代表了瓮棺的主人，"鹳/鱼"组合则象征了死者的灵魂随鸟高升，获得再生。

三洞桥铜勺图像中的上层图案即由鸟和鱼组成，又该作何解读呢？它所表现的显然不是求偶与性爱的主题；也不好直接解释为鸟部族战胜鱼部族，因为我们既无直接证据说明鸟和鱼就是各自的部落图腾符号，也无法判定该图像中的下面三个图案分别代表了龟部族、蛇部族和蝌蚪

---

①　闻一多：《说鱼》，见《神话与诗》，上海人民出版社，2006年。

②　石兴邦：《有关马家窑文化的一些问题》，《考古》1962年第6期。

③　张光直：《仰韶文化的巫觋资料》，《历史语言研究所集刊》第64本第三分册，1994年。

④　李默然：《半坡"人面衔鱼"图案再分析》，《江汉考古》2020年第1期。

⑤　李新伟：《仰韶文化庙底沟类型彩陶的鱼鸟组合图像》，《考古》2021年第8期。

部族。所以还是将此图像放到再生、复活的巫术仪式语境中进行分析较为稳妥一些。①那么"巴蜀符号"中的"鸟/鱼"组合模式是否意味着复活与再生的观念与信仰呢？先看看巴蜀符号中典型的鸟类图案。

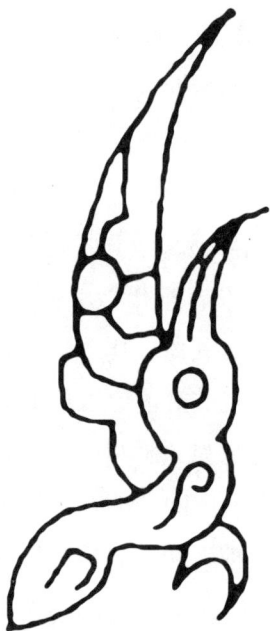

图十七 矛：绵竹 M1。采自孙华：《巴蜀符号初论》，《四川文物》1984 年第 1 期

图十八 剑：犍为出土。采自孙华：《巴蜀符号初论》，《四川文物》1984 年第 1 期

我们发现，巴蜀战国青铜器上鸟的典型形象是举翅向上，作高飞之状。特别是犍为出土的剑，其图像里下有表示祈祷的手形，上有星月图案，表示鸟儿是代表天界的神圣使者，它正带着逝者的灵魂返回星空。

"鸟/鱼"象征模式在华夏再生神话中普遍存在，是一个跨区域性的信仰，古代巴蜀大地自然不乏这一神话意象，当然，观念与信仰虽同，

---

① 包括临汝阎村的"鹳鱼石斧图"中，鹳鸟叼着大鱼的意象，我们也认为是同样的巫术仪式图像，因为其所装饰的大陶缸原本就是葬具。

图十九　江苏赣榆县（今连云港市赣榆区）金山出土汉代画像石。采自陶思炎：《中国鱼文化》，东南大学出版社，2008年，第139页

但其表现形式与象征意象则有地方特色。吴怡教授将巴蜀青铜器上的鸟形纹饰分为三类，即凤鸟纹、变形鸟纹、杜鹃鸟纹，"……其中一、二类鸟形纹饰与中原地区相同，可能是受其影响或本身就是中原传入的。而第三类鸟形纹饰则明显带有地方特征，应是蜀地的产物。"吴先生文中描述了这种鸟的特征：大眼、尖喙、举翅，足向前伸，作奋飞状，形似杜鹃。因此，他名之曰"杜鹃鸟纹"①。

在华夏考古中，"鸟/鱼"形象也是一个跨越历史时代的象征模式。这幅汉代画像石具有特别重要的参照与比较的价值，画中的人形显然为死者的形体，它正在或已经转化为鱼，并由鸟带着飞向天界（图十九）。我们特别感兴趣的是，将此画像与巴蜀符号相比，汉画像中死者这种偏于具象的人形与"巴蜀符号"中线条化的抽象人形（参考图十四、图十五），其表现方法虽然不同，但神韵极似，都将死亡的形态表现得极其到位，有异曲同工之妙。

4.巴蜀古人的宇宙观与生命循环模式

死而再生表现为生命的循环，这跟古人建立的宇宙空间的特征具有因果关系。叶舒宪先生提到，在上、中、下三分的神话世界中，上界几乎都由飞鸟来象征，中间的世界则由各种陆栖动物充当象征物，而地下

———————

① 吴怡：《试析巴蜀青铜器上的鸟、鱼、龟、虫（蚕）纹饰》，《四川文物》1989年第5期。

世界的象征就要复杂一些了，但大致分为两类，一类是水生或海洋动物，另一类则是各种能钻地入穴的爬行动物。[①] 一般来说，古人在垂直轴线上将宇宙空间分为水下、地上和天界三个层次，也分别以三种类型的生物作为象征，但在具体象征形象的选用上，又不一定完全相同。

巴县冬笋坝出土青铜剑所镌刻的图像，可以看出生命形态"三段论"的一种表现形式（图二十）。该图像将祭台、蝌蚪与右手的祈祷进献组合图案置于中间，代表的是人类世界；下面是水波纹和类似水边植物的根梢[②]，代表的是水下世界；而上面则是处于高空的神人头像图案，代表的是神灵的世界。这个"三段论"模式分别对应的是植物界、动物界和神灵界，也象征了生命的循环特征。

再看三洞桥战国铜勺图像，实际上也是以"三段论"的方式呈现的。在古人看来，生命的产生离不开水，因此，水边的各种生物在他们眼里成了生命的"初级形态"的象征物，即如蝌蚪、乌龟、蛇等动物，可能也包括芦苇等水边植物[③]；生命的"中级形态"则由鱼作为象征物，而鱼往往由鸟将其带向高空，完成升华；生命的"高级形态"应该是人或神，处于最高位置，是"万物灵长"，所以其形象自然是以人形出现，是"人 / 神"合一。很显然，三洞桥铜勺的图像中省略掉了"高级形态"的象征形象，

图二十　剑：冬笋坝M12。采自严志斌、洪梅：《试析巴蜀文化中的笋形符号》，《四川文物》2017年第 1 期

---

① 叶舒宪《中国神话哲学》，陕西人民出版社，2005 年，第 53 页。
② 这个巴蜀符号至今没有释读出来，专家的研究中对此符号基本未予提及。我们根据其形态和出现的位置，初步判断它可能是芦苇之类植物的鞭梢。
③ 巴蜀符号中水波纹即水边植物图案极为丰富。

但我们可以根据相关的比较图像学研究而将其补充完整。

将垂直的空间结构分为三个层次，是古人的一种共识，也是一种跨文化的精神信仰现象，但是在具体的图像表现上存在"地方特色"。可以看出，三洞桥铜勺图像与冬笋坝铜剑图像有某种差异，前者可以说是由"虫蛇／鱼／神"构成，后者则是由"水草／虫蛇／神"构成，这种差异的原因可能在于：人死后首先变化为植物还是变化为动物？也就是死后再生的起点放在何处？冬笋坝铜剑图像的生命起点放在了水边植物上（图二十）；但是同心村墓地出土铜剑的刻画图像中，鱼和水波纹处于同一层次，或许意味着将鱼直接视为生命的起点（图二十二）；而三洞桥铜勺图像的生命起点则放在了出没于"水土之际"的那些动物上。可以看出，将植物还是动物作为生命复苏的起点，以及虫蛇和鱼是分为两类还是归为一类，实际上在不同的区域文化中可能是不完全相同的。

值得注意的是，并非所有的再生仪式图像都完整地将空间结构的三个层次都表现出来，三洞桥铜勺图像实际上省略了转生为人（或成神）的环节；而一块汉代鎏金铜牌图像明确分为上下两半，下半部分刻画一只舞蹈的蟾蜍，上半部分刻画天门与神人（图二十一），省略掉了中间的"鸟／鱼"环节。所以，我们发现绝大多数关于再生与复活的图像中，如果只有两个层次的画面结构的话，一般来讲，要么可以省略最高的层次，要么可以省略中间层次，但第一个层次是不会省略的，蟾蜍或其他虫蛇或者水草作为死而复活

图二十一　汉代鎏金铜牌，下面刻画一只舞蹈的蟾蜍。采自王仁湘：《凡世与神界》，上海古籍出版社，2018年，第176页

的象征符号，总会出现在画面中。不管怎么说，在古代再生仪式中，生命的进化被想象为朝向高空和天界的征程，也是由低等生物向高等生物的进化，这个基本模式和整体框架是一致的，是不会变的。

关于生命循环与演化的哲学思考，庄子给出了极有代表性的论述。《庄子·至乐》云："种有几，得水则为继，得水土之际则为蛙蠙之衣，生于陵屯则为陵舄……羊奚比乎不笋，久竹生青宁；青宁生程，程生马，马生人，人又反入于机。万物皆出于机，皆入于机。"成玄英疏曰："司马云：言物因水成而陆产……

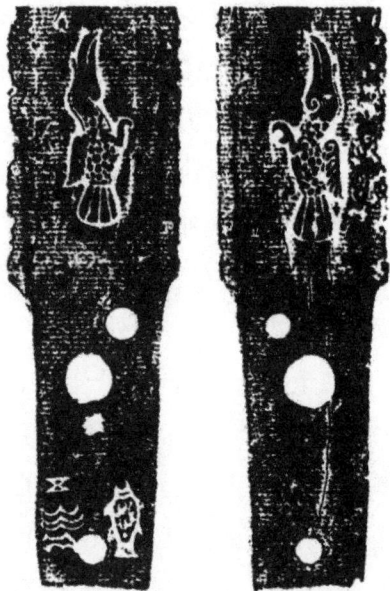

图二十二　同心村墓地出土铜剑（M21–A：32 符号拓片），采自严志斌、洪梅：《试析巴蜀文化中的笋形符号》，《四川文物》2017 年第 1 期

人之死也，抑或化为草木，草木之精或化为人也。"① 据前人的注解，"羊奚""久竹"等皆为草名，而"青宁"则为虫名。② 关于这段话，陆钦先生在《再谈〈庄子〉的"马生人"》一文中曾提出，"马生人"一句中"马"是"为"之误，而《说文解字》将"为"释作"母猴也"，故"马生人"即猕猴生人。陆教授认为庄子看到了生物演化的一些脉络：从鱼类到鸟类，从昆虫到飞禽，从植物到动物，从动物到人类；而且，古代西方也有相似的演化观，在二千五百多年前的古希腊哲人阿那克西曼德就曾提出，人类是从水里的一种鳞甲动物变来的。③

庄子这段话中的疑团还很多，特别令人费解的是那些植物、昆虫的

―――――――――

① 郭庆藩撰、王孝鱼点校：《庄子集释》，中华书局，2013 年，第 555 页。
② 同上，第 555—559 页。
③ 陆钦：《再谈〈庄子〉的"马生人"》，《晋阳学刊》1982 年第 6 期。

名称，历来注家似乎都没有令人信服的解释，但是，基本主题还是非常明确的。简单地说，庄子告诉我们，植物、动物和人类之间存在一个循环过程，这个循环的内因是"几"，外部条件则在于"水"和"水土之际"。但是，必须对其关键词和核心概念进行解读，真正搞懂其内含的神话思维原理，才能准确理解这段话的含义。

《康熙字典》对"几"的解释是："《说文解字》：'踞几也。'徐曰：'人所凭坐也。'"并释"几"云："《易·系辞》：'几者，动之微吉之先见者也。'……又《尔雅·释诂》：'庶几，尚也。'疏：'尚，谓心所希望。'《孟子》：'王庶几改之。'又察也。……又《韵会》：'将及也。'《尔雅·释诂》：'近也。'"①

《说文解字注》释"机"："机木也。《山海经》：'单狐之山多机木……族篾之山多松柏机桓。'郭曰：'机木似榆，可烧以粪稻田，音饥。'按盖即桤木也，今成都桤木树，读若岂，平声。杨雄《蜀都赋》曰：'春机杨柳'，机桤古今字。"②《康熙字典》释"机"云："《说文解字》：'木名。'《山海经》：'单狐之山多机木。'郭注：'状如榆，可烧以粪田。'又与几通。……又《集韵》：'织具谓之机杼，机以转轴，杼以持纬。'又气运之变化曰机。……又《韵会》：'要也，会也，密也。'"③《说文解字注》释"机"云："机持经者，机持纬者，则机谓织具也。机之用主于发，故凡主发者皆谓之机。"④

综合言之，"几（幾）"为可凭依的几案，其制作原材料为"机"，故"机"被释为木名；同时此木也是制作"幾"的材料，"幾"应是指织机的中枢部件，加"木"为"機"。所以"几""机""幾""機"作为物件的核心部分发挥关键作用，它应含有小巧、精微等义，同时可引申指

---

① 《康熙字典》（同文书局原版），中华书局香港分局，1987年，第133页。
② 段玉裁《说文解字注》，中华书局，2013年，第250页。
③ 《康熙字典》（同文书局原版），中华书局香港分局，1987年，第510页。
④ 段玉裁：《说文解字注》，中华书局，2013年，第264页。

事物发生、变化的关键和枢纽，所以这几个字可互换通用。

"种"字本义为谷种，这里应泛指各种生物的种子。"种有几"，即生物的种子里含有极其精微的成分，种子本为植物的果实，与植物本身相比，它是精华部分，也是整个植株浓缩的结果。"得水则为㡭"，种子得水而发芽，就像松柏所结的松果柏果，虽然它们的籽粒极其微小，却凝缩了一棵参天大树，这粒微小的种子一旦遇到春天的雨水，就会发芽生长，长成新的大树。[1]"得水土之际则为蛙蠙之衣"，这句话告诉我们，世间生物所需的生长条件，第一为水，第二为土，得水即可发芽，得土才得继续生长壮大，所以"水土之际"是必要条件，是生物最适宜的地方。关于"蛙蠙之衣"，成玄英疏曰："青苔也，在水中若张绵，俗谓之蛤蟆衣也"，故此马恒君认为是"海藻之类的生物"[2]；对这句话前人还有一种解释："言物根在水土际，布在水中，就水上视不见，按之可得，如张绵在水中，楚人谓之蛙蠙之衣。"[3]实际上，"蠙"是指蚌类，以浮游生物、藻类为食，繁殖时雌性河蚌的卵经生殖孔排到身体外套腔中，而雄性则会释放大量的精子到水中，随水进入雌性的外套腔，二者结合后形成受精卵。这种繁育方式与蟾蜍相似，这些生命的微粒在水中漂浮，似有若无。"蛙"与"蠙"皆为动物而非草本植物类，所以释为青苔、海藻就显得牵强了。故此，所谓"蛙蠙之衣"应是指青蛙、蟾蜍与河蚌之类，其繁殖特征非常独特，它们将卵产于水中，等待受孕，特别是蟾蜍产卵时，将其一端黏附于水边植物或石块上，呈带状漂浮于水面，慢慢变成幼虫，这种现象被古人视为生命的开始。

"生于陵屯则为陵舄"，"陵屯"即山脚，"陵舄"是车前草，这句话

---

[1] 关于"㡭"字，前人释为"绝"或"继"。"万物虽有兆朕，得水土气乃相继而生也"。郭庆藩撰、王孝鱼点校：《庄子集释》，中华书局，2013年，第555页注释[二]。我们认为"相继而生"这个解释不够确切，全句的意思应是指植株结出种子，种子再生出植株，这个循环过程的特征是似断而又续。
[2] 马恒君：《庄子》，华夏出版社，2005年，第301页。
[3] 郭庆藩撰、王孝鱼点校：《庄子集释》，中华书局，2013年，第556页。

是说人死后，可化为草木，草木之精又或化而为人。在古人看来，动、植物之间可以互化，能够突破物种的界限。

"种有几，得水则为继，得水土之际则为蛙蠙之衣，生于陵屯则为陵舄"，这段话的意思是"几"作为生命的精微成分，它既可化生为动物，也可化生为植物。"羊奚比乎不笋，久竹生青宁；青宁生程，程生马，马生人，人又反入于机。万物皆出于机，皆入于机。"这段话阐述了从植物到动物再到人类的演化程序和机制。"机"字是将生物的生长机制隐喻为像织布机那样的装置，当生命的开关受到触发，即如生命的阀门被打开，就带来万物复苏、勃勃生机，所以，"机"字又含有"门"的隐喻。"机"（機）字之"门"的隐含义，在现代汉语中已经幽微不显了，但我们在"畿"字中尚可约略觅其端倪。《康熙字典》释"畿"云："又门内曰畿。《诗·卫风》：'不远伊迩，薄送我畿。'传：'畿，门内也。'又限也。《增韵》：'门限也。'韩愈诗：'白石为门畿'。"[1] 所以此字含有两个义项：一为古代称靠近国都的地方，如畿辅、京畿；第二个含义为门限、门槛。所以，"机"字寓含着对宇宙秩序和生命之门的掌管，具有至高无上的神圣性和神秘性，正如俗话所谓"天机不可泄漏"。

在传统神话观念中，丧葬仪式中"门"的隐喻含义往往是指"天门"[2]。在两汉考古中，巴蜀地区发现不少天门铜牌饰、天门画像石棺，以及大量遗存的石阙建筑物，考古专家总结道："经天门升天成仙是四川汉画像砖（石）画面组合的主题思想。"[3] 死者的灵魂只有通过了天门，才会成仙成神。

另外，"阊阖"一词也是指天门，《康熙字典》释"阊"云："《说

---

[1] 《康熙字典》（同文书局原版），中华书局香港分局，1987年，第766页。

[2] 《老子》亦云："谷神不死，是谓玄牝。玄牝之门，是谓天地根。"很显然，"门"作为生殖和生命的隐喻带有普遍性，已形成中华民族传统文化中的一种"典故体系"。

[3] 赵殿增、袁曙光：《"天门"考——兼论四川汉画像砖（石）的组合与主题》，《四川文物》1990年第6期。

文解字》：'天门也。一曰楚人名门曰阊阖。'《前
汉·礼乐志》：'游阊阖。'注：'阊阖，天门。'……
《淮南子·原道训》：'排阊阖，钥天门。'注：'阊
阖，始升天之门也。又风名。'《史记·律书》：'阊
阖风居西方。阊者，倡也。阖者，藏也。言阳气
道万物阖黄泉也。'"[1]"阊"即打开，"阖"是关闭，
"阊阖"一词是指天门的开与关。在传统神话里，
天门打开即意味着让万物之精倾泻而出，涌向大
地；天门关闭则相反，即是关闭生命之门，大地
上即一片凋零。"阊阖"一词可以帮助我们了解古
人的观念和意识里，关于"天门"的想象特质。

如上所述，"机"为生命的开关和"天门"的
隐喻，在考古发掘（包括巴蜀考古实物与图像）
和传世典籍中能够找到充分印证；接下来我们会
发现，"几"作为生命的精微要素，同样能在巴蜀
考古中找到相关的图像证据。

这两个巴蜀考古出土器物的图案中都出现圆
形点状，与河姆渡"双鸟朝阳碟形器"图案中的
圆点状应为相同之物象。而且，这类图像的组成
要素中，都离不开鸟或者太阳，特别是秭归东门
头遗址的太阳人石刻，最高处的图案是太阳无疑，
而人像的头顶生出一个类似"天线"的装置，它
对应的是太阳，意在接收太阳的灵光和生命能量。
此图像中人物的生殖器得到了极为夸张的表现，
并伸到了地面，值得注意的是圆形点状出现在人

图二十三　秭归东
门头遗址太阳人石刻，
采自孟华平：《"太阳人"
与东门头遗址》，《文物
天地》2003 年 S1 期

---

[1] 《康熙字典》（同文书局原版），中华书局香港分局，1987 年，第 1336 页。

物的胯部位置，让我们联想到正是太阳赋予了人类以生命的种子。同心村墓地出土铜剑的图像，则使人联想到这只鸟儿将生命种子或生命之灵带向天界。我们认为，这些圆点形图案正是"几"所含意义的图像表现形式。

图二十四　双鸟朝阳蝶形器，采自浙江省考古研究所：《河姆渡——新石器时代遗址考古发掘报告》

"万物皆出于机，皆入于机"，郭象注云："此言一气而万形，有变化而无死生也。"[1]郭象试图将各种有形的生命简约化为"气"，并以此概念来解释"机"。有学者这样总结庄子的"气"观："气"一变而为人之形体，二变而由形体成为生命，三变则生命死亡，化而为"气"[2]。在传统文化中，"气"就是生命本身，"有气"则生，"无气"则死，"生气"即"生机"。"气"是流动的，但却看不见，在考古图像中，古人以圆点状呈现。很明显，在哲学家发明"气"的概念以前，华夏先民根据其最直接、最质朴的感觉和生活经验，将那些在天地间流动着的生命种子视为万物之源，并以圆点图案形容之，它代表了生命的原始能量，而这种能量则源自太阳。

所以，我们认为三洞桥铜勺图像的主题内容就是表达人死后化为蛇、龟、蝌蚪，之后再化为鱼，并由鸟儿带到高空，接受太阳灵光的照

---

① （晋）郭象注，（唐）成玄英疏：《庄子注疏》，中华书局，2016年，第340页。
② 闫伟：《论〈庄子·至乐〉篇中的生死智慧》，《延安大学学报》2020年第5期。

射，最后化生为人或者成神。也就是说，如果没有鸟的作用，这一复活过程则可能停留在某种动物的状态，就不会继续更高阶段的化生和"进化"。人处于进化的最高级，虽然他与动物甚至植物享有的是同样的"气""灵"或"几"，但在数量和质量上，人类拥有更多更好的灵气或"天机"，这是因为人类攀上了"进化"之轴的最高处。

5."降处"神话：生命循环的关键环节

死亡是人类面临的切身问题，它所造成的心理困境是每一个人都绕不过的，本文关于三洞桥铜勺图像的论述和探讨，也都是围绕再生仪式而展开的。丧葬仪式及其象征符号是我们观察、了解古人如何解决死亡困境的重要渠道，一般来说，古人对付死亡的办法是多种多样的，但最重要的手段可能包括三个方面：既可以通过仪式赋予生命以意义，以便人们可以安然接受死亡；也可以给予复活的允诺，如此则死亡之神会显得不那么狰狞；另外，循环生命观的"发明"，也可以减少死亡带来的巨大冲击。循环生命观显得尤为重要，可以说为再生与复活神话叙事提供了底层逻辑。

巴蜀考古的图像叙事表现了从植物到动物再到人类的一种基本框架，其图像的空间结构也显示出，在这个"进化"的垂直轴线上，居于最高位置的是神、英雄及创始者，他们往往也是大巫师，拥有极大神通，死后来到通天神树下，通过一系列嬗变，由低等生物到高等生物、由底层空间到高层空间，循序渐进地升上天界，最终完成复活。因此，从考古图像上我们仅仅看到了一种不断"上升"的图景，却很容易忽略生命循环中还有一个必需的环节，即从天空下降于人间。

但是，在典籍记载中，却有一类神话故事，常会提及人间的王本来就是天帝之子，天帝派遣他下到地上来统治人类，在他的功业完成后，自然还要回到天界。袁珂先生根据《山海经》等典籍所载，为我们讲述了一个完整的"后羿射日"的神话故事：太阳是天帝的儿子，而羿是天帝派下来为人间除害的天神，谁知他一下射杀了九个太阳，天帝发怒，处罚羿不得回到天上。羿只好去求不死药，但嫦娥盗食了仙草，奔月而去，变成了蟾蜍。^①这个故事与《吉尔伽美什》相比，主角都是杀死人间怪物和凶兽的英雄，完成壮举后他们都要寻找不死仙草，结果都遭遇被盗的尴尬；后者被蛇盗窃，前者被妻子盗窃，而妻子变了蟾蜍。我们有理由推测，盗取羿的不死草的原本就是蟾蜍。由此来看，在古人眼里，蛇与蟾蜍都具有再生与不死的神通，因此，蛇与代表蟾蜍的蝌蚪同时出现在三洞桥战国铜勺上，也绝非偶然，完全符合古人的神话思维逻辑和"原始分类"观念。

从吉尔伽美什和羿的神话故事可知，他们为人类做出贡献后追求不死境界，实际上也就是要回到天界，因为他们原本就是从天上下来的，所以，从天而降又回归天界，才是一个真正完整的循环。只不过我们在丧葬仪式的图像叙事中，往往只看到了死而再生的场景，容易忽略神话英雄从哪里来的问题。

《山海经·海内经》载："黄帝妻雷祖，生昌意，昌意降处若水，生韩流。韩流擢首、谨耳、人面、豕喙、麟身、渠股、豚止，取淖子曰阿女，生帝颛顼。"袁珂先生按语云："《史记·五帝本纪》：'昌意降居若水'，索隐云：'降，下也。言帝子为诸侯。江水、若水皆在蜀，即所封国也。'此神话之历史解释也。其本义当为自天下降，谪居若水。"^②袁珂先生在司马贞《索隐》所谓"贬谪"的基础上，补充了"自天下降"的意思，实际上是将历史学范式转换到神话学范式里，不能不说给后学者带来了启发，但是，我们认为"降处"一词不含"贬谪"义。

《大戴礼记》载："黄帝居轩辕之丘，娶于西陵氏之子，谓之嫘祖氏，产青阳及昌意。青阳降居泜水，昌意降居若水。"^③成书稍晚的《世本》也有相似的记载："黄帝居轩辕之邱，娶西陵氏之子，谓之累祖氏，产

---

① 袁珂：《中国神话传说》，中国民间文艺出版社，1984年，第289—320页。
② 袁珂：《山海经校注》，上海古籍出版社，1980年，第442—443页。
③ 王聘珍：《大戴礼记解诂》，中华书局，1983年，第127页。

青阳及昌意。青阳降居泜水，昌意降居若水。昌意娶于浊山氏之子，谓之昌仆，产颛顼。"① 除了昌意、青阳的降处神话之外，还有其他类似故事。《海内经》载："炎帝之妻，赤水之子听訞生炎居……戏器生祝融，祝融降处于江水，生共工……"② 《大荒南经》载："帝俊生季釐，故曰季釐之国。有缗渊。少昊生倍伐，倍伐降处缗渊。"③ 《天问》曰："禹之力献功，降省下土方，焉得彼涂山女，而通之于台桑。……帝降夷羿，革孽夏民。"④ 大禹献功的对象当然是天帝；而"降"字之义，有学者认为不能作"派遣"理解，应作"生"和"降处"理解。⑤ "帝"的地位肯定比禹和夷羿要高，但无论如何，这里的两个"降"字都不能作"贬谪"理解，因为他们不是犯了错，而是带有特殊任务才降临人间的 ⑥；但是作"派遣"或"使令"理解似乎没有什么不妥。

可见，以《山海经》为主的古典神话中，俨然形成了一个"降处"神话的颇有深意的叙事类型，也就是所谓"神话原型"。在这类故事中，"降"这一行为往往与"帝"有关，有时候是由"帝"发出的，或者是受到"帝"的指令（如"黄帝乃下天女曰魃"），或者与"帝"至少有某种关联（降处者一般是帝的后代子孙），所以"帝"是神话叙事的主要动因；同时，从天上下来的神人一般都是降处于江河或水源之地，说明自天而降者需要与水结合，才能化生出新的生命；而且，从天上降下来的都是男性神，而原处于江河水滨的是女性神，二者的结合符合"天生地长"的模式，即男性神是播种者，女性神是养育者。可以看出，这类故事与"后羿射日"神话有所不同，后者突出了弓箭的作用，他们杀死

---

① （汉）宋衷注，（清）秦嘉谟等辑：《世本八种》，中华书局，2008 年，第 12 页。
② 袁珂：《山海经校注》，上海古籍出版社，1980 年，第 471 页。
③ 同上，第 371 页。
④ （汉）王逸撰，黄灵庚点校：《楚辞章句》，上海古籍出版社，2017 年，第 73 页。
⑤ 星舟：《神桃五题——中国神话叙事结构研究之二》，《华中理工大学学报》1994 年第 1 期。
⑥ 天上的神仙因犯错而贬谪人间，所谓"下凡"，是近世的观念。

了各种作恶的怪兽，"杀生"可以说是狩猎文明的主题，而"降处某水"的神话则突出的是"化生"，显然是农业文明的主题。

我们发现还有一类神话，与"降处"神话类似但又有不同之处。《大荒北经》载："黄帝乃下天女曰魃，雨止，遂杀蚩尤。"①《大荒东经》："大荒东北隅中，有山名曰凶犁土丘。应龙处南极，杀蚩尤与夸父，不得复上。故下数旱，旱而为应龙之状，乃得大雨。"②这两个故事中，有对应的"下"与"上"两个动作，根据上下文，"下天女曰魃"之"下"字，可作"派遣""使令"解释。第二个故事中，"应龙"也是被"派遣"的，"故下数旱"是指旱灾从天上降于人间的意思。两个故事中，魃与应龙虽然神力相反，一个主干旱一个主雨水，但都是受到黄帝的派遣，说明黄帝的神通是可以使令和调节水旱的，只是因为魃与应龙遭遇了回不去的尴尬，才造成人间的干旱和水涝的极端天气。需要强调的是，这两个故事中主角的"不得复上"，从反面说明它们原本就在天上。

不仅神人、英雄是由天上降下来的，而且禾谷也是自天而降的。《大荒西经》记载："有西周之国，姬姓，食谷。有人方耕，名曰叔均。帝俊生后稷，稷降以百谷。稷之弟曰台玺，生叔均。叔均是代其父及稷播百谷，始作耕。"袁珂按："经文'稷降百谷'者，谓稷自天降嘉谷之种以为农殖之需，稷之神性于此可见。《书·吕刑》云：'稷降播种，农殖嘉谷'，此之谓也。"③稷是播种百谷的农神，叔均是稷的侄儿，他们是一个种植百谷的神圣家族，通过帝俊、后稷、叔均三代大神的努力，百谷最终遍播人间。谷物是草本植物当中的精华，是人间最好的东西之一，也都是从天上来的，是天神赐予的。应特别提出的是，太阳神帝俊是后稷之父，那么后稷是受其父的派遣而降处人间种植百谷的。"稷降以百谷"一句，按袁珂先生的说法是后稷降下百谷，我们可否理解为后稷在自天

---

① 袁珂：《山海经校注》，上海古籍出版社，1980年，第430页
② 同上，第359页。
③ 同上，第392—394页。

而降的时候，是随身带着百谷呢？如果这样，那就是太阳神帝俊同时将后稷和百谷降于人间，或者说，后稷就是谷种本身，是百谷的人格化形象。

那么，"帝"是个什么样的大神，具有什么样性质的神格呢？前文所引的相关神话中，"帝"显然主要是指黄帝，炎帝也偶尔出现于同类故事中，他们两人都是太阳神，同属于太阳神家族，一般认为，"帝俊"也是太阳神。[①]所以不难推知，在古人的观念中，地上的生命都是由太阳神赐予的，太阳高挂天空，发光发热，赐予人类谷物和生存所需的一切，甚至影响庄稼生长的水旱风雨也受太阳神控制。

《水经注》卷三十三引来敏《本蜀论》："望帝者，杜宇也，从天下。女子朱利，自江源出，为宇妻，遂王于蜀。"[②]据学者考证，古江原的核心地带在今崇州、大邑等地，古代这里沼泽遍布。[③]望帝既是人间的王，也是天上的神，他是古蜀大地上最早开展农耕的帝王，文中明确讲述他是"从天下"，而其妻朱利则是从井中出，他们二人相结合的模式暗示我们，由男方带着生命种子，而女方则拥有水，二者结合意味着会化生新的生命。杜宇故事与"青阳降居泜水，昌意降居若水"的表述实际上属于同一神话原型，也符合"种有几，得水则为继"的描述。同时，我们根据"降处"神话不难推测，杜宇既然出现于这个原型模式中，他也就是太阳神的后裔，属于太阳神家族的一员。杜宇死后化为杜鹃鸟，在麦收季节的鸣叫，很可能是将太阳神的精微能量（"几"）赋予麦禾，使其籽粒饱满。

生命种子由男性神从天上带下来，而这个男性神又与太阳神有关，

① 据《山海经》载："羲和者，帝俊之妻，生十日。""帝俊妻常羲，生月十有二，此始浴之。"可见，帝俊也是日月之父。
② （北魏）郦道元著，杨守敬、熊会贞疏，段熙仲点校：《水经注疏》，江苏古籍出版社，1989年，第2771—2772页。
③ 施权新：《江原古城与〈山海经〉》，《成都大学学报》2013年第2期。

反映了古人对生命起源及作物生长、培育的基本认知。《国语·楚语下》："昭王问于观射父，曰：'《周书》所谓重、黎实使天地不通者，何也？若无然，民将能登天乎？'对曰：'非此之谓也。古者民神不杂……故神降之嘉生，民以物享，祸灾不至，求用不匮。'""及少皞之衰也，九黎乱德，民神杂糅，不可方物。……嘉生不降，无物以享……"①"嘉生"即嘉禾，指的是百谷或谷物的种子。在太古时代，"民神不杂"，"神"从天上降下百谷，"民"种植生产后又以之献祭于神。但后世"民神杂糅"了，好的和坏的分不清，就不能识别和培育出嘉禾。

由此可知，生命循环的起点是太阳神降下种子。这些种子是指所有的物种，包括谷种、人种和其他一切生物的种子，当谷物收获，或者人们死去的时候，它们躯体中的精微元素会分离出来，通过太阳神的使者（鸟儿）带回去，这样完成了一个循环。当我们将三洞桥铜勺图像放到这一神话观念的语境中，其作为丧葬仪式的道具及其图像的象征功能才能得到解释。铜勺图像实际上为我们展示了复活与再生仪式片段，而典籍记载为我们提供了考古图像没有表现出来的情节部分，只有将二者结合起来，才能建立一个生命过程的完整图景，相应地，也只有当我们将铜勺图像放置于这个完整图景中，才能深入理解其神话意蕴。

---

① 徐元诰撰，王树民、沈长云点校：《国语集解》，中华书局，2002年，第512—515页。

第四章

儒家神话与蜀地文庙研究

一、四川富顺文庙裸童之谜释解

四川富顺文庙始建于北宋仁宗庆历四年（1044），历经多次损毁和重建，现所存文庙为清道光十六年（1836）由地方士绅萧永升捐资进行修建，历时四年，于 1840 年最终建成。[①]据介绍富顺文庙有"五绝"：即棂星门之高、大成殿之大、孔子像之奇、神龙雕塑之多及裸体陶人之谜。[②]其中裸体童子像位于崇圣祠屋脊正中的三层宝鼎的第一层中（此"宝鼎"也即崇圣祠的"脊刹"），该童子指天示地，可谓正大庄严，却又身穿肚兜，特别是露出的小小生殖器非常显眼。该塑像是在 1986 年因维修时偶然发现，一当公布即引发广泛关注和议论，除媒体报道外，一些学者也颇感兴趣而欲一探究竟，如伍松乔《富顺文庙：才子之乡的古建珍品》[③]、

---

① 据县志记载，明嘉靖年间曾对文庙进行大型维修，崇圣祠单檐改为重檐，有人推测作为脊刹的宝鼎即应为此时所安，里面的塑像也应为此时放上去的。本文作者以为当以最近的重修时间为据当更可靠。

② 兰宁宁：《富顺文庙有"五绝"》，《人民日报》海外版 2003 年 12 月 9 日。

③ 伍松乔：《富顺文庙：才子之乡的古建珍品》，《巴蜀史志》2017 年第 1 期。

刘丙文、醉舟《富顺文庙"裸体童人"之谜》[①]等，都集中对裸童作了探讨，陈德述研究员《富顺文庙裸体男童塑像之谜探讨之观点综述》一文对各种观点进行了详细论述。[②]对于裸童塑像，或谓孔子幼年之形象，或曰乃匠人之恶作剧，有指其为老庄学派渗透儒家所产生的"天体崇拜"，有的认为童子指天示地表示不忘父母恩，还有说是生殖崇拜、"三教合一"的产物等等，各有其理，但细究各种观点，仍然感到材料虽广而论证不足，或证其一面而不及其余，贯通性不够，是故直到目前，富顺文庙的裸童塑像仍被视为"巴蜀之谜"。更为奇特的是，民俗学家在调查中偶然发现，四川渠县任家乡兴武村二组有一座贾氏节孝牌坊，"圣旨"二字下面居然雕刻着一个裸童形象，也是右手指天、左手指地，身穿肚兜，下身赤裸露出生殖器[③]，简直是又一个"巴蜀之谜"[④]。几乎是同一个形象，却出现在两种迥然不同的语境中，又该作何解释？

图一 富顺文庙崇圣祠脊刹宝鼎中的裸童

---

① 刘丙文、醉舟：《富顺文庙"裸体童人"之谜》，《新西部》2002年第1期。
② 陈德述：《富顺文庙裸体男童塑像之谜探讨之观点综述》，《中华文化研究通讯》2004年第2期。
③ 据渠县县志记载，该牌坊是清道光二十三年即公元1843年为表彰19岁守寡尽孝至83岁去世的贾氏，由皇帝降旨修建的。
④ 参见郭岩婷：《清代巴蜀贞节牌坊及节烈女性的民俗学阐释》，四川师范大学硕士论文，2011年。

图二　四川渠县任家乡兴武村二社贾氏节孝坊，采自郭岩婷：
《清代巴蜀贞节牌坊及节烈女性的民俗学阐释》，硕士论文

　　"指天示地"童子图像源自佛教，在华夏大地的传播、演变已接近两千年的历史，对于这样复杂的文化现象和象征体系，史学的、文学的或其他单一的阐释方法可能都无法取得满意的效果，所以我们欲将其放在更为广阔的社会文化背景中，尝试以故事母题、神话功能和象征结构等三个方面的探讨、在多维视角中构成本文的分析框架，期望对此"巴蜀之谜"的破解稍有推进。

（一）故事母题："送子"神话的中外融合与古今流变

　　"母题"（motif）是一个外来词汇，原为民间故事研究的概念，后来逐渐借用到包括神话、文学等几乎所有叙事研究中，有人将其解释为"最小的叙事单位"，有人把它视为"原型意象"，也有人认为它与"象征""主题""题材"等的意涵相同，可以说这是一个用得极为广泛，但争议也非常多的文学和文化概念。本文认为，故事中的形象、题材和主题等，作为故事中核心的"情节单元"或"故事要素"，它们构成了故事中的主要构思成分，都可视为"母题"，并成为故事分析的基本单

位。^①"母题"研究既可帮助我们透视特定叙事中的形象和结构，也提供了中外文学与文化之比较研究的基础。

富顺文庙裸体陶俑像源于佛陀降生故事。佛陀降生的具体情景在汉译佛经中多有描述，如《修行本起经》所载：佛诞生时，"行七步，举手而言：'天上天下，唯我为尊。三界皆苦，吾当安之。'"^② 这个故事的叙事模式在印度和中国都具有某种范式意义和原型价值，各地不少佛传故事及图像都以之为核心题材。佛经故事从原典的翻译到口头传承，在华夏大地产生了广泛影响，中国境内早期的佛教传播中最为普遍的形式可能是各地的石刻艺术，如云冈石窟至今仍保存有树下诞生、七步宣言等故事画，敦煌莫高窟第 290 窟对此也有极其生动的表现。据统计，巴蜀石窟中现存的婴孩形象三百余身，以川北的巴中、大足等地最多，在众多的婴孩形象中，与宗教语境贴合最为紧密的当数释迦牟尼初生像，例如江津石佛寺第 2 号九龙浴太子龛、大足宝顶山大佛湾第 12 号《释迦降生图》与《九龙浴太子图》、泸州玉蟾山《九龙浴太子图》及剑阁觉苑寺一幅包括了树下诞生和九龙灌顶情节的图像，分别创造于北宋、南宋及明代，^③ 遍境石刻表明了佛教在巴蜀的民间传播也是长盛不衰。除了摩崖石刻外，该题材还有各种绘画表现，据《历代名画记》所载，两京地区的一些佛寺绘画多有佛本行佛传经变，再如藏于日本的"摩尼诞生图"，藏于大英博物馆的幢幡图像，及据传为吴道子所绘的"送子天王

---

① 美籍华人学者丁乃通、中国台湾学者金荣华教授等，都建议将 motif 一词改译为"情节单元"或"故事元素"。参陈建宪：《中国古代神话的母题：神祇与英雄》第一章"神话与母题"，生活·读书·新知三联书店，1994 年。弗莱的解释是："motif 指那些反复出现的构成主题的成分，如词、形象、象征、词组及行动等。"他认为"母题"即"原型"，是比"主题"要小的单位，这些单位主要包括题材、情节、意象等。见［加］弗莱著，吴持哲编：《诺斯洛普·弗莱文论选集》之《虚构的文学与神话的移位》一文及其注释部分，中国社会科学出版社，1997 年。

② 东汉竺大力译：《修行本起经》卷上，见《中华藏》第 34 册，第 426 页上。另，据《太子成道经》载："是时夫人诞生已了，无人扶接。其此太子东西南北，各行七步，莲花捧足。一手指天，一手指地，口云天上天下，唯我独尊。"

③ 董秋雨：《巴蜀石窟婴孩形象艺术研究》，重庆大学硕士学位论文，2018 年，第 18 页。

图"等。据信,至迟在南宋,寺院中已有浴佛的固定仪式,[①]说明这个题材已从文字叙事、口传故事和绘画表现进入仪式行动的领域。

在这类降生故事中,佛陀是作为一个神话英雄被塑造的,其父亲的作用显得微不足道,而且其母不是通过正常渠道生下婴儿的,悉达太子从母亲的肋骨神奇地诞生,并且她生下孩子七日后便去世了,所以摩耶夫人这个母亲也不过是属于"容器"性质,因此该故事可以归入"神祇的诞生"这一母题类型。但值得注意的是,这个故事据传被吴道子通过绘画加以表现,后来五代南唐画家曹仲玄在画上题写了"送子天王图"几个字,一般认为画中内容是净饭王抱着婴儿去拜见大自在天的情形,因此我们基本可以断定这幅画的主题是"送子",表现了印度最高创世大神对人间帝王的"恩赐"。这幅画具有相当的代表性,表明了印度的故事原型流传至中原并在本土化后发生了"变异",绘画主题强调了佛陀是至高之神"赐予的"(这与中国传统神话中的"感生"母题有一定可比性),因此我们可以将其概括、命名为"送子"母题。[②]也即是说,印度原产地的故事讲的是一个神话英雄的神奇诞生,到了中原后转换为"送子"母题了。

中国传统历史文化中也有一个著名的"送子"故事,就是"麒麟送子"(这个故事最初涉及的是圣人与麒麟的类感关联,后来才发展出"麒麟送书",再后来又有了"麒麟送子")。在儒家神话中,麒麟、凤凰都与圣人密切相关,如《公羊传》《史记·孔子世家》《孔子家语》等典籍里都记载有神话动物麒麟与孔子的关联。在这类故事的原始型里,其核心情节为"西狩获麟",表达的是圣人生不逢时的伤时悲世之感,但后来典籍中的叙述逐渐有所改变,王充在《论衡》中描述孔子诞生前,有

① 参见王媛媛:《日藏"摩尼降诞图"再解读》,《西域研究》2014 年第 3 期。
② 杨利慧、张成福编著:《中国神话母题索引》,陕西师范大学出版社,2013 年。书中所列110 型为"神祇的诞生"母题,并提到了艾伯华 52 型"神奇的诞生"和汤普森 A112 型"神的出生",该著收录的 114 型为"神的不同寻常的出生方式",并未命名"送子"母题一类。

麒麟吐玉书于家院。东晋王嘉《拾遗记》进一步丰富其细节：夫子未生时，有麒麟吐玉书于阙里人家，文云："水精之子，系衰周而素王。"据明朝天启年间编写的《巨野县志》所载："巨野东南金山下焦氏山产麒麟，孔子未生时，麟衔玉书至阙里，其文曰：水精子继衰周而素王。颜氏异之，以绣绂系麟角，信宿而去。怀妊十一月而生孔子。遂改焦氏山为鳞山。"[1] 可以看出，这个故事中已有"恩赐""送子"的含意在内了。[2]

作为大传统文化层的象征符号，麒麟向来便属于"四灵"范畴中的神圣动物，而且曾经很可能比其他灵物更受崇拜，在传统神话空间的方位模式中，青龙白虎朱雀玄武占据东西南北四方，麒麟则居于中央。据考证，麒麟的原型是麋鹿之类，鹿类家族品类较多，与大象、犀牛、猪等皆生活于疏林草泽地带，而这种地方也是人类的宜居之地。[3] 这里水草丰茂、鲜花盛开，吸引了大量食草和食肉动物，是能量富集之地，而聪明的人类也会循迹而至，获取支持生命的食物。所以动物的脚印总是意味着生的希望，远古人类因而对动物踩出的蹄印生出崇拜之心。我国遍布各地的岩画中多有所谓"杯状穴"印迹，或以为其乃女阴崇拜的符号，但联系到考古界发现的大量汉代制作的动物蹄趾状黄金制品（考古界将其命名为"麟趾金"或"马蹄金"），颇能说明对动物脚印的崇拜一直存在，而中国古代很发达的感生神话也可能与之存在关联。[4]

---

[1] 转见侯仰军：《从真实到传说：麒麟的故事》，《民间文化论坛》2012年第6期。

[2] 弗莱曾提到，"一个母亲很晚才生下一个儿子，以至于这样的分娩成为一个奇迹，或者起码可以说是一个特殊的恩赐。"见［加］弗莱著，郝振益等译：《伟大的代码——圣经与文学》，北京大学出版社，1998年，第237页。

[3] 王永波：《也说"麒麟"》一文指出，古籍中所载获麟的地望多在河岸、湖边和多水草的山间盆地，见《文史知识》1992年第5期。

[4] 在古老信仰中，麒麟作为麋鹿类动物有滋茸报春的神奇本领，被视为春的使者，正如青蛙是雷神的使者或助手。不仅如此，作为神圣动物，麒麟等还可能被视为万物的本源，《礼记·乡饮酒义》云："产万物者，圣也。"可资比较的是，佛教的大自在天原为古印度神话中的男根，即生殖神，万物皆为其所生，世间的水是他的尿，山是他的粪（参见刘世军、黄三艳：《〈送子天王图〉图像人物考》，《艺术探索》2010年第1期）。可见在中印原始神话中，大自在天和麒麟都具备赐予新生命的神圣能量。

《诗经》有《麟之趾》一篇，比喻子孙多贤、宗室兴旺，麟趾成为贵族家庭兴旺的瑞兆，古人常称赞人家的孩子为"麒麟儿""麟儿"或"麟子凤雏"，都跟麒麟作为神话动物有关。龙凤龟麟与圣人分别被视为"五虫"之长，具有同等的神圣性，它们的象征价值也是相通的，尤其是麒麟和圣人二者之间更具等同的神格。《吕氏春秋·应同》篇云："覆巢毁卵则凤凰不翔，刳胎焚夭则麒麟不至，干泽涸渔则龟龙不往。"① 《管子·封禅》篇云："今凤凰麒麟不来，嘉谷不生。"② 《淮南子·本经训》亦云："刳胎杀夭，麒麟不游。"③ "四灵"与圣人皆为天地间的神物，是太平盛世的瑞应，存在类感相生的关系。④ 在神话叙事中，麒麟与圣人、孔子之间的隐喻关系构成了弗莱所谓的"同一性单元"⑤，形成了神话原型，并由此构成了一个象征资源的宝库，成了大、小传统中相关的文化想象力的深厚基础，不但精英的儒家集团不遗余力地利用和发挥这个题材，其实文化小传统的平民阶层也不失时机地对之加以运用。韩愈《获麟解》写道："麟之为灵，昭昭也。咏于《诗》，书于《春秋》，杂出于传记百家之书，虽妇人、小子，皆知其为祥也。"⑥

需要强调的是，麒麟故事在流传过程中发生了明显的演变，在大传统的典籍记载里原本是圣人与麒麟的类感关系，后来演变出"麒麟送书"，而最终又演变为小传统中的"麒麟送子"。其社会背景应该是因宋

① 许维遹：《吕氏春秋集释》卷第十三，中华书局，2022年，第286页。
② 颜昌峣：《管子校释》，岳麓书社，1996年，第410页。
③ 张双棣撰：《淮南子》上，北京大学出版社，2013年，第815页。
④ 《孟子·公孙丑》云："麒麟之于走兽，凤凰之于飞鸟，泰山之于丘垤，河海之于行潦，类也。圣人之于人民，亦类也。"但这些神物之间还有一层横向的类感关系，孔子作为圣人认同于凤凰和麒麟等，将其视为跟自己具有共生关系的神话动物。同样的类感相生在佛教中也存在，佛经《因果经》卷一云："当尔之时，诸释种姓亦一同生五百男。时王厩中，象生白子，马生白驹，牛羊亦生五色羔犊，如是等类，数各五百。"《瑞应经》卷上亦云："太子生日，……厩生白驹及黄羊子。"
⑤ 弗莱解释为"两件事被说成是一码事却又保持其双重性"。见［加］弗莱著，吴持哲编：《诺斯洛普·弗莱文论选集》，中国社会科学出版社，1997年，第144页。
⑥ （唐）韩愈：《韩昌黎文集注释》上册，三秦出版社，2004年，第60页。

代科举考试眷录制度的确立，标志着人才选拔和阶层流动体制的建立和成熟，打开了庶民的上升通道，打破了原先僵化的贵族体制；相应地在象征领域，很可能也带动了麒麟隐喻的适用范围的扩展和下移。必须提到的是，庙学合一的文庙建筑体制也同时出现于宋代，为平民子弟提供了学习之所和进身之阶。上面这些因素也许共同推动儒家圣贤文化的象征符号进入小传统社会，因此包括文庙在内的相关象征形象注入平民的审美情趣和心理要素，是必然的结果。在宋元以后，"麒麟送子"故事的母题和相应的图像叙事得到广泛传播，在民间工艺美术如剪纸、雕刻、金银工艺、版画等多有表现。①

传统文化中对神仙送子可谓具有深沉的情结，除了"麒麟送子"，民间崇拜中还有"送子观音""送子娘娘""八仙送子"，包括佛教故事中的"化生童子""莲花童子"等，无不表现了人们对"多福多寿多男子"的强烈愿望。在传统农业的经济生业模式下，需要更多的劳动力才能收获更多的农作物，因而生子就是创造、积累财富的主要手段。②"麒麟送子"图像多为童子骑麟，并抱莲持笙，麒麟角上挂书等③，也有麟背上坐着五个童子，将麒麟神话与"五子登科"关联起来了。有学者收集到北京地区麒麟送子的一幅剪纸图像，麒麟半鳞半毛，上面坐着一只肥大的母猪，抱着数只猪娃。④另外，民间信仰的送子娘娘、注生娘娘跟麒麟送子这条线索也产生了结合，有的图像中麒麟还成了送子娘娘的坐骑。

"麒麟送子"故事是"麒麟送书"由大传统向小传统下移的成果，它必然与本来就广泛流传于民间的佛陀降生故事相遇并产生融合。有研

---

① 胡懿勋:《中国古代人物画女性与儿童图像谱系研究》，东南大学博士论文，2005 年。
② 笔者注意到，即使在当下的中国社会，民间也还信奉二胎生男就能发家致富、改换门庭这样的逻辑。
③ 宋康年:《清代麒麟送子图青花罐》，《收藏界》2010 年第 12 期。
④ 谷利民:《从麟吐玉书到麒麟送子》，《装饰》2015 年第 6 期。

究者注意到，代表佛教经典义理的"化生童子"典故与纯粹属于中国古老传统思想中延续生命意象的"麒麟送子"故事这两条不同脉络的图像系统，在濡化和同化作用下，于明清时期发生了合流，而演变出民间流行的"莲生贵子"系列图像。①

无论是文字叙事、口传叙事还是图像叙事，佛陀诞生故事由外到中、孔子诞生故事则从"大"到"小"（或自"雅"入"俗"），分别经历传播演变，同时又互相影响，形成某种融合，最终以民众"喜闻乐见"的形象出现，这应是富顺文庙崇圣祠屋脊上裸童形象的社会文化大背景。这个背景中包括了儒释双方既竞争又融合的互动关系，佛教在传播中有向儒家价值观靠拢的明显迹象，如对孝道的宣传；同时儒家往往也借助佛家故事的主题、题材、意象等。同一个母题，中印双方的故事本来就相互辉映，如释迦太子乘白象与中国童子乘麒麟、七步宣言与七步作诗、步步生莲与连连高升、连生贵子等，包括入梦受胎、瑞应频现等，在中国都有对应的故事和情节，所以相互借鉴也是顺理成章的。

佛教故事及其传播方式深受民众欢迎，其信仰早已扎根于民间，文庙建筑中借助佛教的象征形象理所当然，而且对民众的影响效果上考虑更是明智之举。中国历史上长期存在三教竞争的情况，而且历来是儒不如道、道不如释，一些地方出现的"三教堂"直接将三家大神放在一起膜拜，但庙堂却多半是佛家的，说明佛教在一般平民社会存在强大的信仰基础。相比而言，儒家却一直显得比较"高冷"，读书做官毕竟是一座独木桥，往往只是那些发了财的地主特别热心的一件事情，普通农家面临的更为现实、更为琐碎的困境往往需要借助佛家才能获得精神援助。关键是佛教在东方化、中国化、本土化方面也做得非常用心，如前所述，在佛陀诞生的故事情节和太子形象的多种细节上都做了适应我们民族接受心理的改编、修订。可以说，原产于印度的神话原型在传播过

① 胡懿勋：《中国古代人物画女性与儿童图像谱系研究》，东南大学博士论文，2005 年。

程中确实借助汉文化元素实现了恰当的"置换变形"。

富顺文庙裸体童子的造型取材于印度的原始故事，但身穿肚兜，露出"小鸡鸡"，又是十足的本土元素，神圣性、严肃性与趣味性、世俗性融为一体，将原本属于"神祇的诞生"的母题改造为"神仙送子"的母题，将佛子出家的主题转变为民间生育信仰、孝道观念等，充分显示了本土文化、在地文化因素的情趣和魅力。总之，这个裸童的造型虽然源自佛陀，但已本土化为孔子，或者说，儒家借用了佛家故事中的形象，来实现自身的象征目的。

（二）神话功能：脊饰的象征效应

屋脊的建筑实用性是在前后屋顶的交接处进行特别的修筑技术处理，以免漏雨及被大风刮翻。一般的民宅屋顶盖瓦，屋脊也用瓦，但屋脊中间部位也有装饰图案，俗称"腰花"；寺庙、宫殿、堂坛等公共建筑物，位于正脊之中央并突出于脊肚上的堆、塑之物，称为"脊刹"。

人类是追求意义的动物，对于自身的居处与活动场所，不仅仅是将其作为遮风避雨之所，还会赋予其神圣意义，以确立宇宙秩序和强调社会规范。埃利亚德说："在世界许多地方，这个世界之轴不是用支撑着其房屋的中心柱便是以称为'世界之柱'的一个个孤立的桩子这种形式具体体现出来的。换言之，在日常住宅的特定结构中，都可以看到宇宙的象征符号，房屋就是世界的成像，因为人们把天想象成由一根中心柱支撑着广大无边的棚帐。"[1] 在许多民居建筑中，修房一般是先立中柱，再立其他柱子，表示立地通天，柱子的顶端是与天界（即神界）相衔接的，而脊梁则是将每一根柱子最高之点连为一体，所以也是凝聚了整栋建筑及家族之"灵"。当一个神圣家族入住，首先要获得"上天"的庇

---

① ［美］米尔希·埃利亚德著，宋立道、鲁奇译：《神秘主义、巫术与文化风尚》，光明日报出版社，1990年，第32页。

护，因此自然也需要有一种"通天"的象征物。山东武梁祠出土的画像石有兽纹脊刹，遍布全国的佛寺则常以莲座与宝珠为脊刹。台北孔庙的大成殿屋顶有一对圆筒，叫"藏经筒"，又称为"通天柱"①。有学者注意到，闽台地区文庙屋顶正脊的常见装饰题材为：双龙戏珠、双龙护塔、通天筒、双龙与葫芦等，如台南孔庙大成殿的脊刹就是双龙护塔。②另有研究者总结指出，长江以南地区的民俗好以鸟为脊饰，而庙宇屋顶上常见脊刹、护刹的主题样式则包括：宝珠、宝塔、葫芦、宝瓶、人物、麒麟负八卦、二龙护珠等等。③

其实，在远古人类的经验世界里，具备"通天"的神圣本领的莫过于鸟，所以较早的脊饰是以鸟为主流的。传统神话中太阳里面住着三足鸟，仰韶文明时期的彩陶图案中常见到鸟负日图案，大汶口出土了著名的日鸟山图案，成都金沙出土的"太阳神鸟"金箔图案即为四只鸟托着一轮旋转的太阳，河姆渡出土了双鸟朝阳象牙雕饰蝶形器（也称"鸟形器"），等等。鸟不但是太阳的使者，有时也是太阳本身，它代表了光和灵，为人类带来生命的种子，同时将人类的灵魂携到"天界"从而获得再生。房屋是一个缩小了的宇宙，是世界的中心，既接收天地的能量，同时是居住者的祖灵升天之处。现藏纽约博物馆的汉画像石上的建筑物图案有凤鸟脊刹，三星堆出土的"摇钱树"的树巅上也立着数只凤鸟。人死后的地下世界也模拟其在世时的情景，古越民族有"魂屋"或"鬼屋"，如绍兴 306 号越墓出土的铜屋模型就是典型的招魂屋宇，屋顶矗立着图腾柱，柱头是招魂鸟——长尾鸠。良渚玉器中，有三个在凸形台上站立着长尾鸟的造型，其中一个凸形台下刻着一弯新月，另两个凸形台上竖着连珠柱，鸟立柱头。有学者研究认为这种凸形台其实就是魂屋

---

① 一种说法是古时读书人为了把经书保存下来，就盖了个像烟囱一样的藏书筒，避免被烧毁；另一种说法是朱熹用来表达对孔子的尊崇，只有孔子的思想可以上通天意。
② 薛冰琳、袁琳：《浅议闽台文庙建筑的脊饰艺术》，《探索发现》2018 年第 10 期。
③ 王永志：《闽南、粤东、台湾庙宇屋顶装饰文化研究》，华南理工大学博士论文，2014 年。

符号。^①人们看到鸟能飞越天空，自然赋予其通天的本领，所以脊饰中理所当然地以鸟为通天的象征符号。

但脊饰除了要具备通天的神话功能，还要满足防火的神话功能。鸟具有通天的本领，却又是火（或日）的使者，故其在象征效应上两者不能兼顾，甚至有明显抵牾。

对于公共建筑来说，能够长远保存当然是人们最大的愿望，历史上的古建筑除了年深月久自然倾颓之外，主要还是毁于兵燹或者平日的火灾，后者更加令人触目惊心，所以宫殿庙宇将防火作为第一要务。宋人所著《营造法式》中郑重其事地提到："殿屋之为圆泉方井兼荷花者，以压火祥。"又提出"东海有鱼虬尾似鸱，鼓浪即降雨，遂设象于屋脊。"为了避免遭遇雷击而发生火灾，有的屋脊上还设一根小木柱，名曰"雷公柱"。^②许多庙宇建筑的主殿用"龙吻脊"，其象征功能即为避火，如寺院的大雄宝殿、玄妙观的三清殿、孔庙的大成殿等，而一般的副殿建筑则用"鱼龙吻脊"（正脊两端塑龙头鱼尾）。另外，屡见于屋脊的"蚩尾"或谓"鸱吻"，被认为是水之精，后者还被认为是龙的儿子，喜欢在险要处东张西望，其主要本领是善于吞火。

据《唐会要》载，汉代的柏梁台已有"鱼虬尾似鸮"之类的东西，其作用是"避火"。但汉代原来盛行以鸟为脊饰，比如现存的汉代高颐阙，其脊上就镌刻着一只鹰，口衔组绶。四川新都区画像砖的武库图，正脊和垂脊均为板瓦垒就，正脊两端起翘，脊刹为一只凤鸟。河南淮阳出土的东汉陶楼，其脊饰为"凤衔天书"图像。^③据载汉太初元年（公元前104年）柏梁台被焚，于是有越巫献言，说是海中有鱼虬，尾似鸱，激浪即降雨，"遂作其像于屋，以厌火灾"（《汉纪》）。^④在东汉的陶

---

① 王政：《魂屋考》，《民族艺术》1996年第4期。
② 蒋博光：《故宫太和殿最秘密的"压胜"》，《古建园林技术》1995年第1期。
③ 陈振耀：《简述汉画建筑脊饰的文化意象》，《东方艺术》2005年第6期。
④ 转见吴庆洲：《绚丽多彩的中国传统建筑脊饰》，《装饰总汇》，1994年第4期。

楼脊饰中，已可见到鸱尾的造型，说明鸱尾取代象征火与日的朱雀或凤鸟，即发生于汉代。"鸱""鸱鸮"或即猫头鹰，在神话象征里它是跟水、容器（尤其是陶罐）、女性、夜晚等联系在一起的，也是主水的象征符号。从历史看，由汉至唐再到宋，鸱尾一直沿用千年，至中唐时出现了张口吞脊的"鸱吻"，到了清朝，鸱吻又演变为龙吻。

另外，屋脊装饰中还常出现一种叫"摩羯鱼"的造型，该造型源于印度，是鱼、象和鳄三种动物的复合形象，它被认为是河水之精，乃生命之本。

无论是鱼吻、鸱吻还是龙吻，神话思维中都是以水压火的取象，屋脊两端的水神造像做出张口吞脊的样子，似乎要把整个屋脊吞入肚腹中，也就是将其置于水的包裹下，从而使火不得近，因此，屋脊装饰由汉代以前的鸟为主流转变为鱼龙为主流就很好理解了。据学者调查，明清以后，岭南地区的屋脊装饰多为龙饰，此为经典造型，当然也不排斥大众化题材，神话传说、民间故事、历史典故、仙山楼阁等，乃至花草、瓜果，皆竞相登上屋顶。①

脊饰在民间习俗和信仰中也表现出明显的水神崇拜倾向。山东西南一带盖新房时，总要在房脊正中用砖瓦堆砌一个像庙一样的小小屋子，当地人叫"屋脊楼子"，说是给姜太公住的。姜太公因忙于拜将封神，反而忘了给自己留个神位，玉帝授权于他，凡所遇到的不管什么神都比对方大一级。屋脊上用九块板瓦做成太公座，取五湖四海之水免除火灾之患的意思。②云南很多地方的民居在山墙上画上龙纹，因为龙主水、克火，当然也还有画凤、鹤及麒麟的；而不修砌山墙的歇山式屋顶则于其侧悬挂"悬鱼"③。

富顺文庙崇圣祠正脊上的"塔式宝鼎"其象征功能自然不外乎通天

---

① 吴庆洲：《绚丽多彩的中国传统建筑脊饰》，《装饰总汇》1994年第4期。
② 杨兆麟：《原始物象》，云南教育出版社，2000年，第158—159页。
③ 同上，第297页。

144

通神和镇宅避火。对于前者，屋脊本身就是天地之间的自然界限，也是人间与神界的界线，因而出现于屋脊的神圣符号是要实现沟通天地、阴阳、人神、上下的作用，如果以塔为脊刹，一般来说塔尖要高过其他部分，富顺文庙的"塔式宝鼎"应是在塔的基础上稍有变化，之所以成"鼎"形而不是直接做成"塔"形，应该是特意为裸体童子留下空间位置，因此我们看到的是塔与鼎的混合形制。

那么屋脊上的宝鼎与裸童又是如何实现防火的象征功能的呢？先看看孔子本人及其神话象征物麒麟的性质。《拾遗记》载，有麟吐玉书于阙里人家，文云："水精之子，系衰周而素王。"原来文庙建筑要使用避火的象征符号，其实可以"就地取材"，不必远求于东海中的大鱼，也可以不借助无处不在的神龙，因为孔子作为"水精之子"，本身就自带水神的神格。而且麒麟作为圣人的"代言者"，直接放在屋脊上也完全能够实现其象征效应（的确有庙宇屋脊安放麒麟的情况）。

由此可以判断，孔子作为圣人本身具备沟通天地的神圣能力自不必说，他作为"水精之子"，还有避火的象征功能，这两大功能同时具备，足以让我们判断富顺文庙裸童的身份就是孔子本人。虽然"指天示地"的形象采自佛陀降生故事，但是该童子的身体上已经打上了"中国元素"的明显标记，整个裸童就变成了"国产版本"的圣人形象了。

（三）象征结构：想象框架与象征配置

在如何解释富顺文庙的裸童形象这一问题上，不少学者实际是在下意识的预设中将其当作指示性符号看待的，因此探索的方向在于寻找这个符号所指向的外在世界的某个具体的对象，纠结于裸童与孔子本人之间简单的指代关系，没有从象征符号内在结构的角度探寻其可能的丰富内涵。

就佛陀出生故事而言，我们可以将其视为一个由各种情节和形象组成的具有特定结构的系统，在这个系统的印度原型中，其核心部分确实可以概括为"神祇的诞生"。在神话中,一个圣人的诞生对整个人类来讲都是一件大事,因为他将拯救万民、拯救世界,他所带来的信仰的力量会战胜苦难、消除混乱,随着他的降生,人类所期待的富足、祥和即将到来。这样一个核心价值或主题取向为叙事规定了"概念化"的方向,所有的故事元素都必然为适应这个核心思想的要求而被"安排",从而形成了特定的故事形态和象征结构。从情节看,这个故事包括降生选择、入梦受胎、摩耶说梦、太卜占梦、出游观花、树下诞生、七步宣言、龙浴太子、瑞应频现及仙人占相等十多个片段,这些片段包括一些细节都是整个故事的有机组成部分,其中又以"七步宣言"为核心场面,为了特别渲染烘托该场面的氛围,有的故事中还添加了大地震动、佛陀作"狮子吼"等细节。

在汉化后的佛陀诞生故事中,其中一些细节产生的某种程度的"变异"显得颇有意味,如"入梦受胎"这一情节,佛经原典中是菩萨变白象降下投胎,而中原地区则表现为其乘白象入胎。[①]再如北魏时期雕像中有三处七步场面中,太子均着犊鼻裈,当然也有其他雕刻直接表现为裸体童子的;但在陕西蓝田水陆庵的佛传故事中,"出胎"塑像做工精细,就连小小的生殖器都清晰可见。[②]"龙浴太子"情节中,有的表现为空中二龙降下冷暖水流洗浴太子,也有一龙灌顶、九龙灌顶的。[③]另外,不被佛教重视的孝道观念[④],却在佛陀降生故事的东传过程中得到凸显,

---

① 明代印制的《释氏源流》采取左图右文的形式,其中"摩耶托梦"画面中,摩耶夫人支右颐卧于榻上,其上方云气中童子乘白象而来。

② 丛锐奇:《陕西蓝田水陆庵"降生"主题壁塑构图初探》,西安美术学院硕士论文,2012 年。

③ 印度的灌水场面没有发现龙的造型,龙出现在犍陀罗、新疆、中原北方地区,且中原北方比较固定地表现为九龙灌水,与新疆多龙灌水也有所不同。参李静杰:《北朝佛传雕刻所见佛教美术的东方化过程——以诞生前后的场面为中心》,《故宫博物院院刊》2004 年第 4 期。成都万佛寺出土的佛教造像中,有一件造像碑即为一龙灌顶图像。参见王慧慧:《佛传中的洗浴太子:从经文到图像的转变》,《敦煌研究》2014 年第 6 期。

④ 按印度原版故事中太子生后七日其母即死,这样"子生母死"的孩子在中国传统文化中是被认为"尅母"的,所以这个情节与华夏传统的孝道是抵触的。

如敦煌莫高窟第290窟中就将此主题加以扩展。我们看到，在新的情节叙述和象征符号的重新配置中，故事的原型发生了某种"变异"，故事的重点和重心发生了转移。其中有些情节被淡化或忽略，比如佛陀从摩耶夫人的肋骨出生，龙所吐水为一冷一暖等；有些情节得到了修改，如菩萨变为白象入胎变为其乘坐白象入胎；还有一些情节则受到特别的扩展和强调，如瑞应的详细介绍；更有一些情节则是新增和凸显，如孝道，在汉化故事中简直获得了独立的地位，再如刚诞生的佛陀形象由穿犊鼻裈或裸体，到后来发展到穿肚兜并有醒目的生殖器展示……这些应该都是经过深思熟虑完成的渐变，而绝非忽发奇想的向壁虚构。最终，因为情节的增减、主次的调整、细节的重新安排等，一个"神祇的诞生"故事转换成了"神仙送子"故事。弗莱曾提及，"无法说清一部作品的细节要经过多么大的变化才出现另一个不同的主题"①，"送子"神话故事在这里为我们提供了一个案例，即一个母题是如何通过改编其细节和重新配置象征符号而改变故事主题的。

我们看到，无论是"天王送子"还是"麒麟送子"，其想象力都遵循或借用了传统模式的结构原则，在这个结构里，故事主人公形象反映的是谁，他姓甚名谁已经是次要的了，重要的是其行为、言语，及他的伴生与伴随之物，这些因素共同形成一个想象框架。富顺文庙崇圣寺屋脊上的裸童形象也当作如是观，它并不是按照历史上真正的孔子或释迦牟尼的面貌来塑造的，这个形象作为象征符号只是叙事结构的单位，从塑像的面貌身材上根本无法看出它更像孔子还是释氏。所以必须把它放到故事的形态和象征结构中，探索其编码特征。②

---

① ［加］弗莱著，吴持哲编：《诺斯洛普·弗莱文论选集》，中国社会科学出版社，1997年，第116页。
② 孔子与佛陀一样被视为圣人，这首先体现在他们的象征配置上的共同之处，佛陀身边出现的白象和龙等神话动物与孔子身边的凤凰、麒麟等具有可比性，是他们作为"圣人"的标记性符号。有所不同的是，史籍所记载的孔子作为圣人的出场，是一个老年的智者形象，满怀悲怆地谈及"天命"。

弗莱指出，神话的社会功能包括两个方面："一是以人们的关切为出发点而建立起来的一部宇宙观，同时凡是执政的当局或善于施加压力的集团也很可能利用它，并从自身利益出发去解释它。"① 文庙是以大成殿为核心的建筑群，万仞宫墙、棂星门、泮池等无不表征了其神圣性，其庙学合一的建筑规制，又体现了这个学习圣地并非以纯粹的知识为追求，而更是人格养成之所。崇圣祠由原来的启圣祠演变而来，祭祀孔子五世祖先，明显将孔子放到了一个家族的世代系列中，突出了一个"人伦"概念，而这个"伦"既是家族世系，也是国家秩序的基础。富顺文庙还因为地方面积不够，将明伦堂与崇圣祠合而为一（这也是其他许多地方文庙解决地理面积狭小的办法），前庙后学，家国一体，间接暗示了学习的基本目的是明道、明伦。

从文庙建筑与其他各种象征符号的配置上，还可以看出这完全是一个男性权力所主宰的空间，女性被彻底排除在家国秩序之外，尤其是崇圣祠中祭祀的皆是孔门圣贤们的父辈。比较有戏剧性的是，"昔孟母，择邻处"的故事虽广泛传播，但受祭拜的是名不见经传的孟父，孟母却没有资格跻身于庙堂。崇圣祠显示了一个父权崇拜与男性继嗣原则合一的象征结构，包括孔子这个圣人在内，都被嵌入这一伦理链条当中，他也是人伦世系中的一环。因而崇圣祠脊刹宝鼎内的童子，在这个意义上也参与了这样一个家国秩序的建构，其鼎立于屋脊中央正是该秩序的象征，同时对之起到护卫的作用。

总之，文庙建筑物本身及其神圣动物、圣人等所象征和确立的宇宙图式，与现世中男性权力建构的家国秩序，具有结构上的一致性。

渠县节孝坊的象征符号也明显由皇权和男性意识形态所操控，被表彰的妇女只不过徒有虚名而已。从申请到建立牌坊的全过程都是男性操

① ［加］弗莱著，吴持哲编：《诺斯洛普·弗莱文论选集》，中国社会科学出版社，1997年，第241—241页。

办，且受益者也是一家之长和家族中的男性，女性当事人在其过程中一直都是被动的和任人摆布的。在现实中，节孝坊的申请和建成一般都是由读书做了官的人家或发了财的具备相当实力的富户才能实现，牌坊树立于通衢大道，其效果是为男性家族带来荣誉，并成为其炫耀的资本。所以在贞节牌坊的象征符号结构中，被表彰的女性完全不在重要位置上，她的事迹不会得到详细介绍，有的牌坊甚至连其名字也未必出现，牌匾上最显眼的倒是一些代表家族兴盛、代代高中的吉祥图案和文字。渠县贞节牌坊的碑牌结构上刻"圣旨"二个大字，下刻指天示地之裸童，寄寓的是继嗣绵绵、门楣光耀的希望。在这个象征符号配置中，贞节之妇的丈夫已经死亡因而不用"出场"，而亲自生下和养育孩子的母亲也隐退而成为模糊的背景，我们似乎看到了"神祇的诞生"母题的一些影子，但是这个牌坊上的小孩虽然同样指天示地，却无白象、神龙或麒麟、凤凰相配，因而失去了充当圣人的资格，当然就没有"天上天下唯我独尊"的意涵了，保留下来的其实只有"恩赐"与"送子"的主题。所以这个年轻守贞的寡妇肯定没有生下一个圣人，而只是受到在其位的圣人（帝王）的恩赐和护佑，产下了一个"麟儿"，从而保住了家支血脉。

象征人类学大师特纳指出："我们能够看到同一个支配性象征符号怎样在某一类仪式中代表某一个社会群体或一个组织原则，而在另一个仪式里代表另一个群体或原则。"① 同一个象征符号在不同语境或仪式中，是可以表达不同的意涵的。同样的形象，在文庙语境和象征结构中表现的是其神圣性的一面，而在节孝坊上表现的则是世俗性的一面。

---

① ［英］维克多·特纳：《象征之林——恩登布人仪式散论》，商务印书馆，2006年，第45页。

（四）余语

其一，弗莱曾说："神话植根于特定的社会，并为该社会提供一个共享的典故和感受体系。"[①] 随着佛教传入带来的圣人诞生及其演变而来的神仙送子故事，与本土的相关故事经过两千年的交融，广为流传，具有强大的生命力，最终形成了一个内涵丰富、包容性极强且具有鲜明的类型学特征的故事体系，也体现了中国传统文化的思维与隐喻的模式特征，并形成了一套独特的话语系统。马林诺夫斯基曾提醒我们，古老神话流传到后世以文学形式而存在，"经过记录人、评注人、有学问的牧师及神学家之手后，已有了相当大的改动"[②]，即便如此，因为每一种真正的神话都植根于最古老的原始情景中，体现了人类的集体精神和心理，所以虽有改动和变形，其核心部分还是存在并可以识别出来。

无论是源自印度的"天王送子"神话，还是承继于传统的"麒麟送子"神话，都源于对最高的创世大神及其创生力量的崇拜，随着社会分工和阶级的出现，演变为圣人崇拜、帝王崇拜，小传统社会往往会不假思索地接受现成的神话，但在对神话的应用中却有自身的偏好和目的，于是在平民社会的信仰中，偏向于家族继嗣、人丁兴旺的主题。[③]

中国传统社会中长期存在两种话语的竞争，一是以"麒麟送书"为表征，一是以"麒麟送子"为表征。大传统阶层更倾向赋予圣人和书本以超人和超自然的力量，对其加以神圣化、神秘化，并将其所声称的这种力量据为己有；小传统社会则更多地表现出一种世俗的、平民化的愿望，即期望获得个人生活与家族延续的保障：财丁两旺。前者集中体现

---

① ［加］弗莱著，吴持哲编：《诺斯洛普·弗莱文论选集》，中国社会科学出版社，1997年，第55页。
② ［英］马林诺夫斯基：《神话在生活中的作用》，见阿兰·邓迪斯编，朝戈金等译：《西方神话学读本》，广西师范大学出版社，2006年，第244页。
③ 潘光旦：《说"才丁两旺"》一文指出，财丁两旺在民间是一种处世的信仰。见潘光旦：《人文史观》，生活·读书·新知三联书店，2008年。

于文庙的象征系统，后者则可以贞节牌坊为其象征系统的代表。大、小传统的分层体现于它们对象征价值各自的偏爱，但不可否认的是，这两个社会阶层在精神上、心理上往往又是相通的，文庙象征体系利用对圣人和神物的信仰来维持国家秩序，贞节牌坊也是利用同样的信仰祈求家族血脉的延续，于是国有忠臣、家有孝子。孔子是理所当然的圣人，但虽有其德却无其位，而当朝皇帝因在其位而被认为有其"德"①，所以这个"真龙天子"所拥有的神圣能量，与孔圣人相比只会有余而无不及，"圣旨"二字带来的"灵力"将保证有奇迹发生，完全可以庇护这个出了贞节妇女的人家。

　　其二，中国人以实用主义著称，追求现实的功利，在实际生活中往往是见神就拜，能够将三个教派的大神放在一起祭拜的民族是极为少见的。为了保佑自己多子多福，各种神力皆可借用，并无信仰的障碍。杜甫《徐卿二子歌》写道："君不见徐卿二子多绝奇，感应吉梦相追随，孔子释氏亲抱送，并是天上麒麟儿。"②将两派大神直接搬来，无疑是给自己的儿子加了"双保险"。我们看到，包括崇圣祠在内的整个文庙的神话象征，为人们确立了一个以圣人和神物为中心、为男性权力所主导的宇宙图式和家国秩序。从社会文化大语境看，儒家及其背后的皇权意识形态是不会允许异教的象征符号进入和冲击文庙这样的神圣空间的，但是裸童与宝鼎作为脊刹，其所处位置是平常情况下根本无法看到的，所以它又处于整个文庙神圣空间的边缘地带，并非文庙大系统的"关键象征"，而且其具体承担的象征功能主要侧重于保护建筑物本身，这就难免令人产生丰富的联想，即在富顺文庙的设计、建修中，主事者充分考虑和融合了雅俗、大小各个阶层的接受和认同，为将其象征效应发挥到

---

① 《礼记》："德者，得也。"《周易·系辞传》："天地之大德曰生，圣人之大宝曰位。"原典中这些说法的背后其实是源自华夏古老的神话信仰，即圣人是得到了天地之灵力的人。而当今圣上既在其位，则必有其德，这种颠倒的因果逻辑正显示了权威崇拜的"迷思"。
② 《全唐诗》卷二一九，《杜甫》十一。

最大程度做出了努力，因此很可能同时借用儒、佛两派的神力，来获得精神和心理上的安慰（佛陀也同时具备沟通天地和二龙注水的双重象征功能）。包括渠县节孝坊的裸童图像，虽有当今皇上的恩赐和神力保护，但如果再加上佛祖的护佑，岂不更妙？"赐子"或"送子"，一方面表示赐予其恩德的，是一位至高无上的男性圣人，这个寡妇极其不幸地丧失了丈夫，儿子没有了父亲，但他们又得到了全民之父的垂怜；另一方面，这个贞节牌坊未尝不带着苦尽甘来、善有善报的佛教因果报应观念。

从富顺文庙到渠县节孝坊，我们看到的是同一个"典故与感受体系"，看到了对象征符号精致的运用和配置。一个地方政府举其全力修建文庙，不可能任由匠人们自由创作，文庙所用琉璃瓦是向景德镇购买的，裸童陶俑要么是景德镇批量生产，要么是富顺文庙特意定制，但是这个象征形象一旦被创造出来，就会激发一种集体的情感体验和心理效应。考虑到土木工匠往往一起工作，而技艺高超的匠人则名播四方，那么同在四川的两处裸童形象会不会跟同一伙工匠有关联呢？不过这个问题已经不那么重要了。

二、文庙棂星门背后的神话与原型

文庙的建筑格局自成体系，因其庙学合一的规制，我们一般将其定位为一个儒家的礼制展演和读书修身的场所，无论从其建筑群体的庄重富丽，还是其匾额题字的典雅古奥，都体现了庄严性和权威性，无不表现出儒家思想的宏富和伦理精神的规整。史载自唐朝初年即开始设立文庙，到了明清时期，全国各地的文庙达到一千五百六十余座。时至今日，文庙建筑虽然早已成为历史遗迹，绝大多数已遭毁坏，但那些幸存庙宇及其建筑物，仍然带着千古历史的悠长韵味，散发着微茫而又迷人的光辉，比如四川的德阳文庙、富顺文庙，云南建水文庙等，在地方性同类建筑中堪称典范。

（一）“棂星”祭祀的历史渊源

棂星门是文庙建筑规制中一个重要的组成部分，在文庙的整体格局中，它是处于中轴线上的主体建筑之一。一般常规布局中棂星门位置是在泮池之前（当然也有位于泮池之后的）；棂星门所用材质基本为石材，也有极少数是木材的，如四川崇州文庙棂星门即为木构牌楼式建筑；而与其他庙宇墙门的具体样式有所不同的是，棂星门除极少数外，基本都有“透雕”或穿孔花墙，形似窗格。

据说古代皇帝祭天时，即设棂星门为祭。据《宋史》记载，宋仁宗天圣六年（1028）筑郊台之外垣，置棂星门[①]，这恐怕是正史中最早记载“棂星门”的。宋代《营造法式》中提到：“乌头门”即“今呼为櫺星门”；著名建筑学家梁思成在《营造法式注释》中说“到了清代，它（乌头门）就只有‘櫺星门’这一名称”了。[②]另有学者认为，它经历了从交午木—衡门—坊门—乌头门—棂星门的发展变化过程。[③]《礼记·祭义》云：“郊之祭，大报天而主日，配以月。”孔颖达疏：“主日配以月者，谓天无形体，县象著明，不过日月，故以日为百神之主，配之以月……”[④]这里明确指出了祭天仪式的主要对象是太阳，或是以太阳为“首席代表”的天体众星。由于历代帝王都将自身的皇权跟太阳神话挂钩，故棂星门也就跟皇权产生密切关联，比如明孝陵建筑中棂星门即为其重要部分，且棂星门在明、清两代帝陵建制中发挥过先导性的作用。这里我们能明确看到棂星门—皇权—太阳的一体关联性。

另外，古人将天帝座前三星称龙星，其左角为天田，亦称天田星，

---

① 《宋史·礼志·南郊》：“南郊坛制……仁宗天圣六年，始筑外壝，周以短垣，置灵星门。”中华书局，1977 年，第 2433 页。

② 梁思成：《〈营造法式〉注释》卷上“乌头门”，载《梁思成全集》第七卷，中国建筑工业出版社，2001 年，第 169 页。

③ 丁夙斌、李文重：《从交午木到棂星门》，《山东艺术学院学报》2016 年第 1 期。

④ （清）孙希旦撰，沈啸寰、王星贤点校：《礼记集解》，中华书局，1989 年，第 1216 页。

主农事，所以"王者之居象之，故以名门"①。《史记·孝武本纪》载："上乃下诏曰：'天旱，意乾封乎？其令天下尊祠灵星焉。'"张守节《史记正义》载："灵星即龙星也。张晏云：'龙星左角曰天田，则农祥也，见而祭之。'"②《通典》记载"周制，仲秋之月，祭灵星于国之东南"。③古代祭祀灵星以后稷配祀，故又为后稷之代称。《后汉书·祭祀志》载："汉兴八年，有言周兴而邑立后稷之祀，于是高帝令天下立灵星祠。言祠后稷而谓之灵星者，以后稷又配食星也。旧说，星谓天田也。一曰，龙左角为天田官，主谷。"④灵星主宰谷物，对传统农业社会自然具有莫大的价值，而农业生产最重要的当然是雨水。北京天坛是明、清两朝皇帝祭祀天帝、祈求风调雨顺，并报功于天帝的礼制建筑，天坛灵星门柱头上部凿卯口以插云板，云板上刻有云纹，柱顶雕二十四气柱头。可见，龙星也好，天田星也好，或谓灵星也好，它们受到祭祀都跟其掌管雨水有莫大关系；这些资料也表明棂星门原本具有更大的适用范围和极其重要的功能，并非文庙专用。

棂星门进入文庙，据信始于宋景定年间（1260—1264），据清代学者袁枚记载："……其移用之始，始于宋，《景定建康志》《金陵新志》并言圣庙立灵星门。"⑤关于棂星门为何广泛造设于文庙的原因，则有各种说法。有说是棂星又被视为天镇星，而古人认为天镇星主得士之庆，其精下为灵星之神，意味着孔子的教化功德可与星宿相比，或者孔子本人就是灵星下凡；有说是棂星门的门扇由棂格构成，有疏通之义，寓含取辟门求贤之意。正因为棂星门在文庙中具备如此丰富的寓意，所以人

---

① （元）鲜瑄《庙学门记庙》，见（明）杨慎编，刘琳、王晓波点校：《全蜀艺文志》，线装书局，2003年，第1026页。
② （汉）司马迁《史记》（二），中华书局，1985年，第479—480页。
③ （唐）杜佑：《通典礼四·灵星》，中华书局。1988年，第1240页。
④ （南朝宋）范晔撰，（唐）李贤等注：《后汉书》志第九"祭祀下"，文渊阁四库全书本。
⑤ （清）袁枚：《袁枚全集》（伍），江苏古籍出版社，1993年，第289页。

们又称之为"先师门"①。还有学者认为，"灵星门"移入孔庙后才改称为"棂星门"，其形制和文化内涵也都发生了根本的异化，如孔庙棂星门柱顶上不一定设二十四气柱头，取而代之的是云板或五花八门的柱头装饰，或者改用牌楼形制。②其实，就是在儒家的信仰和祭祀仪式中，棂星门也并非文庙专有，据载孟子庙也建有棂星门。可见，棂星门跟文庙形成某种较为固定的关联，作为文庙中的主要建筑之一，是经过了一个演变过程的，而其演变背后的逻辑理路，值得我们深入探讨。

关于"棂"字的不同写法，也是一个值得注意的现象。据统计，四川的文庙中保存有棂星门的有十四座，其中坊心为"櫺星門"者十一座，为"靈星門"者三座（资中、名山、犍为），另外，安岳县文庙"櫺星門"的"櫺"下三"口"作"品"字形。③本来应是同一个字，却出现多种不同写法，而它们之间似乎又不是简单的异体字关系。为什么？有说是孔子不相信鬼神，才把"巫"去掉，后来又省为"棂"字；还有说是最早的棂星门有木制窗棂，故名④；也有学者断言：将灵星门移入孔庙虽得到统治阶层首肯，但人们发现灵星门与孔庙无关，却又不愿将其取消，于是用变通的办法将"灵"字改为"棂"字，即棂星门，棂星是灵星的讹传，棂星门除有棂格外，无历史文化背景，显得十分苍白浅薄。⑤在民间还有一个乾隆造字的传说，因"櫺"字笔画太多，于是乾隆将其下的"巫"省掉，变成了"櫺"。这个现象也说明，人们很早就为这几个"异体字"的存在而纠结，并试图加以合理化解释。

① 李翠：《孔庙之棂星门》，《走向世界》2013年第33期。
② 陆泓：《云南省建水县孔庙棂星门形制分析与探讨》，《古建园林技术》2004年第4期。
③ 四川省文物考古研究院编著：《四川文庙》彩图二四，文物出版社，2008年。该书中指出：后世"灵星"或作"棂星""櫺星"，"棂"（繁体作櫺）当为"灵"之误。第37页。
④ 刘新：《儒家建筑——文庙》，中国建筑工业出版社，2013年，第100页。
⑤ 陆泓：《云南省建水县孔庙棂星门形制分析与探讨》，《古建园林技术》2004年第4期。另，袁枚《随园笔记·棂星门之讹》提出："后以汉灵星祈年与孔庙无涉，又见门形为窗灵，遂改为棂"。

（二）棂星信仰与天空神话

任何一个重要的神话意象或原型，其背后都必定存在庞大的发生基础，这个基础的基底则属于特定的神话学，我们只有将其放到神话学这个整体语境中，追踪其发生之源和演变之流，才可能获得深入认识。"灵星"崇拜和"棂星门"祭祀，肯定源自远古时代的神话和仪式，而这种信仰和崇拜应该说首先涉及"天空神话"。"天空神话"在全球普遍存在，根据让·谢瓦利埃等专家编著的《世界文化象征辞典》的解释："在美索不达米亚地区，在古代伊朗的萨桑王朝，在哥伦布之前的美洲，天青石是宇宙中星星之夜的象征。有一点很重要，在西非一带，一种人造的青色石头具有特殊的意义……这些石头的象征意义和宗教价值，可以从神圣力量的观念中得到解释，因为他们具有天空的颜色，所以它们具有这种力量。"[1]作为广义的中国四大名玉之一，绿松石以其色彩上的联想特征而较早成为天体的象征物，女娲补天的材料说是石头，但绝对不是普通的石头，而应为玉石。《红楼梦》中女娲补天剩下的那块石头到了人间，就是贾宝玉脖子上挂的通灵宝玉，它之所以能够通灵，当然是因为它与天界的关联——它来自天界。国内神话学家指出，据古希腊第一位吟游诗人荷马的史诗所讲述的神话观念，古希腊先民认为天体是用金属打造而成的，《伊里亚特》第 5 卷第 504 行讲到黄铜的天空，《奥德赛》第 15 卷第 329 行讲到的天体则是铁制的，这说明在"玉石为天"的神话信仰之后，因冶金术的发明又催生出了金属天体的新神话想象。[2]在古人心目中，天是由最珍贵的东西构成，同时，天界也是人类神话想象的终极源头。

一般的原始宇宙观都把世界分成三个层次，即天、地和水下世界，

---

[1] ［法］让·谢瓦利埃等:《世界文化象征辞典》，湖南文艺出版社，1994 年，第 980—981 页。
[2] 叶舒宪:《女娲补天和玉石为天的神话观》，《民族艺术》2011 年第 1 期。

人类居住在大地上，也就是中间世界，人死后下到黄泉地府，而神则居于天界。《说文解字》中，天神被解释为"引出万物者"，地祇被释为"提出万物者"①。天地是宇宙最重要的两个组成部分，但二者又分主次，人间的一切好东西都是从天上来的，都是靠那高高在上的万能之神赐予人类。所谓"天生地长"，天是生命种子的赐予者，地则是担当培育者的角色。

天空在神话中之所以如此重要，还与太阳崇拜密切相关。荣格注意到古埃及各地存在的太阳神崇拜现象，比如阿蒙神（Amon）、太阳神拉（Ra）等，他正确地指出"我们膜拜太阳的力量是在膜拜大自然伟大的生殖力"②。人们对太阳的崇拜，是因它发射的万丈光芒给予地球以生命和能量。住在墨西哥南部高原的属玛雅印第安人的查穆拉人，将太阳视为构成宇宙秩序的第一法则，其发射的光与热是秩序的首要表征，尤其是光，不但能发出热，还具备穿透力。查穆拉人还相信当太阳达到其力量与热量的顶峰时（即中午），他们是住得离太阳最近的人。若将太阳与人体结构类比，头部就相当于宇宙中最高位置的太阳。而氏族中的宗教首领、萨满与神灵也都具有类似于光的品质，他们都被认为具有穿透力和无所不及的视力。③美国著名神话学家坎贝尔提到，神话时代的猎人在出发前，会到山顶画一幅他要捕猎的动物图像，而猎人画图的那片山顶，必须是清晨第一道阳光照到的地方。当一个苏族印第安人抽烟时，会把烟斗对着天空，以便让太阳收到他喷出的第一口烟。④

万物生长靠太阳，人类很早就发现了太阳对生物界的重要作用，天

---

①　（汉）许慎撰，（清）段玉裁注：《说文解字注》，凤凰出版社，2007年，第4页。

②　［瑞士］荣格著，孙明丽、石小竹译：《荣格文集》第二卷《转化的象征——精神分裂症的前兆分析》，国际文化出版公司，2011年，第78—85页。

③　［美］G·H·戈森：《查穆拉人宗教象征中的时空等价关系》，见史宗主编，金泽等译：《20世纪西方宗教人类学文选》，生活·读书·新知三联书店，1995年，第254—278页。

④　［美］约瑟夫·坎贝尔、比尔·莫耶斯著，朱侃如译：《神话的力量》，浙江人民出版社，2013年，第104、126页。

空中的这个发光体给予人类生存以巨大的能量，所以那些传说中的伟大帝王往往具备发光性质，比如《尚书·尧典》里记载："帝尧曰放勋……光被四表，格于上下。"①《老子化胡经》载有老子故事说："太上老君……乘日精，垂芒九耀。入于玉女玄妙口中，寄胎为人。"②连有德之王所治理的国度也显得光辉明朗，令人自动宾服。《左传·庄公二十二年》载："有山之材，而照之以天光，于是乎居土上，故曰'观国之光，利用宾于王'。"③

在华夏远古神话中，除了太阳、月亮崇拜外，还有更为古老和深远的星宿崇拜，比如北极星、北斗星，以及包括龙星等在内的许多星宿，它们也是发光体，而且具有强大的规范和管控时空秩序的作用。太阳、月亮跟每一天、每一月的时间循环直接相关，北极星和北斗星等带动或指示了一年四季的循环，制约和标志着更大的时空范畴。

需要特别提示的是，在原始思维中，光来自太阳，而太阳也是火的源泉，因此可以说光与火是二而一的，同属一体，《易·说卦》曰："离为火，为日，为电。"孔颖达正义云："为日，取其日是火精也。为电，取其有明似火之类也。"④所以光与火作为象征符号又是可以互换的，二者也可以互为因果。

光（或火）是生命的必要条件，但不是充分条件，除了光或者火之外，生命的存在还需要别的要素，比如水和土。《庄子·至乐》云："种有几，得水则为继，得水土之际则为蛙蟆之衣。"⑤生命的种子需要得到水土才能继续生长，可见，光、水、土是万物生长的三大要素，而其中的水元素显得有些特别，因为它既存在于天上（以云气和雨水的形态存

---

① 吴汝纶：《尚书故》，中西书局，2014年，第1—2页。
② 转见马小鹤：《日藏〈摩尼诞生图〉补考》，《西域研究》2016年第4期。
③ 《春秋左传集解》（一），上海人民出版社，1977年，第180页。
④ 李学勤主编：《周易正义》，北京大学出版社，1999年，第333页。
⑤ （清）郭庆藩撰，王孝鱼点校：《庄子集释》，中华书局，2013年，第555页。

在），又积留于地上和地下（以江河湖海的形式存在），天上的水携带着生命的种子洒播于地面，所以它分别与光（或火）、与土发生密切关系。在原始信仰中，如果说光是生命的第一原则的话，那么水就是生命的第二原则，土则可算是生命的第三原则。

日本学者注意到，在中国古典哲学中有一个基本性的对立是南北轴，而南北轴的对立也就是火要素与水要素的对立，但是它们之间既是对立的又是融合的，因此水与火是作为妻与夫、牝与牡的关系而被规定的；同时，日本学者还提出水—火、木—金的对立，及二者搭配在土上的体系究竟意味着什么的问题。[①] 关于水火的关系尤其值得我们深究，水与火虽有对立的一面，但也有化合的一面，二者合作具有产生新的生命种子的神奇作用。

神圣的天空因拥有光（或火）与水而为大地带来生命，其神话内涵也可以从原始鸟崇拜中得到理解和印证。早春时节，当天空雷电交加，显然是火与水的交战与交融，为沉睡的大地带来勃勃生机。在神话形象中，中国的雷神往往是以一只鸟的面貌出现的，名为"雷震子"（即"雷鸟"）。因为鸟主要属于天空，天空的神话属性多由鸟来体现，其神话功能也多由鸟来承担。我们注意到，鸟既是灵、光、火的意象，同时又是水的象征，商朝大量的鸮尊是盛放酒水的器具，商人崇拜的"玄鸟"（燕子），也跟其带来春季雨水的神话功能有密切关系，汉代画像砖、石图像中也有大量的水鸟、涉禽形象。德国人类学家利普斯提到一种原始仪式以扮演太阳神开始，其面具上饰有雨的符号，戴鸟面具者展示他们五彩的羽毛，且上下移动手臂，造成挥动翅膀的效果，以此祈求雨在太阳阴影下降临[②]。

能够将水火这两个极端对立的元素融合起来，必定是具有大德大能

---

① 辛冠洁等编：《日本学者论中国哲学史》，中华书局，1986年，第84—86页。
② ［德］利普斯：《事物的起源》，四川民族出版社，1982年，第277—278页。

的神物或圣人。列维－斯特劳斯曾提及青蛙具有"中介"和"节点"的特性，但蛙不是极端对立的两个方面的集合体，而是地面和水域的中介[1]。受此观点启发，我们可以推断，像龙凤、圣人这样的神话动物和神话人物，应体现了对立面的集合，远不是"中介"的特性所能概括的。旧题班固撰写的《汉武故事》中载："汉景皇帝王皇后纳太子宫，得幸，有娠，梦日入其怀。帝又梦高祖谓己曰：'王夫人生子，可名彘。'及生男，因名焉，是为武帝。……时年七岁，上（景帝）曰：'彘者，彻也。'因改名曰彻。"[2] 历史上威名赫赫的汉武帝的出生故事却主要讲了两个梦，又将太阳和猪同时关联到武帝身上，殊难理解。但从神话学的角度，若我们了解猪神具有水神的神格，掌管云雨[3]，即可推知"梦日"与"名彘"两件事加在一起，也就是体现了对立面（即火与水）的集合、融汇。作为真命天子的刘彻，不但乳名"彘"是一个神圣的名字，其官名"彻"也表现了贯通天地的意思。在华夏传统里，皇权的拥有者当然是圣人，他们与龙凤等神话动物属于同一范畴，都体现了"集合体"特性；同样道理，孔子作为圣人，也显然是一个神圣的集合体而不仅仅是一个中介者。

在华夏原始信仰中，生命始源于天，地上的精华（或精物）全都来自天，而且是以光（或火）与水化合的形式造就生命的种子（这种化合首先表现为"气"的氤氲流动）；那么反过来，地上的生命就可以追溯到天上的源头，特别是地上的神物和人间的圣人，必然与上天紧密相关。我们注意到，云南建水文庙的第一道门为太和元气坊，第二道门是洙泗渊源坊，第三道门才是棂星门。[4] 可以说这三道门完整地表征了中国古代神话哲学之生命观，从生命的产生与生长过程看：太和元气是在

---

① ［法］列维－斯特劳斯：《面具的奥秘》，上海文艺出版社，1992 年，第 117—119 页。
② 钦定四库全书子部《汉武故事》，商务印书馆，2014 年。
③ 杨琳：《耽耳习俗与猪神崇拜》，《东方丛刊》1994 年第 1 期。
④ 刘新：《儒家建筑——文庙》，中国建筑工业出版社，2013 年，第 103 页。

天地间飘荡的气体，它能"无中生有"，是一切有形生物之源；洙泗渊源是指孔氏家族的源头①；棂星门则显示了孔子本人为灵光钟注，从而得为圣人②。

如果单从棂星门本身的形制分析来看，它的雏形是乌头门，"乌头"之得名是因其柱顶有一墨染的瓦罐，又称云罐，现存很多文庙的棂星门柱顶都有此造型。瓦罐或云罐当然是象征雨水的，类同的象征元素在文庙建筑中还不仅仅出现于棂星门，比如云南建水文庙的大成门上即带有青花云罐；山西平遥文庙建有龙门坊，坊心题金字"龙门"，其横柱两端为云纹装饰，坊心两边是镂空雕塑的宝瓶，宝瓶自然是盛装生命之水的。这些都可以看出，水是棂星门的一个重要象征内涵。故此，棂星门的"象征装置"主要是由"乌头"所代表的水元素与棂格所代表的"光"（或火）元素组成，正体现了孔子作为圣人贯通天地、融化水火的神话性质。

（三）棂星门与灵光崇拜

雺靈櫺星门的"櫺"字，其原型汉字是"霝"，另有两个异体字"靈"和"靈"，说明这个字跟巫师以玉为工具而作法通神有密切关系（从"玉石为天"的神话观来看，通神也即通天）。古代巫师最重要的职能可能是求雨，史载商汤因旱情而"祷于桑林"的历史故事，涉及巫

---

① 各种族谱里最常见的一句话是：树有根水有源。

② 关于生命起源的神话哲学，还可就广泛记载于书典中的资料获得印证。如《山海经·海内经》载："黄帝妻雷祖生昌意，昌意降处若水，生韩流。""降处"这一情节值得我们深究，它表明人类的始祖源于水，而更远的始源则来自天。《管子·水地篇》云："人，水也，男女精气合而水流形。……（水）凝蹇而为人，……故曰水者何也？万物之本原也，诸生之宗室也。"《论衡·自然篇》："天地合气，万物自生，犹夫妇合气，子自生矣。"《礼记·月令》载："孟春之月，天气下降，地气上腾，天地和同，草木萌动。"另，《庄子·至乐》云："然察其始而本无生，非徒无生也，而本无形，非徒无形也，而本无气。"庄子是一个带有"虚无"特色的哲学大师，为我们提供了一种"解构"性话语模式，其观点正好为"气"的生命起源信仰提供了一种反证。我们可以说，"气"是存在的根基，"水"则是生命的雏形。

王一体（人物）和其求雨职能（情节），以及桑林神话（意象）等，我们从中分明看到了一个原型事件，并由此感受到这一故事散发的永恒光辉（其核心事件和意象可在异时异地因情景的相似而反复发生）。① 对于甲骨文"雨"字的解释，徐中舒《甲骨文字典》云"象雨点自天而降之形"②。《说文解字》曰："雨，水从云下也。一象天，冂象云，水霝其间也。"段注："引申之，凡自上而下者称雨。"《说文解字》解释"霝"为："雨零也。"段注："零亦当作霝。霝亦叚'灵'为之……灵落即霝落。雨曰霝零，草木曰零落。"③ 可见许慎和段玉裁都将"霝"解释为"落雨"。而《广雅·释诂三》则云："霝，中空也。"《汉语大字典》中"霝"字列出了两个主要义项，一是"降雨"，二是"中空"。④"雨"和"霝"都有"降雨"之义，但后者的字形在"雨"下多出三个"口"，这三个"口"到底意味着什么？有说是盛水的器物，有说是阳光从桑林照射下来的光柱、光脚。⑤ 孰是孰非，单纯从文字本身是很难说得清楚的，必须在神话学语境中，深入考察"降雨"和"中空"这两个义项的关联性，才能发掘其文化内涵。

《老子》有云："凿户牖以为室，当其无，有室之用。"⑥ 没有户、牖形成的"中空""空无"，就没有光的进入。"牖"即"窗"，《说文·片部》："牖，穿壁，以木为交，窗也。"⑦ 牖和窗都是凿设于墙壁上，"囱"则开于屋顶。《说文·囱部》："囱，在墙曰'牖'，在屋曰'囱'。"⑧"囱（囱）"是"窗"的原型汉字，是古时居室屋顶的开孔，即所谓"天

① 据周清泉先生的研究，殷人居处于桑林，日光自林间空隙下注于地，即"林光"或"霝光"。参见周清泉：《文字考古》第一册相关章节，四川人民出版社，2003年。
② 徐中舒主编：《甲骨文字典》，四川辞书出版社，2003年，第1240页。
③ （清）段玉裁注：《说文解字注》，中华书局，2013年，578页。
④ 《汉语大字典》（缩印本），湖北辞书出版社、四川辞书出版社，1992年。
⑤ 周清泉：《文字考古》第一册相关章节，四川人民出版社，2003年。
⑥ 朱谦之撰：《老子校释》，中华书局，1984年，第44页。
⑦ （汉）段玉裁：《说文解字注》，中华书局，2013年，第321页。
⑧ 同上，495页。

窗"，古时又谓之"霤"。《礼记·祭法篇》云："王为群姓立七祀：曰司命，曰中霤……"郑玄注："中霤，主堂室居处。"孔颖达疏："曰中霤者，主堂室神。"①清代程瑶田《释宫小记·中霤义述》解释道："开上纳明，雨从此下，此则霤之所自始……受霤之地在覆穴之中，则中室名霤之始也。"②萧兵先生总结认为：中霤应是火、烟、雨的结合。③"霤"是地上的烟、火与天上的光、雨往来的通道，排烟和采光是其两个主要功能，人们在地上焚烧，让香烟上达于天，神灵闻到了就以光和雨的形式下降于地；烟、火跟光、雨，通过"囱"这个通道融合在一起，是谓神之所降、"霤"之所在。

后世所谓"窗棂"（窗櫺），其原初形式与含义即在"囱"与"霤"。"霤"显然以光为主要表征（虽然雨水也携带着生命之"霤"），而"囱"因其"中空"的特征，为"霤"的降临创造了必要条件；反之，只有依靠"囱"的通道（或管道），才能获得"霤光"，让人变得聪明。周光庆《汉语命名造词的哲学意蕴》一文提到："聪囱""惛甌""憭寮"分别同源，"聪""惛""憭"三字都是指称聪明才智的，都以中空通透的特征为造词理据，能唤起一种联想，由"聪"联想到"囱（天窗）"，由"惛"联想到"甌（疏窗）"，由"憭"联想到"寮（小窗）"④。很明显，"窗"（囱、囱）与"聪明"之间的隐喻关系，乃是基于窗的中空的形状和采光的功能而获得其意象特征的；我们也能够看出，随着"囱"由在屋之"天窗"变为在墙之窗户，它就不再接受雨水，而是跟"光""明"发生固定关联了。常言说"耳聪目明"，"聰"者有孔也，"明"者有光也。

包括"窗""蔥（葱）""聰（恖）"等汉字皆是在"囱（囱）"的原型基础上衍生出来的。《说文解字》解释"蔥（葱）"字："蔥，菜也。从

---

① （清）孙希旦：《礼记集解》，中华书局，1989年，第1202—1203页。
② （清）程瑶田：《释宫小记》清经解本，上海古籍出版社，1988年。
③ 萧兵：《中庸的文化省察——一个字的思想史》，湖北人民出版社，1997年，第683页。
④ 周光庆：《汉语命名造词的哲学意蕴》，《语言文字应用》2004年第1期。

艸，恩声。"看来许慎并没有解释出"蔥"字的关键含义。《红楼梦》里称赞女孩子常以"蔥"为喻[1]，其意应该不在于她们长得健康"青葱"，因为小说中的女孩大多是有病的，许多还是不治之症，其深层含意应该是基于"蔥（葱）"的"中空"特点，作者赞美黛玉"心较比干多一窍，病如西施胜三分"[2]，正是这个道理。《礼记·祭法》："王为群姓立七祀：曰司命，曰中霤……"郑氏曰："中央曰其祀中霤，祭先心。"[3] 为什么祭祀要先用心呢？不外是因为心作为喻象是以孔窍为突出特征的，故此"心"跟"霝"建立了贴切的类比关系（由"聪囱""惛睰""憭寮"这几个词也不难看出，"心"与"火""囱"之间的隐喻性关联）。四川方言说"脑壳空哨"，是夸人聪明，脑瓜子转得快，看来也是以"中空"为喻象。

综上所论，可以说"霝"字的象形就很好地诠释了棂星门的构型特征，上面的"雨"代表其"乌头"，下面的"皿"代表了光从中空的棂格向下照射。我们现在也明白了，"靈""靈"是"霝"的仪式行为的具象化（将通灵者的身份或所用工具表现出来），"櫺"则属于"霝"的另一种分化形式，它表明了其最初所用的材质及其造型特征，分担了"霝"的一个重要含义即"中空"，意味着光线从窗格、窗棂自上而下地照射进来。

"霝"之起源既隐微，流变又曲折，加之后世简化为"灵"，故"櫺星门"又写作"棂星门"了，致使其真意变得更加邃古难解。

（四）结语

文庙祭祀大典一般分春秋两祭，即所谓"春祈秋报"，春季祭祀最

---

① 注：《红楼梦》第 46 回："谁叫老太太会调理人，调理的水葱儿似的，怎么怨得人要。"第 48 回："倒像一把子四根儿水葱。"

② 《红楼梦》第三回。

③ （清）孙希旦：《礼记集解》，中华书局，1989 年，第 1203 页。

为重要，具体时间是在仲春的第一个丁日，故称为"丁祭"，这个时节也是雨水到来，万物复苏之际。祭祀仪式中"释菜"的环节原本是直接从泮池中采摘水芹等新鲜植物，这类植物一般都是生长于水边（"水土之际"）。可见，"儒家神话"的基因中包含了水崇拜，蕴含了祈雨的农业文明因子。古代王权的稳定必须仰仗谷物丰收，祈雨是巫师的重要工作，而龙这个神话动物可以上天入地，主管着天上地下所有的水，这也是所有文庙建筑中都大量存在神龙形象的原因吧。[①]文庙的整个象征体系及仪式过程，一些重要的象征符号之间，比如神龙雕塑和棂星门建筑的关联性，也是不应忽略的。

从棂星门象征功能看，它无疑代表了孔子本人的神圣性，也就是集合了水与光（或火）这宇宙中的两大最重要的元素，因而孔子被赋予神圣的化合与生长能量。但是，"櫺"字也表明了"雨水降落"这一含义退居到了次要位置，而"中空"和"光"则成为棂星门的"支配性象征符号"[②]。在仪式行为中，读书人一旦跨过此门，即受到天光照射，灵光钟聚于其身，自此由凡尘进入圣境，开窍发蒙而晋升。

---

① 富顺文庙"五绝"之一是神龙雕塑之多。兰宁宁：《富顺文庙有"五绝"》，《人民日报》海外版 2003 年 12 月 9 日。
② 特纳在《象征之林》一书中提出了"支配性象征符号"的概念，意指某一个象征符号，其意义内容在整个象征系统中具有高度的持续性和一致性。可参王建民：《维克多·特纳与象征符号和仪式过程研究——写在〈象征之林〉中文版出版之际》，《中南民族大学学报》2007 年第 2 期。

第五章

其他古蜀神话研究

一、蛙神崇拜与古蜀农业文明

（一）川西平原的水稻种植与农业发展

《山海经》中多次提到"天下之中"，而"都广之野"即位于此。这是一处遍生嘉禾的沃土，也是中国农耕文明的起源地之一。《山海经·海内经》写道："西南黑水之间，有都广之野，后稷葬焉。爰有膏菽、膏稻、膏黍、膏稷，百谷自生，冬夏播琴。"[1]据蒙文通先生研究，此篇是古蜀人的作品，成书年代不晚于西周中叶。[2]一般认为"都广"即"广都"倒文。广都自古以其"盐井、渔田之饶"而闻名。杜宇王朝时，广都已是古蜀稻作农业的中心区域。至东周时代，"蜀以成都、广都、新都为三都，号名城"[3]。若只有渔猎生产，而无农业的发展，尤其是若没有

---

[1] 袁珂：《山海经校注》，上海古籍出版社，1980年，第445页。

[2] 蒙文通：《略论〈山海经〉的写作时代及产生地域》，《中华文史论丛》第一辑，上海古籍出版社，1962年，第43—70页。

[3] 段渝：《穿越华阳古蜀史：瞿上、广都与樊乡》，《中国西部》2016年第9期。

水稻等粮食作物的大量栽培、种植，绝无如此规模、如此近距离的城市群体的出现。川西平原上城镇密集，正是其地百姓生活富足的体现。据记载，清康熙九年（1670），华阳县并入成都，雍正五年（1727）复置，于是在成都形成成都府、成都县、华阳县并存的格局，时人称为一府两县，故有"成都到华阳，县（线）过县（线）"的俗语。[①]

成都平原上的新石器时代文化，开始于距今5000年左右的"桂圆桥文化"，浮选法确认的粮食作物中，黍的数量占绝对优势，到了二、三期（距今4800—4500年），水稻才开始出现。[②]考古发掘中，曾在都江堰芒城遗址中发现有水稻硅酸体的存在（距今4500—4300年），据此可推知那时成都平原已出现稻作农业。[③]宝墩文化初期（距今4500年左右），长江中游的水稻种植技术传入川西平原，遗址出土物中的农作物有稻谷、粟和黍，在这个组合中稻谷占据绝对优势，属于粳稻，为栽培稻。[④]据《华阳国志·蜀志》记载，李冰穿江引水，"溉灌三郡，开稻田，于是蜀沃野千里，号为陆海。旱则引水浸润，雨则杜塞水门，故《记》曰：水旱从人，不知饥馑，时无荒年，天下谓之天府也"。[⑤]

从成都平原早期的粮食作物的种植和组合情况，可以看出古蜀文明的发生发展历程，较早的黍类作物，应是沿岷江峡谷地带从北方传播而来，所以氐羌族是古蜀先民的重要组成部分无疑。到宝墩文化时期，长江流域的南方文化进入川西平原，稻谷种植就发展起来，此时的古蜀，

① 段渝：《穿越华阳古蜀史：瞿上、广都与樊乡》，《中国西部》2016年第9期。另：此俗语所言，应是利用"县过县"的谐音，表示做买卖交换必须当场兑现，俗称"现钱现货"。
② 赵殿增：《从古城址特征看宝墩文化来源——兼谈"三星堆一期文化"与"宝墩文化"的关系》，《四川文物》2021年第1期。
③ 成都文物考古研究所：《金沙——21世纪中国考古新发现》，五洲传播出版社，2005年，第118页。
④ 姜铭、闫雪：《成都平原史前时期植物考古的实践与思考——以宝墩古城遗址和高山古城遗址为例》，《中国文化遗产》，2017年第6期。
⑤ 此说据任乃强注，《记》指三国蜀汉谯周的《蜀记》（已佚），见任乃强：《华阳国志校补图注》，上海古籍出版社，1987年，第136页。

就到了南北民族大融合的时代。到了秦统一蜀地，古蜀文明就基本定型了，即以水稻种植为主，加之种桑养蚕和丝织业的发展、男耕女织的生计模式的确立，农耕文明已然成熟。

有学者认为，古蜀文化中的太阳崇拜应该是在"半牧半农"的渔猎社会向农耕社会转化的过程中，或者说在农耕部落形成的过程中，人们关注自然节气、企盼作物丰收的农耕文化心理的反映。金沙遗址的太阳神鸟与河姆渡遗址出土的双鸟太阳图（或双鸟朝阳图）都反映了太阳崇拜意识，而河姆渡遗址所在地区和成都平原地区也都是"稻作农业"的发源地，应该不是偶然巧合。[①]

如上所论，我们认为太阳崇拜不一定就是稻作农业单一的神话基础，因为从三星堆和金沙出土的金射鱼图像来看，这两处考古文化与渔猎文明有明显关系。但是，古蜀文明中出现了包括太阳崇拜、蛙神信仰等在内的神话信仰体系，即可确认为农耕文明成熟的标志。

（二）川西平原古今蛙神崇拜现象

因为金沙遗址出土的太阳神鸟形象光芒四射，致使许多人忽略了这里曾出土的两枚蛙型金箔。一件长 6.9 厘米，宽 6.2 厘米，厚 0.1 厘米，重 4 克；另一件长 7 厘米，宽 6 厘米，厚 0.16 厘米，重 3 克。两件金蛙的造型基本相同。[②]从文化渊源看，古蜀人的蛙崇拜与仰韶文化的马家窑彩陶应该有着传承关系。我国仰韶文化时期，中国大部分地区气候温暖湿润，许多地方都已进入农业文明，因此蛙神崇拜成为普遍现象。成都平原地理环境和自然条件都适合种植水稻，稻作文化发达，必然会产生或者接受蛙神信仰。

[①] 王炎：《"太阳神鸟"金箔图饰为朱利部落族徽说——关于成都金沙遗址出土金箔文物的文化阐释》，《中华文化论坛》2009 年第 1 期。

[②] 成都文物考古研究所：《金沙——21 世纪中国考古新发现》，五洲传播出版社，2005 年，第 31 页。

　　叶舒宪先生提到，早年参观三星堆博物馆，曾拍到一只石雕的蛤蟆（蟾蜍）静静地趴在一只石龟旁，在金沙遗址出土的石雕动物中，再次与一只圆雕的石龟不期而遇。在最为珍稀的金质文物中，居然有两只用厚度仅为一毫米多的金箔精制而成的动物，从造型特色看，很像是青蛙或蟾蜍，故被发掘者定名为"蛙形金箔"。不过最令人惊奇的是，在成都的一个私人收藏馆里，见到了一个头顶蛙神的巫者头像，威严地注视着来访者。如此神秘造型，究竟代表着什么样的"蛙—人"关系联想呢？叶先生推测，要从渊源上思索，顶蛙人像，对应着陈逸民《红山文化玉器收藏与鉴赏》一书展示的红山文化中的顶蛙女神像。[①] 叶舒宪先生的《蛙神八千年》一文针对西北地区新出土的辛店文化陶罐上的"蛙—太阳"图式做了象征学的解析，为中国传统的蛙 / 蟾蜍神崇拜梳理出史前发生的大致谱系。文中所举出的物证，自内蒙古兴隆洼文化的蟾蜍石雕，到甘肃青海的马家窑文化、辛店文化蛙纹陶器，再到成都平原三星堆石蟾蜍，以及广西出土的西汉六蛙铜鼓，大致上构成一个与中原地区相对应的半月形文化带，也同著名考古学专家童恩正曾经论述过的"从东北至西南的半月形文化传播带"基本吻合。[②] 这样说来，在氐羌氏族通过藏彝走廊，沿岷江上游顺流而下的时期，原本就传承了蛙神崇拜的观念，只不过岷江上游沿岸并无优越的农耕生产条件，无法进行大量的水稻种植，所以氐羌族要一直走到成都平原，原先的蛙神崇拜的神话观念可能才重新受到重视并发扬光大。

　　四川是汉画像出土的大省之一，而女娲形象是汉画像中的一个重要题材，神话传说中女娲的主要功劳是补天和造人。《淮南子·览冥》载：女娲"炼五色石以补苍天，断鳌足以立四极，杀黑龙以济冀州，积芦灰

---

①　见叶舒宪:《绵竹的蛤蟆与三星堆的蟾蜍像——人文救援笔记之三》（未刊稿）。"蛙形金箔"见成都文物考古研究所编《金沙》，五洲传播出版社，2005年，第113页图版。

②　叶舒宪:《蛙神八千年》，《寻根》2008年第1期。

以止淫水"。① 女娲为保护地球
和人类所做的重要事情是阻止洪
水泛滥，是人类的保护神，因
此文献中有载"雨不霁，祭女
娲"（《论衡·顺鼓篇》）。② 女
娲具有水神的神格，"娲"字的
字符"呙"虽为声符，实即此字
的核心义素，即蛙的形象，说明
我们崇拜的大神女娲原本取象于
青蛙。蛙和雨水有密切关系，民
间谚语"蛙声哑，禾苗枯""青
蛙呱呱叫，大雨就要到""蛙吐

图一　崇州文庙大成殿窗棂（林科吉摄）

泡，大雨到"等等，包含了悠久的生存智慧。四川民间把青蛙叫作"麻
拐"，语言虽土却极为形象，青蛙的形状以腿和肚腹为突出特征，从北
边的马家窑到海南岛黎族的蛙神形象，无一例外，几乎都是屈腿下蹲的
"蹲踞形"，类似女性生孩子的行为和形象，可以说华夏蛙神无不表现为
突出的生殖意象。四川方言"麻拐"的"麻"字，其意指青蛙或蟾蜍身
上遍布的点状，这个特征在仰韶文化彩陶蛙纹中就非常明显，或表现为
点状图形，或表现为网格纹，意味其负载着丰满的生命种子。由此可以
看出，女娲造人神话，植根于最为质朴的民间青蛙崇拜。

　　笔者曾到崇州文庙，看到大成殿后墙的窗棂颇为独特的图案，其中
即有青蛙造型。笔者也曾到元通古镇调研，看到这里的传统民房建筑屋
脊上有泥塑蟾蜍。深感蛙神信仰在蜀地确有深厚文化传统和广泛民众
基础。

---

① （汉）刘安著，许匡一译注：《淮南子全译》，贵州人民出版社，1993年，第350页。
② 注：原文是"雨不霁，祭女娲，于礼何见？"意思是应该伏羲、女娲一起祭祀。黄晖撰：
　　《论衡校释》，中华书局，2018年，第602页。

二、古蜀地名的神话学考察

民间信仰与习俗并非固定不变，随着时代推移、历史演变，或者地理环境的变迁，一些观念和习俗失去了存在的根基，就会被淘汰而成为文化遗迹，乃至今天我们很难理解这些习俗，但是地名却有很强的约定性，一旦成名就很少改变，往往成为民俗观念的活化石。特别是一些反复出现的、有代表性的地理名称，值得我们注意。

（一）关于"鱼复"与"鱼凫"

跟世界所有其他民族一样，华夏先民具有强烈的再生愿望，甚至人类文化的产生也根源于人们拒绝承认死亡、要跟死神抗争的行为。考古学家在尼安德特人的墓穴里发现了赤色矿石粉，据信这是人类最早的仪式，也即死亡仪式——这是迄今发现的最早的人类文化遗迹。对于先民来讲，死而能化、再生为人，乃是摆脱动物式生存的人类独有的精神追求。

而根据华夏神话传统，死后化鱼是再生的必要程序。《左传·昭公七年》和《国语·晋语八》都有鲧"化为黄熊"的记载。[1]《拾遗记》卷二云："鲧自沉于羽渊，化为玄鱼。"[2]《楚辞·天问》中写道："伯鲧腹禹，夫何以变之？"透露出鲧被杀后，其腹中孕育生产了禹，说明禹也是擅长于水中化生的神人。《山海经》记载："氐人国在建木西，其为人人面而鱼身，无足。"[3]氐人国因为处于岷江之源，本身就有一半是鱼，因此自然获得了不死的神异功能。[4]鲧、颛顼、鳖令、氐人，甚至普通人都可

---

[1]　分别见杨伯峻：《春秋左传注》，中华书局，1990年，第1290页；（清）徐元诰撰，王权抿、沈长云点校：《国语集解》，中华书局，2002年，第437页。

[2]　（晋）王嘉：《拾遗记》，中华书局，1981年，第3页。

[3]　袁珂：《山海经校注》，巴蜀书社，1992年，第330页。

[4]　《淮南子·地形训》曰："后稷垅在建木西，其人死复苏，其半鱼，在其间。"根据神话故事的情景，我们认为此段文字还可以这样断句："其人死复苏其半，鱼在其间。"

因死后变鱼而得复生，可见，"鱼复"一词背后带有浓厚的神话观念。前引《大荒西经》中的颛顼故事中的"鱼妇"一词，亦应含有死而化鱼即能复苏之意。

仰韶文化出土的彩陶盆底部的人首衔鱼图案、著名的鹳鱼石斧彩陶缸图像及长沙马王堆一号汉墓帛画中鱼、蛇、龙、龟的复杂结合等等，证明我国普遍存在鱼崇拜现象。巴蜀境内也多有这类考古发现，大溪遗址（在原四川巫山境内，距今6000年）M3的墓主人口咬两条大鱼。①三星堆、金沙出土的人—箭—鸟—鱼的组合图像，无不表明人鱼之间的紧密关联。汉画像中也多有人鱼图像，如济宁市喻屯镇城南张墓出土一块画像石，刻有三个人面鱼身、戴冠站立的人鱼；徐州十里铺汉墓和山东其他地方也有类似人面鱼身画像。②

人死之后化身为鱼，在四川民间曾有广泛的信仰基础。《搜神记》曾载："邛都县下有一老姥，家贫，孤独，每食，辄有小蛇，头上戴角，在床间，姥怜而饴之。食后稍长大，遂长丈余。令有骏马，蛇遂吸杀之，令因大忿恨，责姥出蛇。姥云：'在床下。'令即掘地，愈深愈大，而无所见。令又迁怒，杀姥。蛇乃感人以灵言，嗔令'何杀我母？当为母报仇。'此后每夜辄闻若雷若风，四十许日，百姓相见，咸惊语：'汝头那忽戴鱼？'是夜，方四十里，与城一时俱陷为湖，土人谓之为陷湖，唯姥宅无恙，讫今犹存。"③人死后进入水中变身为鱼曾在民众观念里长期存在，而蜀地这方面的故事尤为精彩。

原四川境内取名"鱼复"的地方很多。多有以"鱼凫"或"鱼涪"作为津梁关隘的，如乐山县（今乐山市）有"鱼涪津"、彭山县（今眉山市彭山区）有"鱼凫津"、南溪县（今宜宾市南溪区）有"鱼符津"、

---

① 林向：《大溪文化与巫山大溪遗址》，《中国考古学会第二次年会论文集》，文物出版社，1980年，第126页。
② 郑茜方：《汉画中的人鱼形象》，《咸阳师范学院学报》2018年第5期。
③ （晋）干宝：《搜神记》，商务印书馆，1957年，第153页。

永宁县有"鱼凫关"等、温江（今成都市温江区）有"鱼凫城"，将
王国的都城直接命名为"鱼凫"。①史载今重庆市奉节县境内有"鱼復
城"，是西周时的"鱼復"国故地，后也叫"鱼复"，其得名缘由为：山
下有丙穴，常以春末游渚，冬初入穴，因嘉鱼洄游而得名。②总之，从
荆湖沿长江直到成都，有许多叫"鱼复"或"鱼凫"的地方。③我们可
以断定，这么多叫"鱼复"的地方，实际上寓含了一种强烈的"再生"
愿望。对于世代生活于江河流域的古人来说，河水本来就是带来生命的
神圣之水。春天是河水泛滥的季节，也正是自然生命欢欣鼓舞之时；而
冬季河水枯竭，则为万物萎缩死亡之期。鱼在水中，跟江河之自然生命
同节律共升降，因此鱼的神圣性也就不言而喻了。四川彭州还有"小鱼
洞"之地名，与汶川一山之隔，跟奉节的"丙穴"之名含义相同，即表
明游鱼去而复来，人类生存得以为资，恢复生命活力，正是神的馈赠。

当然，"鱼凫"之名可能不仅仅是"鱼复"的别称，或者还有另一层
含义。从考古遗迹看，古蜀鸟崇拜之风盛行。有学者认为，鸟头形把勺
即代表鱼凫氏时期的文化遗存。④据研究，三星堆文化遗存从一期到四
期都有不同程度的联系，但第二期和第一期相比，文化内涵已发生了极
大的变化。"自第二期文化开始，出现了与鸟有关的器物，而第三期所
出大批器物的形制、纹饰等与第二期所出器物比较，都反映出与鱼、凫
有着密切关联。"⑤鸟/鱼复合意象其实是华夏考古中的一个普遍现象，许
多学者从图腾角度将其解释为鸟氏族战胜鱼氏族；或者叫"鱼鸟共融"，

① 清代张澍《蜀典·堪舆》引张勃《吴录》提到："南有鱼凫之国，古蜀帝所都。"转见冯
广宏：《鱼凫新考》，《文史杂志》2008年第1期。另据《后汉书·吴汉传》载，彭山有
"鱼涪津"。又《舆地纪胜》引卢求《成都记》："灌县之东有鱼凫之国。"转见蒙默等著：
《四川古代史稿》，四川人民出版社，1989年，第79页。
② 李炳海：《巴蜀古族水中转生观念及伴生的宗教事象》，《世界宗教研究》1995年第1期。
③ 武家璧：《古蜀的"神化"与三星堆祭祀坑》，《四川文物》2021年第1期。
④ 张勋燎：《古代巴人的起源及其与蜀人、僚人的关系》，《南方民族考古》第一辑，四川大
学出版社，1987年，第45—72页。
⑤ 胡昌钰、蔡革：《鱼凫考——也谈三星堆遗址》，《四川文物》1992年第S1期。

表达了民族融合。但是我们还可从鸟 / 鱼互化的神话学角度分析：鸟食鱼很可能是为了把鱼的灵魂带到高空，是在拯救和给予新的生命，而不是征服和残杀。这样看来，"鱼复""鱼凫"等地名背后都隐含了一个共同的核心观念。

（二）关于"瞿上"

瞿上的地理位置，据南宋罗苹注《路史前纪》卷四载："瞿上城在今双流县南十八里，县北有瞿上乡。"[①]刘琳《华阳国志校注》提到，"（瞿上）按其方位，在今双流县南黄甲公社境牧马山上。新津文化馆藏县人李澄波老先生实地考察后的手稿记载：'瞿上城在今新津县与双流交界之牧马山蚕丛祠九倒拐一带。'与《路史》所载大体相合。"[②]任乃强指出，瞿上应在"今彭县（现为成都市代管的彭州市）北，海窝子之'关口'是也"，该"关口"之地"两侧左右岸逼近，相对望，如阙，自阙下瞰成都平原，有如鹰隼翔视，故古称海窝子为'瞿上'。"[③]也有不少学者认为瞿上就在三星堆遗址一带。[④]

详审"瞿"之字形，由二"目"与"隹"合成，很好地表现了"鹰隼翔视"的形象，鸟在高空飞翔，但却双目如炬，能透过表面看到水下游鱼。古蜀传说中的鱼凫、柏灌两个王国，显然都是以鸟为号。任乃强曾引述鱼凫为鸬鹚之说："或曰：鱼凫，鸟名也。色黑，善捕鱼，渔家养之，今俗呼鱼老鸦。"[⑤]还有说凫是野鸭的。据史籍所载，"柏灌"又作"柏濩"，因此我们怀疑"柏灌"即今人呼为"柏鹤"（或"白鹤"）者，其身白色，捕鱼为食，喜成群栖息于江河岸边高大柏树之巅。以鱼为食

---

①　转见王泽枋：《简论双流瞿上城兼及古代广都疆域》，《中华文化论坛》2009 年第 11 期。
②　刘琳校注：《华阳国志校注》，巴蜀书社，1984 年，第 183 页。
③　任乃强校注：《华阳国志校补图注》，上海古籍出版社，1987，第 120 页。
④　彭邦本：《双流境内瞿上、广都和蚕丛氏传说新探——兼及古蜀农业的起源与早期发展》，《中华文化论坛》2009 年第 11 期。
⑤　任乃强校注：《华阳国志校补图注》，上海古籍出版社，1987，第 119 页。

的鸟类是一个大家族，鱼凫、柏灌都是食鱼的水鸟无疑，川西平原本为源泽，鸟类众多，瞿上乃水中高地，或即柏树丛生之林盘，常年为水鸟所据。典籍记载杜宇"移治郫邑，或治瞿上"①，说明杜宇进入了农耕文明时期，瞿上被开发为肥沃田地。

《华阳国志·蜀志》记载："周失纲纪，蜀先称王。有蜀侯蚕丛，其目纵，始称王，死作石棺石椁，国人从之。故俗以石棺石椁为纵目人冢。"②蚕丛氏族作石棺石椁，表明了其氐羌族源性质，他们曾生活于岷江上游的高山峡谷地带，以石头垒筑居所，死则葬以石棺。氐羌族本以游牧为主业，后来迁徙至成都平原，生产与生活方式改变，其文化与信仰必随之发生变异，虽然可能仍保留了大石崇拜习俗，但因为以渔猎为主，应该以鸟崇拜为主要信仰。三星堆青铜纵目大立人形象，学者一般将其与太阳崇拜相联系，但我们或者可以说，纵目也是以鱼为食的鸟崇拜的图腾形象之特征。③由此推测，蚕丛、鱼凫、柏灌这三个传说中的古蜀王国，应同属渔猎文明类型，而"瞿上"可能是古蜀传说的前三代王国共同尊崇的神圣之地。到了杜宇时代，因掌握了农耕技术，遂占据其地，将其开发建设为城郭了。

三、日神崇拜与巴蜀方言

（一）三星堆、金沙金射鱼纹图像之日神崇拜主题

相比中原地区，地处成都平原的三星堆遗址和金沙遗址以出土了众多黄金制品而引起广泛关注。三星堆出土的金器包括金杖、金面罩、金

① 任乃强：《华阳国志校补图注》，上海古籍出版社，1987年，第118页。
② 同上，第118页。
③ 摩尔根认为，原始时代，谷物即使实际存在，也还没有为人类所知晓，而狩猎又太无保证，人类是依靠鱼类食物才开始摆脱气候和地域的限制。见［美］摩尔根著，杨东莼等译：《古代社会》，商务印书馆，1977年，第19—20页。

虎、金鱼、金璋、金叶饰等，体现了高超的制作技艺；金沙遗址的出土金器则以金箔、金片为主，其数量和种类"为中国商周时期金器发现之最"①。2005年8月，金沙"太阳神鸟"金箔图案当选为中国首个文物保护标志。据国家文物局的官方解释，"太阳神鸟"是物质和精神的双遗产：作为物质，它只是一枚金箔，但传达的却是如金子般闪光的精神，表达了"古代人民'天人合一'的哲学思想"。"四鸟绕日飞翔，体现了先民追求自由、美好、团结向上的寓意"，这也是古蜀文化的精神向往。②除"太阳神鸟"外，引人注目的还有三星堆一号坑出土的金杖与金沙出土的金射鱼纹带图案，二者结构极为相似，表明了它们之间的文化传承关系。

如何理解"人—箭—鸟—鱼"的关系？我们需要深究其图案的隐喻结构，并与相关的神话信仰和神话思维相结合，才能获得其中的含义。图像中的箭射进鱼头，却未射入鸟身，也就是说，箭与鸟之间存在某种并列关系。仔细查看会发现，箭的方向和鸟的方向是相反的，对于这条大鱼的生命来说，箭和鸟起到的作用当然也是相反的，也就是说，当我们看到箭将鱼射死，则鸟的作用就是拯救它的魂灵，促成其再生。所以，箭和鸟的并列，其实是一种反向互动，从而完成了一个生死循环。紧接下来，就是如何理解人头的问题了。如果从射箭者的角度看，这个人头代表的是世俗世界的王；如果考虑到那只鸟带着鱼的灵魂向高空飞翔，那么这个人头就应该象征天上神圣世界的帝。谢选骏指出，上古时代，日神和始祖神往往有合流的现象，这些民族认为，他们自己是"太阳的子孙"，而其君主则被目为"太阳神的化身"。③射鱼纹金饰肯定是

---

① 王炎：《"太阳神鸟"金箔图饰为朱利部落族徽说——关于成都金沙遗址出土金箔文物的文化阐释》，《中华文化论坛》2009年第1期。
② 以上据《成都日报》《成都商报》2005年8月17日，第1版报道。见王炎：《"太阳神鸟"金箔图饰为朱利部落族徽说——关于成都金沙遗址出土金箔文物的文化阐释》，《中华文化论坛》2009年第1期。
③ 谢选骏：《神话与民族精神》，山东文艺出版社，1986年，第101页。

在重要仪式场合中使用，而仪式中的大巫，往往扮演的是天上的帝与人间的王合二为一的角色。正如鱼是生死合一，与之对应的人头则是人神一体。

川西平原水网密布、鱼类丰富，以箭射鱼，以及驯养鸟类帮人捕鱼，应是古蜀人民极为重要的生计方式。但是，古蜀先民与任何别的初民社会中的氏族群体一样，对食物来源、对自然保持着敬畏之情，因为他们感到这背后还有一个大神主宰一切，那就是太阳。金沙"太阳神鸟"图像表现为日鸟合一，学者公认四只鸟代表了四个方位，它们也是太阳的使者，而太阳的十二芒纹则代表了一年十二个月，再明白不过地反映了太阳崇拜的观念。王仁湘先生还曾专文讨论三星堆文物上的眼睛造型，及青铜造像的衣服上成对的眼睛图形；王先生提及萨满教中的天神同时是太阳神，而太阳神往往被绘制成眼睛状，因为在诸多古代神话中，太阳被称为"天之眼"；文中还提及日本神话学者林巳奈夫将饕餮纹中的眼睛解读为太阳神的观点。[1] 可以说，在人类文化中，太阳神以多种形式、多种形象而存在。

神话思维又称为仪式思维，也可以说是仪式行为背后的思维形式。当代人因长期接受理性思维和逻辑推论的训练，很难真正进入神话世界之中，只有尽力克服那种非此即彼、二元分离的思维习惯，才能对神话思维略有领悟。林向先生曾提出鱼、鸟、人头图案为"鱼凫王"的观点，他认为射鱼之箭并非意味鸟对鱼的伤害，而是象征二者的亲密结合[2]。我们需要进一步追问，箭/鱼、鸟/鱼亲密关系的形成究为何因？

这涉及古人对其赖以为生的食物的信仰问题，原始部族往往将为人类贡献肉食的动物视为兄弟，称为"我的兄弟我的肉"，动物不但是人

---

① 王仁湘：《三星堆青铜立人冠式的解读与复原——兼说古蜀人的眼睛崇拜》，《四川文物》2004 年第 4 期。

② 林向：《说"鱼凫"——文献记载与考古发现的相互印证》，《长江文明》2011 年第 1 期，河南人民出版社，2011 年，第 8—19 页。

类的兄弟，而且很多动物在人的眼里具有大能耐、大神通，所以它们还是人类的兄长，人类自己只能当小弟。在这种敬畏情绪里，虽然人类制作弓箭射鱼、驯养鱼鹰捕鱼，却往往会编出一个这样做的理由：即人类在食其肉的同时也善意地解放了动物的灵魂，这样可帮助其再生并继续为人类提供肉食，因此这是一个人与动物之间的互惠协议。而人类和动物的真正的生命、所有的动物之灵，都来自一个更伟大的神灵，这个神灵高高在上，发出万丈光芒，明察世间一切，是生命之灵的拥有者、撒播者和保护者。三星堆和金沙的射鱼图像中，如果人头是象征太阳神的话，鸟就是太阳的使者，鸟在捕鱼的同时，也将被解放的鱼的灵魂带到太阳神那里；而箭在射鱼的同时，也表现了太阳神发出箭一样的光芒，将鸟儿带回的灵魂再发送到水里，从而生长出新的鱼。在传统文化里，太阳之灵光与鱼身之鳞甲明显存在神话隐喻关联。《吕氏春秋·节丧》载："国弥大，家弥富，葬弥厚，含珠鳞施。"[1] 即指今人所谓"金缕玉衣"的丧葬形式。《淮南子·齐俗训》亦载："非不能竭冈靡民，虚府殚财，含珠鳞施，纶组节束，追送死也。"高诱注云："含珠，口实也。鳞施，施玉于死者之体如鱼鳞也。"[2] 这些仪式行为背后的神话观念，即死者变身为鱼，并获得太阳的灵光，于是得以复活。

因此鸟/鱼的关系，也就是日光和鱼儿的关系，鸟象征的是日光。《淮南子》云："毛羽者，飞行之类也，故属于阳。介鳞者，蛰伏之类也，故属于阴。"[3] 鸟、鱼结合，象征了阴阳相济。

另外必须强调的是，三星堆和金沙出土了较多金箔饰物，这在整个华夏考古中显得特别突出。在远古神话观念里，黄金与太阳有着天然关联，根据原始思维的相似律，黄金和太阳都是金黄色的，太阳会发出金黄色光芒，而黄金也会发出金黄色的反光，所以两者就是同类事物，都

---

① 许维遹：《吕氏春秋集释》，中华书局，2009 年，第 222 页。
② 何宁：《淮南子集释》，中华书局，1998 年，第 786 页。
③ 张双棣：《淮南子校释》，北京大学出版社，1997 年，第 246 页。

具有神圣性质。太阳神以金色之光照亮大地，地下的金子正是它光芒的化身，而如果泥土里的黄金露出地面，那是因为受到太阳的召唤。华夏文化传统历来重视和讲究器物的材质，在古人看来，内容和形式是不可分的，功能与材质是统一的，但这一点很易被现代人忽略。我们甚至可以说，在古蜀先民的观念里，太阳神只能用黄金才能得以表象，因为黄金是太阳的一部分，也就是太阳本身。

（二）从巴蜀方言考察日光崇拜的遗绪

上文论及金射鱼纹图像的寓意问题，其中人头的象征意义我们可以认为它就是太阳神形象，那支射出的箭同时是太阳发出的光芒，因此这支箭同时具有生和死的双重功能；而那只鸟也具相同的功能，既食鱼杀鱼又带其灵魂升天而助其再生。因此这个图像的核心和焦点在于作为太阳的人首，具体演绎了古蜀文化的太阳崇拜主题。而金沙"太阳神鸟"金箔图案更是表达了太阳与鸟的内在关联，它与河姆渡出土的"双鸟朝阳"图案、仰韶文化及大汶口出土的各种鸟负日图像等一起，展现出华夏民族普遍存在的太阳崇拜。

时至今日，古已有之的太阳崇拜观念其实并没有消失。在巴蜀方言中，将"鸟"与"日"关联在一起，并激发一种关于男性生殖器的联想，其隐喻的意义是将二者皆视为生命的给予者，或者意味着创造新生命的行为。当年四川男足全兴队出场比赛时，成都球迷喊出了"四川队，雄起"的口号，"雄"字的含义是指雄性的鸟儿，这里移用过来指男性的雄风。另外，川人俗语曰"该死球朝天"或"该死的娃儿球朝上"，这里的"球"即是俗语所谓的"鸟"（方言读音为 diao），是说人虽死了，但作为生命象征的"鸟"仍然是朝上、指向天空的，表现了不服输的精神。这句俗语简直就是刑天神话的巴蜀民俗版，传说中的刑天被杀，被砍掉了头颅，但以乳为目，以脐为口，继续战斗。

巴蜀人民敬畏太阳和崇拜太阳之光，在日常语言中还有极为生动的表现形式。

根据华夏神话中天圆地方的观念，人的身体则是其贴切的类比物，是一个缩微的小宇宙、小天地，人的脑袋相当于天，而脚相当于地，既然天圆而地方，也就可类推出头圆而脚方的结论。巴蜀方言詈语中骂人曰"方脑壳"，意思是说其人上下颠倒，脑袋长得像脚。四川方言中还有骂人蠢笨，就说"脑壳被门夹了"，言下之意是说，某人的脑袋本来是圆的，但因为被门夹了之后，变成方的了，或者用四川话说就是"瘪"了，当然就成了笨伯了。虽为方言土语、乡野詈词，却深得神话之精髓。

古人的认知当中，天是圆的，而且天上有光，"天光"源自各种星球，其中最伟大的一颗当然是太阳，所以太阳集中了圆和光明两大特性。人类为了获得太阳的神性，首先关注的就是脑袋。一个人聪明与否，要看其脑瓜子灵不灵，四川方言叫"灵光"。那么，怎样才能获得灵光呢？换一个说法，就是怎样才能让太阳的神光照进人的身体呢？其第一要义即在于脑袋要"开窍"，如果一个人的脑袋塞满了某种实体性的物质，其人一定是个笨伯无疑。蜀地俗语骂人蠢笨，就说他的脑袋里"装满了豆腐渣"，既然塞满了这种粗糙无用的东西，肯定转动不起来。反之，蜀人夸奖那些脑瓜子转得快的人，就说他脑壳"空哨"。当下的网络流行语中经常说"脑洞大开"，表示找到了灵感，一下子开了窍，一道灵光瞬间照射进来，于是找到了解决问题的办法。巴蜀文化中因神话观念的影响，其日常生活语言，显得极为活泼，有无穷魅力。

四、"灵"与"感"的神话学关联

古蜀传说中的鳖灵故事是众所周知的，他死后其尸随水而上，至郫这个地方即活了过来。后来帮助望帝治水，因有功而称王。而《山海经·大荒西经》记载："大荒之中有山，名丰沮玉门，日月所入。有灵山，巫咸、巫即……巫罗十巫，从此升降。百药爱在。"① 鳖灵与巫咸有明显的相似之处，鳖灵是古蜀传说中最重要的帝王，其神迹在于治水，而且他实现了死而复生，而巫咸的神通也是能够让死者复活；同时，他们都与水有关，鳖灵不用说是从水中复生的，巫咸所在的丰沮玉门之山，是日月所入的地方，自然也是下临黄泉。如果我们将二者的名字联系起来，一个名字中有"灵"，一个名字中则是"咸"（"感"），二者相合即为"灵感"，以此作为出发点，或可引导我们深入理解先民的神话思维特征。

"感"字由甲骨文"咸"字演变分化而来，到了现代汉语中，由其组成的基本词汇包括了人类活动中用于获取基础信息的"感官"、表现内心体验的"感动"，以及较为高级的精神性活动之"美感"等等，可以看出，这些词汇及其内涵都显示了相当的"西化"倾向，基本上已看不到其原本含蓄的民族文化与精神的丰富信息了。换句话说，由于我们习惯性地将其放在心理学、生物学、美学等西化学科的范畴中加以界定，导致其在华夏文明中的特殊内涵没有得到很好的清理。

从"感"（咸）的原始取象及其在经典文献中的用例来看，它充分体现了"地方性知识"的特征，凸显了前人观察与思考世界的角度及想象和虚构的方式。《说文解字》解释此字曰："感，动人心也。从心，咸声。"②《周易·咸卦》曰："天地感而万物化生，圣人感人心而天下和平。"王弼注："二气相与乃化生也。"孔颖达疏："天地二气若不感应相与，则万物无由得变化而生。"《周易·咸·象辞》曰："咸，感也。柔上而刚下，二气感人心而天下和平。"③ 钟嵘《诗品序》写道："气之动物，物之感人，故摇荡性情，形诸舞咏。"④《天工开物》解释砖瓦的性质云："砖瓦百钧，用水四十

---

① 周明：《山海经集释》，巴蜀书社，2019 年，第 497—498 页。
② （清）段玉裁：《说文解字注》，中华书局，2014 年，第 517 页。
③ 李学勤主编：《周易正义》卷四"咸"字条，北京大学出版社，1999 年，第 139—140 页。
④ 郭绍虞主编，王文生副主编：《中国历代文论选》（一卷本），上海古籍出版社，2001 年，第 106 页。

石，水神透入土膜之下，与火意相感而成。水火既济，其质千秋矣。"①

古人用"感"说明事物起源、艺术的发生，将"感"作为实现自然和谐与社会政治理想之最佳手段，并用"感"来阐明艺术审美功能，甚至以之解释属于实用技术范畴的砖瓦制作的工艺特征和原理。一般来说，"感觉"或"感知"是运用感觉器官捕捉外界信息，达到知觉、认识对象的目的，这个行为的发出者应该是有生命之物。但汉语"感"字的适用范围几乎无所不包，自然物和人类都能有感，不但有形之物，连阴阳二气皆可互感，已经远远超出了有生命、有感知、有意识的生物科学的范畴，也打破了物种间隔。而"感"的结果则能"化生"万物，创生出新的东西，所以"感"具有生产性、创生性。另外，通过"感"的作用还可强烈影响人类情感和心理，圣人和音乐都可以"感化"普通人，从而提升人们的道德品格。总之，"感"字所表达的意义和价值达到了对自然、个人、社会的全覆盖，这可能是其他汉字无法与之相比的。我们不得不感叹一句："感"之为用大矣哉。

（一）"感"字原形取象及其神话思维

关于"感"的原形字"咸"，甲骨文ᠬ。徐中舒指出：卜辞中"咸"用于攺人名，咸亦称咸戊。咸、咸戊即经籍所见之巫咸，亦称巫戊。咸戊为殷之元臣，功比伊尹，并列于先王受祀，其祭礼之隆亦与先王相同。②甲骨文《合集释文》记载："虫犬于咸戊。"（903）"禾酒咸。"（893）"癸卯鼎（贞）：咸我禾来岁受，佳（唯）。"（33256）"……酒，明雨；伐，[既]雨；咸伐，亦[雨]；椎卯，鸟大 （啟），易（陽）。"（11499）③卜辞中"咸"或"咸戊"出现的次数较多，他作为重要的祭

---

① （明）宋应星：《天工开物》"陶埏·砖"篇，中华书局，1978年，第184—189页。
② 徐中舒：《甲骨文字典》（上），四川辞书出版社，2003年，第92页。
③ 胡厚宣：《甲骨文合集释文》，中国社会科学出版社，2009年，第72页、71页、1631页、608页。

祀对象，应是商王族祖先中的重要一员，也很可能在征战中起到重要作用，但其最重要的身份应该是一位大巫。甲骨文中，戊、戌、戉、咸等字差异极小，都从斧头（即钺）取象，在青铜时代，这显然是表现至高武力和无上权力的象征符号。

以白川静为代表的日本学者专门讨论过"咸"及其相关的汉字，其主要观点认为"咸"是"口"与"戉"结合而成，"口"是盛放祝告文的容器，其上置"戉"（钺）是将祈祷的功效封存在"口"中。神灵夜里来访，对祈祷做出回应，神的心动即是"感"①。按白川静等人的解释，"咸"字造型上"象事"的倾向似更明显，主要表现了巫师作法降神的方法、所用之工具及效果。

巫在殷商社会是一个重要的群体，"咸"则可被视为巫师集团中最著名者。在众多巫师中首称"巫咸"，可见他为首席巫师无疑。这里的"巫咸"跟卜辞中"咸戊"或"咸"很难说就是同一个人，因为这些相同的名字出现在不同的史籍、不同的时代，但是我们或许可以推测，巫师"咸"因其神通广大，作为巫师长而成了群体的共名。正如学者们指出"荷马"是指吟游诗人这个群体及盲人诵诗这种传统（"荷马传统"），而非某个具体的盲诗人。"咸"或"咸戊"在卜辞中自然是专名，很可能是商王家族中的一位出色人物，同时是一个大巫师，但后来变成了集体名，成了一个跨越时代和地域的名称，用以指称神通广大、能沟通天地因而拥有无上权威的神人、圣人，关于这一点，传说中巫咸跟黄帝、帝尧和殷中宗都产生了关联亦可为证。② 这是典型的"历史的神话化"的结果，

---

① ［日］白川静著，苏冰译：《白川静常用字解》，九州出版社，2010 年，第 57 页。另见［日］白川静监修，小山铁郎著，刘名扬译：《神秘的汉字》，重庆出版社，2018 年，第 225 页。
② 据典籍所载，"昔黄帝将战，筮于巫咸"，他又成为"帝尧之医"，并为"殷中宗之臣"。参见周明：《山海经集释》第十六，巴蜀书社，2019 年，第 498 页注释五。

原本可能是具体的历史人物，在后来的传说中变成了神话人物了。①

再看这位大巫做了什么，是如何做的。

《山海经》这段文字给了我们丰富的文化信息。"丰沮玉门"之山是"日月所入"的地方，说明此山位于天地交接之处。按神话宇宙观，日月应从此处沉入海里，经过一夜的水下（黄泉国）旅行，第二天重新升起，完成一个神圣的生死循环。但是，日月落下后能否重新升起，就如人死能否重生，在古人来看是同一个问题，他们感到极大困惑和恐惧，于是寄希望于巫师，冀其施展法力帮助死者获得重生。这首先要求巫师自己能够上天入地，打通阴阳和生死界限，所以他们跟普通人不同。"百药爱在"实际上传递了同一个信息，此"药"即是能够起死回生的仙草。故事中"丰沮玉门"和"百药爱在"暗示出，巫师们依靠的通灵工具是"药"和"玉"。《说文解字》云："靈，靈巫也，以玉事神。从玉，霝声。靈靈或从巫。"②在《山海经》故事里，巫师们实际上是依靠了双重辅助工具和材料才获得了入地通天的神功。

从中国文学人类学关于神话的 N 级编码理论看，甲骨文字𤰇属于二级编码符号，显然是青铜时代或者金属时代的意识形态符号，而"玉门""百药"则更可能是文字出现之前的一级编码符号。一级编码以草和玉为象征，二级编码则以金为符号。《山海经》里讲述神话的时间显然已进入"铜石并用"的时代或者完全的青铜时代③，但玉文化"大传统"的神话信仰仍然存在。也就是说，虽然"咸"字表明殷商时代的"主流意识形态"已经进入金属信仰阶段，但神话传说中并没有抛弃、掩盖无文字的石器时代传承下来的信仰。《说文解字》释"巫"："祝也，

① 神话学大师伊利亚德提到，"集体记忆"会将"事件化约为范畴，个体化约为原型"。历史事件的记忆在两三个世纪后会被修正，以适应上古心态的模子，甚至只需要短短数年时间，真实事件即转变为传说故事。见［法］耶律亚德著，杨儒宾译：《宇宙与历史：永恒回归的神话》，台北联经出版事业公司，2000年，第36—37页。

② （清）段玉裁：《说文解字注》，中华书局，2014年，第19页。

③ 就"神话时间"而言，可分为神话所讲述的时间和讲述神话的时间。

女能事无形，以舞降神者也。……古者巫咸初作巫。"①许慎直接将巫咸当成巫的始祖当然是不对的，因为最早的巫师不可能用到钺这种金属的法器。在许多神话叙事中，"以玉事神"的"靈巫"和以"金"事神的"咸巫"出现并存的现象，实际上是反映了"铜石并用"的时代特征。

《国语·楚语》载："及少皞之衰也，九黎乱德，民神杂糅，不可方物。夫人作享，家为巫史，无有要质。……乃命南正重司天以属神，命火正黎司地以属民，使复旧常，无相侵渎，是谓绝地天通。"②"夫人作享，家为巫史"意味着人人都可攀缘那棵通天树上上下下，跑到天上的神仙那里去做客。"绝地天通"之后只有颛顼帝指定的御用巫师才有资格做这件事，而其"执业资格证书"就是这把大钺，它不但具有唯一性、排他性，而且具有杀伐宰制的无上威权。

由此，我们也可大略推知，巫师所用之通神工具由"草"而"玉"而"金"，体现了象征符号的"贵重化"和权力的集中化的高度相关性。③

"绝地天通"绝对是一个极其重大的文化事件，对巫师职业来说，相当于将"民营"收归"国有"，许慎"古者巫咸初作巫"的说法，实际上是一种"国家神话"的话语，要么没有看见，要么不承认处于民间的巫。我们采用 N 级编码概念加以观照，对"咸"的原始取象，以及对巫的职能、巫的工具当有更为全面的认识，并可由此进一步理解其背后的神话信仰和神话思维的特征。

（二）"感化"：宇宙万物的起源神话

创世神话是一个民族文化精神的根本，它安排了世界秩序和人类的位置，提供了观照世界的角度和思考事物的出发点，也体现了民族精神

---

① （清）段玉裁：《说文解字》卷五"巫部"，中华书局，2014年，第203页。
② 徐元诰：《国语集解》，中华书局，2002年，第514—515页。
③ 《诗经》里还大量反映出使用各种植物进行咒祝的活动。在商代，不单是青铜大钺，更有青铜大鼎等，都被视为"能协于上下，以承天休"的通天神器。

和心理的特质。

1. 混沌——创世前的世界

在全世界各民族的创世神话中，有一个最大的共同点即创世之前的状态是一片"混沌"。古代苏美尔神话讲，大地漂浮于原初咸海库尔（Kur）中，原水升出地表之上，四处横流，全部疆土一无所生，于是神尼努尔塔（Ninurta）就在库尔之上堆积石块，石碓阻遏了声势浩大的洪水，这样库尔的水再也无法升到地面。至于横流全国的水，尼努尔塔加以捯集，导入底格里斯河。[①] 阿卡德神话提到：太初的时候只有一团黑乎乎的东西，分不清界限来。[②] 古埃及神话也提到最初的世界只有水，在水中诞生了太阳神拉（Ra）。《圣经》中明确提到：在宇宙天地尚未形成之前，黑暗笼罩着无边无际的虚空和混沌。[③] 赫西俄德《神谱》中也说：最先产生的确实是卡俄斯（混沌）。[④]

华夏各民族的创世神话中，天地未分时同样是一片"混沌"。《老子》第二十五章载："有物混成，先天地生。"[⑤]《淮南子·精神训》则说："古未有天地之时，惟像无形，窈窈冥冥。"[⑥] 我国汉族民间神话《黑暗传》讲述了盘古生于水的故事："一片黑暗和混沌，天地茫茫无一人。乾坤暗暗如鸡蛋，迷迷蒙蒙几千层。盘古生在混沌内，无父无母自长成。那时有座昆仑山，天心地胆在中心，一山长成五龙形，五个嘴唇往下伸，五个嘴唇流血水，一齐流到海洋内，聚会天精与地灵，结个胞胎水上存，长成盘古一个人。"[⑦]

彝族创世史诗《查姆》讲："远古的时候，天地连成一片。上面没有

---

① ［美］萨缪尔·诺亚·克拉莫尔著，叶舒宪、金立江译：《苏美尔神话》，陕西师范大学出版社2020年，第96页。

② 姬耕：《巴比伦神话故事》，中国民族摄影艺术出版社，1998年，第100页。

③ 张永仲：《两个创世故事——创造与服从》，《中国天主教》2018年第6期。

④ 王振军：《论〈神谱〉的哲学叙事》，《南阳师范学院学报》2017年第1期。

⑤ 蒋锡昌编著：《老子校诂》，成都古籍书店，1988年，第166页。

⑥ 张双棣：《淮南子校释》，北京大学出版社，1997年，第719页。

⑦ 转引自林佳焕：《〈黑暗传〉整理研究30年》，《长江大学学报》2011年第7期。

天，下面没有地，分不出黑夜，分不出白天。"① 土族创世史诗《混沌周末歌》说："周天一气生混沌，无天无地并无人；混沌无极生石卵，混沌初分一元生。石卵它在石地圆，滚来滚去八百年；有朝一日石卵破，内中走出盘古仙。"② 阿昌族创世史诗《遮帕麻与遮米麻》中说：远古之时，无天无地，只有混沌。混沌之中，无明无暗，无上无下，无依无托，无边无际。不知何年何月，混沌中闪出一道白光，有了光明，就有了黑暗，有了黑暗，就有了阴阳；阴阳相生诞生了天公遮帕麻和地母遮米麻。③ 彝族创世史诗《阿细的先基》中"最古的时候"说，天地未有开辟之前，"云彩有两层，云彩有两张"，"轻云飞上去，就变成了天"，"重云落下来，就变成了地"④。

2."气化"：华夏文明特有的创生观念

在原始混沌状态，原初的物质往往是气或者水，这是生命产生的基本要素。殷商时代，甲骨文中反映出河神（黄河神）崇拜和祭祀，也是因为河水带来了鱼类，并具有促使谷物生长的神奇功能，人类赖之以生存。典籍中记载黄帝以姬水成，炎帝以姜水成，正因为河水的创生功能和水道运输作用，才能造就强大的政权。兄弟民族神话中讲"万物生于水，我祖水中生"。⑤

但是在中国古代神话哲学里，气比水更具有原初性。《管子》云："凡物之精，此则为生。下生五谷，上为列星；流于天地之间，谓之鬼神；藏于胸中，谓之圣人。是故民气。"⑥《礼记·月令》云："是月也，天

---

① 郭思九、陶学良整理：《查姆》，中国国际广播出版社，2016年，第4页。

② 陶阳，钟秀著：《中国创世神话》，上海人民出版社，1989年，第55页。

③ 转引自罗夏梓平：《阿昌族史诗〈遮帕麻和遮米麻〉的文化分析》，《怀化学院学报》2019年第1期。

④ 云南省民族民间文学红河调查队搜集翻译整理：《阿细的先基》，云南人民出版社，1978年，第6—7页。

⑤ 彝族典籍：《六祖史诗》，见刘尧汉《中国文明源头新探》，云南人民出版社，1985年，第37页。

⑥ （春秋）管仲著，李勉注译：《管子今注今译》（下册），台湾商务印书馆股份有限公司，1988年，第166页。

气下降，地气上腾，天地和同，草木萌动。"①《列子·天瑞》云："清轻者上为天，浊重者下为地，冲和气者为人；故天地含精，万物化生。"②王充说："天地合气，物偶自生矣。"③王维诗云："行到水穷处，坐看云起时"（《终南别业》）。④可见，"气"比之于"水"是更高的存在之境。

"两希"创世神话中有"泥土造人"母题：上帝吹入灵气，使用泥土造的第一个人亚当成了"有灵的活人"。女娲抟黄土造人是同样的母题，但没有吹入气息的细节，似乎我们传统的造人故事中泥土自然禀赋了灵魂，因为先有气后有形，气是比形更为持久的生命形态。古代农学家告诉我们，为什么粪便可以做肥料促使庄稼生长呢？那是因为粪便虽是人体将食物精华吸收后的废弃物，但仍然有余气的缘故。

"气"是"存在的根基"，阴阳二气相交，新的事物即诞生，这一观念在文学作品中也得到了鲜明的体现。《西厢记》卷四第六、七节描写莺莺月下烧香并叹气，于是"……香烟人气，两般儿氤氲得不分明"。⑤面对此人此景，张生断定"小姐此叹必有所感"。这个情节的高妙，即是用可见之"气"来表现不可见之"感"；这也是一种预示，表明张生虽然在言语上仍然未通款曲，却已受到这种"气"的感染，与之产生了心意上的相通。鲁迅小说《故乡》中提到，"我"与闰土已经隔绝了，但我们的后辈却还是"一气"。所谓"同声相应""同气相求"，成人之间因为各自的经历和所受教育的不同而产生了隔膜，但"人"终究在天然属性上是相通的。可以看出鲁迅作为反传统的启蒙思想家，当他发现闰土们已经难以唤醒，又反过来到传统文化中寻找到聊以慰藉的希望。公元7世纪时，日本天皇的一首悼亡诗中有"浓雾笼其间"一句，白川静

---

① （唐）孔颖达：《礼记正义》，中华书局，1957年，第223页。
② 杨伯峻：《列子集释》，中华书局，1979年，第8页。
③ 北京大学历史系《论衡》注释小组：《论衡注释》，中华书局，1979年，第207页。
④ 《唐诗三百首》，江苏凤凰文艺出版社，2021年，第228页。
⑤ 金圣叹批评，傅晓航校点：《贯华堂第六才子书西厢记》，甘肃人民出版社，1985年，第95页。

认为是暗示灵的出现，并说"把云和雾，看成是死者的，或者离得很远的人的灵魂的表象，是古代人一般的观念"。①

在古人看来，最初的生物属于"无中生有"，都是"气化"所致，因此而形成了一个重要的创生概念。一个新生的事物或者一个伟大人物之将兴，可以通过对"气"的观察得以预知。《鸿门宴》中范增说："吾令人望其气，皆为龙虎，成五彩，此天子气也。"②帝王宝座"花落谁家"尚不明朗，但其气的存在已被侦知，因而可对形势作出准确预判。历法中有二十四节气，这不仅仅是农业生产的时节问题，人们也需要过节，而过节的重要目的当是为了"感气"，与天地"同气"，从而"参与"到宇宙自然的勃勃生机中。③

（三）"感生"：神话英雄的诞生

《竹书纪年》记载："帝舜有虞氏，母曰握登，见大虹意感而生舜于姚墟。"④《河图·始开图》载："黄帝，名轩，北斗黄帝之精。母地祇之女，附宝之郊野，大电绕斗枢星，耀感附宝，生轩，胸文曰'黄帝子'。"⑤《诗纬含神雾》："瑶光如鲵贯月，正白，感女枢于幽房之宫，生颛顼。"⑥《拾遗记》："帝喾之妃，邹屠氏之女。……妃常梦吞日，则生

---

① ［日］白川静著，王巍译：《中国古代民俗》，春风文艺出版社，1991年，第32页。
② （汉）司马迁：《史记·项羽本纪》，中华书局，1985年，第311页。
③ "参""赞"是传统文化的重要概念，如"与天地参""参天地，赞化育"等。另：［英］简·艾伦·哈里森谈到仪式的功能，是旨在重构一种情境，而非再现一个事物，因而仪式的目的不是为了"模仿"，而是为了"参与"。哈里森这里的意思是：仪式的参与者产生了对族群和社会的归属感，也即 take part in，成为其中的一员。两相比较，中西文明差异显然。参哈里森著，刘宗迪译《古代艺术与仪式》第一、二章，生活·读书·新知三联书店，2008年。
④ 王国维：《古本竹书纪年辑校》（影印本），《今本竹书纪年疏证》卷上，第5页。
⑤ 《河图·始开图》，见［日］安居香山、中村璋八辑：《纬书集成》，河北人民出版社，1994年。转引自杨建军：《远古帝王及三王感生神话考》，《西北民族研究》2000年第2期。
⑥ （汉）无名氏：《诗纬含神雾》，转引自杨建军《远古帝王及三王感生神话考》，《西北民族研究》2000年第2期。

一子，凡经八梦，则生八子，世谓之八神。"①这里的"帝"即为帝喾。据史学家考证，帝俊、帝喾、帝舜是同一人，而这些"帝"亦应为太阳神。

土家族有女子吞食水中之物怀孕生子的感生神话。始祖卵玉把天地射开后，见世上没有人烟，便伤心地哭了。女娲娘娘劝卵玉不要哭，要她一直沿着黄河走，如看见八个桃子从上流漂下来时，务必捡起来吞食掉，即使是一朵桃花，也要捡起来吞掉，这样世上就会有人烟了。卵玉照着女娲的话去做了，就有了身孕。怀孕三年零六个月，终于生下了八儿一女。②

据袁珂先生的解释："这些感生神话，都反映了原始氏族社会前期母系社会'民知有母而不知有父'（《商君书·开塞》）的真实情况。一方面'不知有父'，另一方面人们又要去追究那些相传曾经领导过他们对大自然进行斗争、有过创造发明的著名人物（多半是所谓'圣王'）的来历，于是就不能不创造神话以为解答了：这就是感生神话的所由起。"③王孝廉也提到，"感生神话与处女怀胎的信仰是源于古代的母神信仰，感生而怀胎的处女往往也就是民族的原始母神"④。列维–布留尔则认为感生是一种互渗律想象的反映："婴儿并不是受孕的直接结果；不受孕也可以生出来。受孕可说只是为母亲接受和生出那个已经形成的、居住在地方图腾中心之一的婴儿魂作准备。"⑤

列维–布留尔属于心理学倾向的解释，袁珂、王孝廉则属于历史学倾向的解释，他们的观点无疑代表了对感生神话的主流看法。这些神话学大家的解释自有其道理，但并不妨碍我们从其他的角度来考察这一类

---

① （晋）王嘉：《拾遗记》卷一。转引自杨建军：《远古帝王及三王感生神话考》，《西北民族研究》2000 年第 2 期。
② 陶阳，钟秀：《中国创世神话》，上海人民出版社，1989 年，第 55 页。
③ 袁珂：《古神话选释》，人民文学出版社，1979 年，第 53 页。
④ 王孝廉：《中国的神话世界》，作家出版社，1991 年，第 179 页。
⑤ ［法］列维–布留尔著，丁由译：《原始思维》，商务印书馆，1981 年，第 331 页。

型性特征非常明显的神话故事。有学者研究了《史记》中记载的八则感生神话，其感生神灵为龙的故事有三个、为玄鸟的二个，为天、为日、为巨人的各一个，可以看出这些感生神话故事似乎生发自同一"神话原型"①。我们发现这些感生神话有一个明显的"原型性结构"，即属于阳性的、父性的一方出于或处于天空，而属于阴性的、母性的一方则存在于地面，前者在上位，后者在下位，前者是神，后者是人，也就是说两个处于不同范畴的神和人产生了感应，从而诞生了一个半神半人的英雄人物。其中的"底层逻辑"即是天/地的二元对应与感应相生的关系，在此观念下才产生了"天父地母"神话，由此，我们可以说"感生"是通天地、阴阳的结果。

（四）"灵感"与太阳崇拜

1. 太阳崇拜与早期帝王传说

传说时代的帝王几乎都跟太阳神挂钩。《山海经·大荒南经》载："羲和者，帝俊之妻，生十日。"②帝俊是太阳的父亲，自然也是太阳神。《帝王世纪》记载：帝喾刚出生时，自道其名为"俊"。王国维认为"俊"是商代高祖中地位最显赫者。《山海经·大荒西经》言"帝俊生后稷"。颛顼帝号"高阳"，也是太阳神。根据何新、叶舒宪、王孝廉等人的研究，伏羲、黄帝、尧、炎帝、太昊、少昊、汤等许多古帝王很可能自原始太阳神演化而来，都代表了上古时代的日神。③而现世的帝王也都以祭祀日神为己任。《礼记·郊特牲》载："郊之祭也，迎长日之至也，大报天而主日也。"郑玄注："天之神，日为尊。"孔颖达疏："天之诸神，

---

① 于玉蓉：《〈史记〉感生神话的生成谱系与意蕴变迁》，《民族文学研究》2019年第4期。
② 周明：《山海经集释》，巴蜀书社，2019年，第489页。
③ 何新：《诸神的起源》（生活·读书·新知三联书店1985年）、王孝廉《中国的神话世界》（作家出版社1991年）、叶舒宪《英雄与太阳》（上海社会科学院出版社，1991年）等著作的相关章节中皆讨论了这一主题。

唯日为尊，故此祭者，日为诸神之主，故云主日也。"①

"黄帝"堪称华夏各民族的共祖，"黄"之一字，按《说文解字》"从田从茨"（即光）。从田从光的黄字，毋宁解为光字中加日的晄，即晃，实即日光之字。《风俗通》引《尚书大传》云"黄者光也、厚也，中和之色，德四季"。②《释名》曰："黄，光也，犹晃晃像日光也。"③黄帝正是德施四季之光帝，是太阳神。而帝尧、舜、禹、汤，甚至文王，据《史记·五帝本纪》所云，皆是黄帝后裔，即都是太阳神的传说。如《易通卦验》云"尧之精阳，万物莫不从者"（精阳即阳精）。④白族甲马纸中太阳神形象有两大类：一是一张圆圆的人脸，周围大放光芒；一是一位平常人的形象⑤。

在传统神话中，太阳神的神格特征应该说首先体现为光明，其次是其热力，再次才是其圆的性状。⑥《淮南子》云："若木在建木西，末有十日，其华照下地。"⑦若木是西方的太阳神树，其光华自然源于太阳。《礼记·礼器》云"大明生于东，月生于西"⑧。突出的还是太阳的光明，太阳神即是光明与灵感之源。可以推论，帝王们既然自拟为太阳，其自我画像也必然是以光芒作为其首要表征。

2."霝感"与日光崇拜

既然传说中的帝王都是太阳神，而作为这些帝王的后裔，华夏民族

---

① （清）孙希旦撰：《礼记集解》，中华书局，2017 年，第 688 页。
② 转引自杨希枚：《中国古代太阳崇拜研究》（语文篇），见杨希枚：《先秦文化史论集》，中国社会科学出版社，1995 年，第 753 页。
③ 同上。
④ 参见杨希枚：《中国古代太阳崇拜研究》（语文篇），见杨希枚：《先秦文化史论集》，中国社会科学出版社，1995 年，第 754 页。
⑤ 张明曾：《白族的太阳崇拜》，《大理文化》2007 年第 5 期。
⑥ 《淮南子·天文训》中不仅说日是火之精、阳之主，而且说"天道日圆""圆者主明"。圆而光明日道，即太阳神的性形之道。可参见杨希枚：《中国古代太阳崇拜研究》（语文篇），见杨希枚：《先秦文化史论集》，中国社会科学出版社，1995 年。
⑦ 张双棣：《淮南子校释》上，北京大学出版社，2013 年，第 451 页。
⑧ （清）孙希旦撰：《礼记集解》，中华书局，2017 年，第 660 页。

的每一个成员也就理所当然地分享了太阳的能量（或灵力）。《周易》所谓"天地之大德曰生"，每一样生物、每一个人都或多或少地得到了天帝之"德"，获得上天发射下来的霝光。《易·系辞》提到，伏羲作八卦"以通神明之德，以类万物之情"①。"通神明之德"可以理解为接受太阳的照射，这个主题在各地岩画中表现得非常突出，比如内蒙古白岔河畔第9组岩画，上方画一太阳神面具，其下一巨型母鹿正在分娩小鹿，一对男女正在交媾，性交的女人拉着一个幼童。②

帝王们自比于太阳，普照大地，泽被天下，一般人自然不可能成为太阳那样的发光体，也没有资格去照亮别人，但人们却无不希望接受阳光的照射，无不积极追求光明。因为只有受到光的照射，才能破其懵懂，变得有灵性，才能成为聪明伶俐的人。

关于"灵"字的解释，《字类》云："小热貌。"③显然是个简化字或借用字，其原字"霝"，甲文作𣲹、作𣲷、作𣲸等形。④

《说文解字》云："霝，雨零也。从雨皿，象零形。《诗》曰：'霝雨其濛'。"段注："（零）各本作零。今依《广韵》正。霝与零义殊。许引《东山》'霝雨'，今作'零雨'，伪字也。《定之方中》：'霝雨既零。'《传》曰：'零，落也。零亦当作霝。霝亦段靈为之。'《郑风》'零露溥兮'，正义本作靈。笺云：'靈，落也。靈落即霝落，雨曰霝零，艸木曰零落。'"⑤从这些用例看来，"霝"或写作"靈"，是"落"的意思，而"霝"与"落"又是同义词，而且都跟雨有关。而"霝"的甲骨文造型，也似乎可以看出雨点落下之象。

---

① 李学勤主编：《周易正义》，北京大学出版社，1999年第298页。
② 张松柏、刘志一：《内蒙古白岔河流域岩画调查报告》，《文物》1984年第2期。
③ 引自《汉语大字典》（缩印本）"灵"字条，湖北辞书出版社、四川辞书出版社，1995年，第917页。
④ 刘钊等编纂：《新甲骨文编》，福建人民出版社，2009年，第626页。
⑤ （清）段玉裁：《说文解字注》第十一篇下"雨部"，中华书局，2014年，第578页。

但还有另一解释。《广雅·释诂三》云："霝，中空也。"①《汉语大字典》中"霝"字列出了两个主要义项，一是"降雨"，二是"中空"。"中空"即可透光之意。周清泉指出许慎将"霝"解作落下的雨滴是错误的，因为甲骨文"霝"中的竖笔和点已经是雨丝雨点了，而且根据"音以载义"的规则，"霝"音 ling，其字在甲骨文中有一口二口三口的，此口、吅、品皆读 ling，像空明的靈光形，是故"霝"是"靈"的本字。"霝"实质上是指透过林中枝叶的间隙投射下来的天光，其下品为光足、光柱的象形。②

"霝"之为字，到底取象于雨还是取象于光？"雨"字的甲骨文象形跟"霝"字上半部分没有区别，只是后者多了三个"口"形。两字都有"自上而下"、从天上发送到地面的含义③，难免在词义上有部分重叠，所以两字都有"落下"的意思在内。而且，不论落下的是雨还是光，在神话思维中二者都具备神圣性，都对植物生长产生神奇作用。上所引《郑风》笺注"雨曰霝零"一句，"零"之前用"霝"字，无疑表明农耕文明中对雨水的崇拜之情。《说文解字》玉部曰："靈巫，以玉事神。从玉霝声……或从巫。"④ 在商代，巫师的一个重要职能是求雨，史载商汤王曾连续遭遇数年大旱，而以身祷于桑林。

"霝"字从雨和从光这两种看法并存，还有部分原因来自用例中这两个含义存在重叠、混用、交叉，上所举例还可看出，在文字构造上也存在"层累式"叠加的现象。但我们认为，其原始取象仍然是可以明确判断的。"霝"作为神话意象和原型，形成了其特有的表征符号系统，并带有相应的神话观念。文庙的櫺星门虽只是立于露天之牌坊式构

---

① （清）王念孙著，钟宇讯点校：《广雅疏证》释诂三影印，中华书局，1983 年。
② 周清泉：《文字考古》第一册，四川人民出版社，2003 年，第 213—233 页。
③ 《说文解字》段注"雨"字云："引申之，凡自上而下者称雨"。许慎撰，段玉裁注，许惟贤整理：《说文解字注》第十一篇下"雨部"，凤凰出版社，2007 年，第 993 页。
④ （汉）许慎：《说文解字》，中华书局，1963 年，第 13 页。

造物，却是其重要的标志性建筑物之一，其形制和名称值得注意。虽名为门，它实际上又采用了窗的形式，而窗正是书房的代称（"窗棂"即意指透窗之灵光）。櫺星门的仪式功能表明，凡经过此门者即受到灵光照射，从而进入神圣之境，成为孔圣门徒。《三国演义》中最聪明智慧的人姓诸葛名"亮"，字"孔明"；《水浒传》中智多星吴用号"加亮"，寓含赛诸葛之意。四川方言表达某人聪明，就说"脑瓜子靐光""脑壳空哨""开窍"等，初入学堂叫"发蒙"，网络流行语有"脑洞大开"等语。头盖骨名为"天灵盖"，头部的某个部位被称为"灵台"，相反，如果脑袋不灵光、不开窍，就是"木脑壳""榆木疙瘩"。这些都是将人的脑袋隐喻为中空而能受光或透光之器。故此，"靐"作为中空而受光的意象非常突出，我们明显看到了一个"意象和隐喻的脉络"，它已构成了汉语文化中独特的"典故与感受体系"。[①]

　　现代汉语"灵感"一词，其字源分别为"靐"与"咸"二字无疑，它们在构造上具有共同点，都有"口"形，我们认为，此"口"应该都是光照的意象，因为巫师在仪式中除了借助玉、金等法器，他们还要自拟于太阳、借助阳光体现其神圣性。英国"斯托肯巨石圈"是一座太阳神庙，每年夏至这天，太阳升起的位置恰与巨石圈外一块被称为"踵"的巨石排列成一条直线。美洲安第斯高原上的蒂亚瓦纳科曾是一个举行宗教仪式的中心场所，这里的太阳门是在整块巨石的中央凿一门洞，每年冬至和夏至，曙光就会穿过距太阳门东方一百米远的小门，形成一道光柱一直照射到太阳门正中的太阳神像上。墨西哥古城废墟——特奥蒂瓦坎"每年的 5 月 19 日中午和 7 月 25 日中午，太阳就会直射在太阳金

[①]　弗莱十分注重一个民族所拥有的"由传统故事和原型典故构成的神话体系"，正是这个神话体系才能赋予其"共享的文化传统"。见［美］弗莱著，吴持哲译：《神力的语言》，社会科学文献出版社，2004 年，第 130 页。

字塔顶上。① 在三星堆、金沙遗址中，我们都看到了太阳崇拜的种种象征形象，特别是青铜人的纵目及其特殊的手势，很可能是巫师跟阳光对接的造型。我们或许可以推知，"咸""咸戊"的重要仪式行为，就是在特定地点、特定时间，通过占据太阳光柱所照射的神圣点位，达到与太阳光线合一，实现天地沟通，从而为人间获取太阳的灵光和上帝的能量。

（五）"感通"与圣贤之养成

在神话观念中，"神"与"圣"是有区别的。《说文·示部》曰："神，天神，引出万物者也。"② 神是天神，圣则是人王。《易·咸》曰："圣人感人心而天下和平。"③《周礼·大司乐》曰："凡六乐者，一变而致羽物，及川泽之示；再变而致裸物，及山林之示；三变而致鳞物，及丘陵之示；四变而致毛物，及坟衍之示；五变而致介物，及土示；六变而致象物，及天神。"④ 所以，神与圣体现的是自然与人文的二分，前者有自生自化的功能，后者是效法天地而有所作为（"参赞"），讲究"人文化成"。

人类如何才能了解客观事物？传统知识论在回答这个问题时颇具特色。王阳明说："盖天地万物，与人原是一体。其发窍之最精处，是人心一点归灵明。风雨露雷，日月星辰，禽兽草木，山川土石，与人原只一体。故五谷禽兽之类，皆可以养人；药石之类，皆可以疗疾，只为同此一气，故能相通耳。"⑤ 世间万物包括人类皆出于同一本源，最初始的元素都是"气"，在本质成因上是相同的、相通的，因此"人皆可以为圣贤"。

---

① 段守虹：《巨石建筑之精神诠释——有关对太阳崇拜的远古遗存之一》，《世界文化》2013年第6期。
② （汉）许慎：《说文解字》，中华书局，1963年，第8页。
③ 李学勤主编：《周易正义》，北京大学出版社，1999年，第140页。
④ 杨天宇撰：《周礼译注》，上海古籍出版社，2007年，第328页。
⑤ （明）王阳明著，张怀承注译：《传习录》，岳麓书社，2004年，第296页。

　　不过，由于万物分殊，各归其类，一般的自然之物或普通之人受到各种先天、后天条件的限制，其所"感"的范围极其有限，只能在同类之间实现相感，即所谓"类感"（《文心雕龙·丽辞》："龙虎类感"），超过物种界限就不行了，所以"风马牛不相及"。

　　圣人却能克服众人的不足而实现"感通"的境界。《易传·象传》曰："天地感，而万物化生。圣人感人心，而天下和平。观其所感，而天地万物之情可见矣。"[1]孟子说"万物皆备于我"。但是，如何才能超越"类感"而达到"通感"的圣人之境呢？陆游"胸次岂无医国策，囊中幸有活人方"（《小疾偶书》）。[2]过去的读书人"不为良相，则为良医"，又讲"治大国若烹小鲜"，似乎干好了医生和厨师就能当国家领导人了，这背后到底是什么话语逻辑呢？原来医和巫是同源的，中医药跟咸戊们举行通天仪式中所使用的"百药"仙草是相同的东西，哪些草可以治病、可以起死回生，他们可以凭借自己的"灵感"获得认识。

　　为了实现这一目的，圣人首先要实现"身体的灵化"，将身体转变成灵敏的感受器。在原始仪式中，巫师需要借助能够致幻的药草、仪式舞蹈与音乐甚至祭肉的香气等，另外还有个特别重要的环节，即在神圣的时间和神圣的地点让灵光钟注和照射其身，这些因素共同形成一个神圣之境。中医治病时讲究的"望闻问切"，也是建立在医生自身灵敏的感官知觉上的，其中的高明者甚至不需要"问"，不依靠病人的自述，而仅需医生凭借其"灵感"，即可准确判断病情。《红楼梦》第十回贾蓉要先介绍秦可卿的病，但高明的张太医却要先看脉。中医与病人之间应该超越了一般的"共情"或"同情之理解"的范畴，因为这只是暂时性的代入对方的位置去体验和感受，跟"感通"的存在论、认识论基础不一样。

---

①　李学勤主编：《周易正义》，北京大学出版社，1999年，第139—140页。
②　（宋）陆游：《陆游全集》，中国文史出版社，1999年，第975页。

其次，获取或者创制象征符号是实现"感通"的积极手段。比如河图洛书，是古代圣人得到上天授予的神秘符号；个别特殊人物因到上界做客，获得了"天书"或者秘密知识，从而成为大巫师或者首领，也是传统叙事中常见的母题。而《周易·系辞》则记载："古者包羲氏之王天下也，仰则观象于天，俯则观法于地……于是始作八卦，以通神明之德，以类万物之情。"①《淮南子·本经训》载："昔者仓颉作书，而天雨粟，鬼夜哭。"②这些"图"或者"文"当然不是抽象的文字符号，也不是指示性记号，它们本身就带有神圣的灵力，其创制者、拥有者或者研习者都能感受其巨大能量，并受到感染与同化，从而也就拥有了灵力（传统书画也正是在这一存在论、认识论基础上获得艺术生命力的）。

过去的东西并非全是糟粕，在传统文化语境中，人类的生命节律应该是与天地同步、跟四季合韵的，但受"现代文明"冲击后，原有的文化信息和生存智慧逐渐被遗忘。神话学家哈婷告诉我们："……当一个文明面临伦理和经济——世界哲学——的断裂时，除了再次强调其文化的基础思想外，似乎别无他路。"③当我们在现实生活中感到越来越急躁，或者深受焦虑症、抑郁症威胁时，重新挖掘传统智慧，可能会得到有益的启发。

① 李学勤主编：《周易正义》，北京大学出版社，1999年，第298页。
② 张双棣：《淮南子校释》，北京大学出版社，2013年，第841页。
③ ［美］艾瑟·哈婷著，蒙子等译《月亮神话——女性的神话》，上海文艺出版社，1992年，第6页。

第六章

古蜀神话与民间信仰及习俗

一、古蜀神话与民间信仰

（一）古蜀神话与民俗概说

1. 神话与民俗

我国早期神话学者的研究提示我们：古代"口耳相传"的史料虽然不尽符合史实，但大都具有历史的核心和渊源，因此这些未经加工整理的零散资料，应比"正史"更为质朴①。这里所谓"质朴"，换一个说法也可以说是更具有民间性、民俗性，那些口传资料或许不是某一特定历史事件的如实记录，却因其在民间广泛、长期流传，反映了真实的民众心理和民间风俗，因而超越了个别史实，具有更高的真实性。民间信仰、习俗与口承故事、神话传说之间，有着极为密切的亲缘关系，甚至可以说，远古神话本身就是对仪式和民俗的口头讲述；前者属于叙述行

---

① 天石《序言》，徐旭生：《中国古史的传说时代》，广西师范大学出版社，2003年，第1—21页。

为，后者则是仪式行为。因此，古籍中所载的神话传说与故事，虽然属于文字记录，并往往被奉为经典，但本质上还是对悠久的口头传说的"摘录"，而其背后更是蕴含着丰富的民俗事象。

民俗学所谓的"民间信仰与习俗"，主要指的是生活在偏远乡村的农民，因为他们大多数不识字，其文化得自于习染和口承，不知其然却自然而然，保持了一种古风，故与城市文明相比，其变化极为缓慢。而这种质朴的、却是活生生的文化存在，恰恰可以帮助我们这些走得太快的现代人、城里人理解古老的传统文化。前人在有关地方风俗的记录中名曰"年中行事"的，指的就是以"年"为时间单位和周期、以农业生产与生活为主要内容的相关传统，因此，民俗研究的内容极为广泛，而对象范围则主要是农业社会。

可见，在神话学之"神话"与民俗学之"民俗"之间，并不是完全对应的。这会导致古代神话的民俗研究变得极为困难，不但其内容庞杂，而且意味着它既包括某个神话产生时的"民俗"，也包括一直流传到现在的相关"民俗"。在历史变迁中，有的神话虽然还能在典籍中读到，而相关习俗因早已失去存在的根基，消失在历史长河中，变成真正的遗迹，这样即使神话文本依然存在，但我们理解起来也非常困难。

2. 古蜀民间信仰与习俗概说

古蜀文明的发生与发展历史中，形成了丰富多彩的民间信仰和习俗。从典籍记载和考古发现的资料中，许多习俗可谓源远流长，表现了远古人类和古蜀先民质朴的观念，和他们对宇宙的认识、对人类的看法，以及对自身的思考。总结起来，古蜀民间信仰与崇拜虽然都是自远古产生，但可分为两个部分，一部分现在已变为遗迹，另一部分一直延续到当代的民俗生活中。

关于那些已经变成文化遗迹的古代信仰，在典籍中多有记载，古代民间仪式中也长期存在，但当代社会中却很难再觅其踪迹。据不完全统计，这些文化遗迹主要包括以下各种：

其一是水神信仰。跟中原神话一样，大禹也是古蜀神话中第一位治水的大神，他在岷江上游汶川一带治水时，还得到了汶川神的协助，禹治水到瞿塘峡时，在云华夫人的协助下，降伏十二孽龙，并将其变成十二座山峰。^①《华阳国志》《蜀王本纪》及其他典籍还记载有鳖灵其人其事，以及李冰治水、文翁治水、江渎神等神话故事。

其二是大石崇拜。童恩正先生曾指出，从我国东北到西南，因生态环境的相近，存在着一个半月形文化带，其中也包括石文化的传播。^②在大禹神话中，石头甚至是生命本原，扬雄《蜀王本纪》载："禹本汶山郡广柔县人，生于石纽。"^③还有禹的儿子启生于石的记载（《淮南子》），河南嵩山有"启母石"遗迹。说明华夏民族驯服洪水的家族都是从石头里诞生的。成都平原到处都有大石崇拜的遗迹，如石人、石犀、石牛、石龟等，还有石笋、武担石、支矶石等。四川境内的藏、羌、纳西等兄弟民族有白石崇拜的信仰，叙府（今宜宾）也能找到白石崇拜的遗迹^④。

其三是树神崇拜。树神崇拜最典型的遗迹当然是三星堆神树，据研究，在巴蜀以外，我国考古发掘中很少发现树神崇拜物，青铜神树展现了独特的古蜀地域文化，有学者认为它是扶桑、建木、若木的综合形象。^⑤另外，汉墓中发现了大量的摇钱树图像。如彭山（1972年出土于彭山县江口镇石龙村的东汉崖墓）、广汉（1983年在广汉万福乡出土一株，不久，又在该市三水乡出土一株）、绵阳、三台、新津、忠县、西昌等地，都有摇钱树画像的出土，其图纹多为神话传说故事及人物，包

---

① 根据民间流传的神话故事，岷江上游的水治好后，禹又教人民种植青竹，保住了泥土，锁住了作怪的泥龙。于是"石城山"便改为"青城山"了，青城山民在山上修了"川主宫"，塑了大禹神像，年年祭拜。见侯光、何祥录编选：《四川神话选》，四川民族出版社，1992年，第331页。

② 参童恩正：《试论我国从东北至西南的边地半月形文化传播带》，载《文物与考古论集》，文物出版社，1987年。

③ 见（清）严可均：《全上古三代秦汉三国六朝文》卷五十三，中华书局，1958，第415页。

④ 参见葛维汉：《四川的宗教信仰》，《民间文学论坛》1989年第6期。

⑤ 樊一：《三星堆寻梦》，四川民族出版社，1998年，第95页。

括西王母、伏羲女娲及四灵、神仙、羽人等，一般认为三星堆神树是摇钱树的祖型[1]。

此外，还有蚕神崇拜、蛇崇拜、虎崇拜、鸟崇拜等等，这些往古的神圣观念在现实生活中几乎都已找不到踪迹了。例如 20 世纪 30 年代还有学者在川西平原见到过突兀耸立的巨石，但如今已找不到踪迹了。

神话是用想象和借助想象以征服自然力、把自然力加以形象化的产物，在人类社会的初级阶段，许多显得神秘、因而引起敬畏的那些事物都往往会成为神话的主角，但是随着这些自然力被支配，曾经被先民奉为神圣的东西就逐渐失去魅力，久之就变成遗迹，供人凭吊和追思，而其信仰的核心部分则消失在烟波浩渺的历史长河中；但另有一些民俗信仰则仍然保持了生命活力，在人们的日常生活、语言习惯中，还时时可见、处处可寻，继续为我们提供人文精神的滋养和文学想象的资源。接下来将重点探寻这类民俗，以期深入理解华夏传统与西蜀文明的渊源与脉络。

（二）再生信仰与古蜀神话地理

1. 古蜀地理特征及其神话想象

古代的蜀地是从一片低洼的沼泽中缓慢上升形成的，千百里之外的巨大山峰常年积雪，冰雪融化后浇灌着下游的平原，同时裹挟大量泥沙滚滚而下，久之即将本为沼泽的低洼地慢慢填平，形成肥沃的冲积带。整个川西平原呈西北高、东南低的明显走向，以岷江、沱江为主的大小水系穿越而过，若遇上游山洪突涨或下游泄洪不畅，即成一片泽国。[2]成

---

[1] 邱登成：《汉代摇钱树与汉墓仙化主题》，《四川文物》1994 年第 5 期。

[2] 彭邦本提到，从距今约 200 万年的旧石器时代早期的巫山人，到旧石器时代晚期的资阳人、筠年人和铜梁县张二塘、资阳县鲤鱼桥、汉源县富林、攀枝花市廻龙湾等遗址，反映出当时人类栖息生活的地点，一般位于盆地周边或者盆地之内的山地丘陵、近水的小山或山坡上。这种情况直到新石器时代早、中期仍未根本改变，因为由岷江、沱江水系冲积而成的川西平原，位于盆地底部，古时沼泽河流密布，长年积水而不宜栖居，直到新石器时代晚期，距今 4500 至 3700 年的宝墩文化诸史前聚落涌现于川西平原。见彭邦本：《上古蜀地水利史迹探论》，《四川大学学报》2007 年第 6 期。

都平原从都江堰到郫都区到成都一线，原是岷江口的正中冲击线，由于这条线的沉积物堆积增厚，陆地升高，江水即从两边分流。[①] 与黄河和长江中下游的冲积平原相比，在冲积平原这个性质上讲，都是相同的，但在地理形势上，川西平原虽然面积不算太大，却有其独特性，完全算得上是华夏地理范围中独一无二的单元。

在交通工具落后的情况下，平原的面积越大，其辐射的距离和范围越广，其文化所影响的人群数量越多，国家的形成和文明的出现也可能越早，所以大江大河的中下游很容易形成庞大的文明体。每个文明体也自然产生了对养育其人民的大江大河的崇拜心理，敬之为神，殷墟甲骨中就多记有祭祀河神（黄河之神）的卜辞。

古人将河水视为生命之源，是滋生万物的神圣之水，对于这水的源头当然会产生好奇心，是故华夏先民对河源、江源的探究从未停止过。一般情况下，人群会沿着江河两岸向下游流动，因为下游的地势更平坦，土地更肥沃，更易生存；但在残酷的氏族斗争中，失败的一方则只有向崇山峻岭中迁徙，这也意味着向江河的上游进发。因此对于生活在中下游的民族来讲，对江河之源的认知仅仅停留于神话想象，而对于本身就生活于上游的民族来讲，却是生活于"神话"之中。明朝之前，典籍中单独所称的"江"多指长江，古人亦视岷江为长江之正源，直到徐霞客通过实地考察后，才将长江上游的正流定为金沙江。今天的金沙江已获得长江正源的身份，虎跳峡因其自然地理特征被开发为著名景点，是游人必到的地方，但在远古时期人们并无这样的认知，反而是岷江上游因人类的流动和开发获得了更为显著的人文地理特征。可见现实地理与神话地理并不一致，而我们关注的是某一地理形貌为什么获得了想象的品质，从而显示出浓厚的神话特征。

在整个长江流域，一方面古羌族曾沿着岷江上游的走廊南下，史籍

---

① 罗开玉：《成都城的形成和秦的改建》，《成都文物》1989 年第 1 期。

所载的"氐羌"，这个群体可能最终成了古蜀先民的一部分甚至构成为其主体，另一方面自长江中游沿江而上的荆楚部落也成为古蜀的重要组成部分，因此巴蜀先民的神话想象与其所生活的地理环境和特征密切相关，在"古蜀"神话叙事中，自然常常涉及这里的地理空间的描述与建构。

首先，这里有一座高与天齐的神山。《山海经·海内西经》提到，"海内昆仑之虚，在西北，帝之下都。昆仑之虚，方八百里，高万仞。"注释三：郭璞云"盖天地之中也"。① 一些学者认为这个高万仞的"海内昆仑之虚"，即指今四川西部高山，更准确地说，非岷山莫属。岷山和岷江曾长期被视为万里长江之源，在传说中必然是一个神圣的地方，在这里地与天互相连接着。文献记载昆仑上面住着神仙，且能够攀登上去的凡人也会长生不死。《淮南子·坠形》云："昆仑之邱，或上倍之，是谓凉风之山，登之而不死。或上倍之，是谓悬圃，登之乃灵，能使风雨。或上倍之，乃维上天，登之乃神，是谓太帝之居。"② 郦道元《水经注》云："三成为昆仑丘，《昆仑说》曰：'昆仑之山三级，下曰樊桐，一名板松；二曰玄圃，一名阆风；上曰层城，一名天庭，是谓太帝之居。'"③《海内南经》记曰："有木，其状如牛，引之有皮，若缨，黄蛇。其叶如罗，其实如栾，其木若蘦，其名曰建木。在窫窳西弱水上。"④ 后面接着又说："氐人国在建木西。其为人人面而鱼身，无足。"⑤《大荒西经》也有一段氐人国的记录："有互人之国。炎帝之孙，名曰灵恝。灵恝生互人。是能上下于天。"王念孙校改"互"作"氐"。⑥ 在没有其他典籍出现过"互人"一词的情况下，此说应可信。"互人""能上下于天"，

---

① 袁珂：《山海经校注》，上海古籍出版社，1980年，第295页。
② （汉）刘安撰、高诱注：《淮南子》卷四《地形训》，台北中华书局，1966年，第3页。
③ （北魏）郦道元撰、王国维注：《水经注校》，台北新文丰出版公司，1987年，第1页。
④ 袁珂：《山海经校注》，上海古籍出版社，1980年，第279页。
⑤ 同上，第280页。
⑥ 同上，第415页。

原因在于其独特的地理位置，这里跟昆仑之墟和建木所在地距离都不远。按华夏神话中的世界构成，"建木"是宇宙树，应立于天下之中，而氐人国就在其西边，如按方位推测，这里的建木所在之地，当属川西平原。《海内经》中又载："西南黑水之间，有都广之野，后稷葬焉。爰有膏菽、膏稻、膏黍、膏稷。百谷自生，冬夏播琴。鸾鸟自歌，凤鸟自舞；灵寿实华，草木所聚；爰有百兽，相群爰处。"① 可见这是少有的人间乐园，受到天上之帝的眷顾。而史籍有载："广都县，本汉旧县，隋仁寿元年避隋炀帝之讳，改为双流县。"② "都广"和"广都"许多学者认为是同一个地方，而双流因为地势高于现今的三星堆和金沙所在地，确为古蜀先民较早开发和居住的地方。

其次，要想"进山"或"上天"，必须经过一道大门。《山海经·海内西经》中有四次提到"开明兽"，说它守护着"昆仑之墟"的大门。开明兽或许与最后一代古蜀国"开明王朝"有关，这里很可能涉及了古蜀国的地理与历史记忆，因为开明朝的鳖令王或许就是通过了"天门"才获得了不死的神性。"开明"本为类似老虎的神兽，其职责是守卫天门，可能鳖令正是通过了天门，故其名号亦曰"开明"。另外，史载"大禹出西羌"（《后汉书·戴良传》）③，而禹的儿子名"启"，其字面就是开启门户的意思；又，禹曾化为熊，说明这是一个神熊家族，熊在冬眠之后，第二年开春即走出洞穴，故"启"正表现了这一行为特征。童恩正指出："在蜀地，神仙故事是特别流行的"，典籍记述的昆仑之虚等，"是原蜀族的一些神话。总的说来，主要讲的是神仙、巫医的故事，充满了一种原始的神秘气氛。所谓'身大类虎而九首'的开明兽，应该就是开明王朝名称的由来。"又说："中原民族相信魂归泰山，东北民族相信魂归赤山，蜀族则有魂归岷山之说……凡此种种，都反映出蜀族的宗

---

① 袁珂：《山海经校注》，上海古籍出版社，1980年，第445页。
② （唐）李吉甫撰，贺次君点校：《元和郡县图志》卷三二，中华书局，1983年，第770页。
③ （南朝宋）范晔：《后汉书》卷八三《逸民·戴良传》，中华书局，1965年，第2773页。

教信仰，意识形态和中原地区是有一定区别的。"①

对于古蜀先民来说，死者要找到理想归宿，即需"魂归岷山"，那就要通过古蜀的天门即"天彭门"。扬雄《蜀记》载"李冰以秦时为蜀守，谓汶山为天彭阙，号曰天彭门，云亡者悉过其中，鬼神精灵数见。"②蜀地名"天彭"者很可能不止一处，据《元和郡县志》载曰："彭州，以岷山导江，江出山处，两山相对，古谓之天彭门，因取以名州。"③另，《蜀中名胜记》卷五载："（彭）县北三十里丹景山……其前为彭门山，两山对峙，悬崖绝壁，相去数百步，如门，即天彭门也。"④因山高谷峡，两山相对，江水穿过其间，故曰"门"；死者之魂通过此门上天成仙，故曰"天门"；"彭"字之本义为鼓声，这自然是指天上的雷声，或指江水滚动冲击之声似隆隆雷声，故合之曰"天彭门"。可见此一地名本身就蕴含着丰富的神话信息。

蜀人对"天门"的"执念"，汉代考古及相关记载中亦多有发现。今重庆市巫山县东汉墓中，出土了数件榜题"天门"的鎏金铜牌饰件；今简阳市鬼头山东汉岩墓中出土了有"天门"的画像石棺。学者认为，经"天门"升天成仙是四川汉画像砖（石）画面组合的主题思想。⑤"天门"的另一表现形式是"阙"。现存汉阙大部分都集中在巴蜀地区，仅渠县一地就有6处共7尊汉阙，被称为"汉阙之乡"，雅安高颐阙更是我国汉阙艺术的代表。⑥阙放在墓穴前，是天梯和天门的象征，希望坟

---

① 童恩正：《古代的巴蜀》，四川人民出版社，1979年，第127—128页。
② （宋）乐史撰，王文楚等点校：《太平寰宇记》卷七三《剑南西道二·永康军·导江县》，中华书局，2007年，第1494页。
③ （唐）李吉甫：《元和郡县图志》卷三一《剑南道上·彭州》，中华书局，1983年，第772页。
④ （明）曹学佺著，刘知渐点校：《蜀中名胜记》卷五《成都府五·彭县》，重庆出版社，1984年，第74页。
⑤ 赵殿增、袁曙光：《"天门"考——兼论四川汉画像砖（石）的组合与主题》，《四川文物》1990年第6期。
⑥ 刘自兵、戴天柱：《巴蜀汉阙的历史文化考察》，《达县师范高等专科学校学报》2004年第6期。

墓的主人进入仙界。蜀人求神成仙的观念非常浓厚，东汉中后期，张陵创五斗米道，而五斗米道这一宗教形式主要活跃于巴蜀地区，应是其来有自，跟普遍的民间信仰有关。

再次，古蜀神话地理中的一个重要内容是，升天或成仙之道可以走水路。在古人的神话想象中，人类生活的世界里必定有一个天地相连接之处，这个起连接作用的东西要么是一棵大树，要么是一座大山，而且其下一般还有一口通向"地下水世界"的深井，如前引文所言，建木即在弱水之上。"《黄帝书》曰，'天在地外，水在天外'，水浮天而载地者也。"① 可见古人的神话想象相信"地载于水"，认为天地之间以水相连，而阴间之水则为黄泉，死者唯有渡过黄泉，才能飞升成仙，灵魂方能不死不灭，实现由死亡到再生的转换。有学者指出，汉画像中大量存在鱼车出行的主题，诸多场景中出行的目的地最明确的就是昆仑之巅，而判断的最主要依据是画中有西王母形象。②

重要的是要回到源头，河有河源，江有江源。昆仑虽是天地之中，但又是在中原的西北方，这里不但有直入青天的高山，更为重要的是，这里还是黄河之源。《山海经·北山经》中记载："敦薨之山……敦薨之水出焉，而西流注于泑泽。出于昆仑之东北隅，实惟河源。"③ 远古时代的人认为他们心中的神圣之河源自昆仑："黄河出昆仑山，东北流千里，折西而行，至于蒲山。南流千里，至于华山之阴。东流千里，至于桓雍。北流千里，至于下津。河水九曲，长九千里，入于渤海。"④ 昆仑的方位在华夏之西北，由此也就确定了死者升天的路径和方向。《论衡》有云："天之与地皆体也，地无下，则天无上矣。天无上，（上）升之路何如？穿天之体，人力不能入。如天之门在西北，升天之人，宜从

---

① （唐）房玄龄等撰：《晋书》，中华书局，1974 年，第 282 页。
② 公维军、孙凤娟：《〈山海经〉"鱼妇"神话原型考释》，《民族艺术》2017 年第 1 期。
③ 袁珂：《山海经校注》，上海古籍出版社，1980 年，第 75 页。
④ ［日］安居香山、中村璋八：《纬书集成》，河北人民出版社，1994 年，第 1187 页。

昆仑上。淮南之国，在地东南，如审升天，宜举家先从（徙）昆仑，乃得其阶；如鼓翼邪飞，趋西北之隅，是则淮南王有羽翼也。今不言其从（徙）之昆仑，亦不言其身生羽翼，空言升天，竟虚非实也。"[1]根据《论衡》所言，人死若要复生，只有找到"升天"之路，要么爬上昆仑山而入天门，要么直接飞升而入天门，不过，王充没有想到的是，升天还可走水路。但是这条路怎么走呢？屈原疑惑道："阻穷西征，岩何越焉？"（《楚辞·天问》）[2]他也根本没想到水路，以为鲧需要翻山越岭才能回到江河之源从而获得再生。

江源同样重要。《山海经·中山经》还说："岷山，江水（即岷江）出焉……其上多金玉。"[3]也就是说岷山即江源，"其上多金玉"表明这里是一个神仙世界。作为地方史乘的《华阳国志》特别关注"江源"：蜀地以"岷山导江，东别为沱"，"泉源深盛，为四渎之首，而分为九江。其宝则有璧玉、金银、珠碧、铜铁、铅锡……"[4]史籍中的鳖令作为荆楚之民，沿江而上到达汶山脚下获得再生，还成为一代王朝之主，应该也有"历史的影子"，表明长江中下游常有人沿江而上，但当其作为神话故事而流传，就获得了信仰的力量，人们对江源的崇拜也就不言而喻。古蜀之地的神话性质不但因其被视为长江的发源地，人们还相信或者想象这里确有直通大海的"海眼"或"深井"。除朱利从江源井中出外，另据《成都记》载益州城门西边古有石笋，"距石笋二三尺，每夏月大雨，往往陷作土穴，泓水湛然。以竹测之，深不可及。以绳系石投其下，愈投而愈无穷……故曰海眼。"[5]故此杜甫曾作《石笋行》一诗云："君不见益

---

① （东汉）王充撰，黄晖校：《论衡校释》卷七《道虚篇》，中华书局，1990年，第319页。
② （汉）王逸撰，黄灵庚点校：《楚辞章句》，上海古籍出版社，2017年，第73页。
③ （东汉）王充撰，黄晖校：《论衡校释》卷七《道虚篇》，中华书局，1990年，第156页。
④ 刘琳：《华阳国志校注·蜀志》，巴蜀书社，1984年，第175页。
⑤ 童恩正：《古代的巴蜀》，四川人民出版社，1979年，第78页。

州城西门，陌上石笋双高蹲。古来相传是海眼，苔藓蚀尽波涛痕。"①

在三星堆考古遗址中，曾发现一件玉琮，是属于河姆渡文化的制品。相比而言，黄河沿岸的居民主要是顺流而下开疆拓土，长江沿岸的居民则经常是溯流而上寻找理想乐园。经过水路登天成仙，不但有史实的踪影，也显示了神话的魅力。关于走水路、溯江源而成仙的信仰和相关民俗，下文还将展开论述，故此处从略。

综上所述，《山海经》及其他相关典籍中所记，可以说是一种想象性的神话地理建构，古人将其所见、所闻和所想的山川地理按其所能理解的方式进行安排，是为了确立人类自己在宇宙中的位置，并规范其周围事物，从而获得一种秩序感和安全感。该书的成书时间虽然较晚（一般认为成书于秦汉时期），但其中所载故事产生的时间可能很早，流传时间或有数百上千年甚至更久远，最后才被采录下来，它本身具有很强的民间传说和民俗的成分，并非个人的虚构作品。正因为其民间性、民俗性，到了战国时代的屈原，虽具有强烈的诗人气质，想象力极为丰富，但是从其《天问》可以看出，他已经不能通过理性思维理解包括《山海经》故事在内的许多神话传说了。到了西汉的司马迁也说传讲黄帝故事的不下百家，但绝大多数"其言不雅驯"，于是弃而不录。由此可知，经过层层筛选，我们已丢失了无数的原创神话故事，而有幸被选中的那些故事，则经过了"合理化"的处理，以符合当时的观念和需要。

王铭铭教授曾提到一种现象，作为四川人的袁珂解释的《山海经》看起来跟四川的山川情势关系比较密切；山东学者认为《山海经》是讲山东的；大理的文史专家则把大理说成是中国的中心，他们认为《山海

---

① 杜甫《石笋行》见（宋）郭知达编，陈广忠校：《九家集注杜诗》卷七，安徽大学出版社，2020年，第302页。另《蜀中名胜记》卷五"双流县"载："天师观，纪胜云在广都县北，张道陵祠也，坛下有井名伏鬼井，赵阅道记华阳县衡山有井，妖怪藏其中，道陵运石以镇之，鬼妖乃绝，邑人为立祠。"见（明）曹学佺：《蜀中名胜记》卷一二，商务印书馆，1936年，第67页。

经》记载的就是苍山洱海。① 这跟古代神话中几乎每个氏族都把自己当成整个人类是一个道理，可能是人类的"心性"使然，属于群体的"自我中心主义"。《山海经》的地理建构是为了确立中心和四裔，从而规划出天下山川大势，记录者或书写者的视角决定了故事的整体面貌，如果这本书是秦汉间的人编撰，那应该是符合当时"全国"的情势。但是其所依据或者借用的材料，很可能有具体依托，古人不会完全凭空虚构，所以将各地的神话材料搜集整合一番，在所难免。尽管如此，从山川大势与治水壮举来看，古蜀之地理特征与自然环境显然为《山海经》的神话地理空间提供了难得的想象资源。比如岷山／江与昆仑／河，完全可以形成类比关联；因此岷山与昆仑在《山海经》神话中的地位是相同和相当的，出现相互替代、彼此混淆，都是难免的，而且并不影响其象征价值，反而为我们理解象征符号的意义提供了有益的参考。

2. 船棺葬背后的神话叙事

远古人类文明离不开江河，史载黄帝以姬水成，炎帝以姜水成。河水是带来生命的神圣之水，而河源或者江源在古人的想象中是与天相接的，因为生命的本源和精华都自天而降，因此人们难免会产生一种追本寻源的强烈愿望（当然这也跟古代诸侯国溯流向上的武力征服有关系），希望通过此举战胜死亡，成神成仙。古蜀之地仙风浓厚，"仙气飘飘"，自古而然，不但古有鱼凫王田于湔山而得仙道，及杜宇"升西山隐焉"的传说，后世仙人严君平（西汉蜀郡郫县人，一说临邛人）的故事也值得一提。据西晋张华《博物志》记载，有人乘船沿着大河而上，到了天河的尽头，见到了牛郎织女，因不知其所到为何处，后请教严君平，方知到达了天庭。② 有人偶然上了天，有人"看见"其上了天，而"看见"者为蜀人，这算是蜀地出仙人的一个旁证。

---

① 王铭铭：《谈〈山海经〉的广义人文关系体系》，《西北民族研究》2017 年第 3 期。
② 严君平故事见（晋）张华：《博物志》卷十《杂说》下。

人死后沿水而上，登天门而成神仙，这跟古蜀作为江源的神话地理特征密切相关。《大荒西经》云："有鱼偏枯，名曰鱼妇。颛顼死即复苏。"[①]《淮南子·地形训》曰："后稷垅在建木西，其人死复苏，其半鱼，在其间。"[②]《王氏合校水经注》卷三十三引来敏《本蜀论》云："荆人鳖令死，其尸随水上。荆人求之，不得。鳖令至汶山下复生，起见望帝。"[③]这些故事虽然主人公不同，但都属于水中再生的故事类型，符合普罗普的民间故事形态学特征，就是说行动者属于可变量，真正决定故事的形态和主题的是行为和情节。

长沙马王堆西汉墓葬出土的彩绘帛画，将世界明确分成了天上、人间、地下三界。帛画的人间部分采用写实的手法描绘了墓主人日常生活情景，地下与天上部分则充满奇异的想象，人首蛇身的女娲居于天界中央，有两位帝阍守护天门，地下有一裸体巨人脚踩大鱼，以头和双手托举着人间与天界。[④] 画中的大鱼显然是地下黄泉大水中的生物，在古人的观念中人死后会变身为鱼，这条鱼如果能像鳖令那样穿过死亡之海，通过某个出入口（或即天门），就会再生为人或升天为神，而这个出入口往往是在水的源头，也即宇宙树或宇宙山脚下。《蜀王本纪》载："后有一男子，名曰杜宇，从天堕止。朱提有一女子名利，从江源井中出，为杜宇妻……"[⑤]这个故事中的杜宇在传说中化为子归鸟，也是天上的或能够上天的神，而朱利既然能从江源而出，显然也是像鳖令那样具有大神通的半人半神式的女子，二者结合正是神仙眷属，强调了古蜀人是神

① 袁珂：《山海经校注》，上海古籍出版社，1980年，第416页。
② （汉）刘安著，许匡一译注：《淮南子全译》，贵州人民出版社，1993年，第257页。
③ 转见李炳海：《巴蜀古族水中转生观念及伴生的宗教事象》，《世界宗教研究》1995年第1期。
④ 对马王堆彩绘帛画中女娲、帝阍的定名，参见郭沫若：《出土文物二三事》，人民出版社，1972年，第45页。
⑤ （汉）扬雄撰，张震泽校注：《扬雄集校注》，上海古籍出版社，1993年，第244页。

的后裔。①

《楚辞·天问》云："阻穷西征，岩何越焉？化为黄熊，巫何活焉？"②讲的是神话人物鲧的故事，言其死后化为黄熊，入于羽渊。熊与龟的共同点是它们皆为水陆两栖动物，其实，死而化熊、化龟（或鳖）、化龙、化鱼，都是为再生作准备工作。但是对于人类来讲，穿越死亡之海毕竟是一个极其危险的旅程，而船是人类水上生活的强大工具，因此将死者装殓到船形棺木中，也就被古人"发明"出来了。

据现有考古发现，我国最早的悬棺当是福建武夷山 1 号船棺，距今3840 年左右。而三峡沿岸悬棺葬的年代至少应是在战国至东汉期间③。这些悬棺中有一种特殊造型，是将棺木制作成船的形式，这种风俗前人莫知其所以然。1954 年，冯汉骥等人在调查和发掘巴县冬笋坝和昭化宝轮院墓群时，发现了一种特殊的葬具，用楠木制成，将楠木上面削去一小半，底部削平，两端向上斜削，如船之两头上翘，形似独木舟，于是命名此种葬具为"船棺"，发掘报告中还提到，有的船棺中又有方形木棺，于是船棺就变成了"船椁"④。二十世纪七八十年代，在川西平原的成都、双流、郫县、广汉、绵竹、彭县、蒲江等地也发现了用独木挖成的形似船棺的葬具，成都商业街也发现了大量的船棺葬遗迹。此外，四川大学博物馆收藏的一件錞于，其上刻有一幅图画，在一只两头上翘的船上，前后立着一个人和一只鸟。据研究，船棺葬习俗在中国西南和南部地区广泛存在，而在西南部省份各民族地区的考古发掘中格外引人注目。有

---

① 或以为"江源"即今之双流县，而且开明氏的都邑，史籍也有记载为广都（即双流）的。参见张建世：《试论铜鼓船纹》，《四川文物》1988 年第 6 期。
② 唐兰于 1937 年在《古史辨》第七册发表《天问"阻穷西征"新解》，涉及化熊还是化能的问题，指出能即熊字，后人以为能为三足鳖者误也。《归藏·启巫》为黄龙，龙为能音之转，是神话又谓鲧化为黄熊为巫所活。见吕思勉、童书业编：《古史辨》第七册，海南出版社，2005 年，第 683 页。
③ 彭华：《百仞高崖之上的千古奇观——中国悬棺葬管窥》，《贵州文史丛刊》1999 年第 2 期。
④ 四川省博物馆编：《四川船棺葬发掘报告》，文物出版社，1960 年，第 8 页。

学者认为船棺葬是蜀人固有葬俗，并对巴人产生了影响；①也有学者认为是巴人独有之俗，并带到了蜀地；还有人认为是越人将此风俗带到了巴蜀大地。②

任乃强亦曾论及此种风俗："巴王族墓葬，恒选于两水汇流之处。如巫载，在大溪沟会口。故陵，在巴乡溪会口，枳，在黔江会口。冬笋坝，在綦江会口。宝轮院，在清水与白龙江会口。两水会处多鱼，古今人民经验如此。此其巴族选取葬地之意欤。"③而对于船棺的神话功能，有学者提到，古人用船作葬具，目的是把人的灵魂送回故乡。④此说固有一定道理，比如苗族史诗《亚鲁王》的核心主题就是让战马驮着死者灵魂，将其送回祖灵之地。但巴族并非蜀地最早的原住民，他们沿江而上开疆拓土，古蜀并非古巴人的先祖生活的地方，因此其死后的灵魂溯流而上显然是受另一种神话观念的驱动。

古蜀神话传说中，颛顼死后变鱼，鳖令（或鳖灵）死后自然是成鳖，两者都是水中生物，依靠自身的神通溯流而上，获得再生。而按照普通人类的经验，自然是乘船，穿越险滩激流，关山飞渡，模拟神话中"英雄的旅程"，希望再生或成神。从山川大势和地理特征看，船棺葬仪应是巴蜀人民共同创造和信仰的习俗，古蜀之地的岷山、江源、天彭门等地理特征提供的神话想象，人们对古蜀人民创造的人间乐园的向往，以及古巴、古蜀各族对颛顼、鳖令的神圣行为真实的或仪式性的模仿，都共同参与到这个神话叙事的创作当中。

---

① 黄尚明：《关于川渝地区船棺葬的族属问题》，《四川文物》2005年第3期。
② 刘芮伽：《事死如事生——古蜀文化船棺葬的演变及文化内涵》，《文物鉴定与鉴赏》2021年第7期。
③ 任乃强：《华阳国志校补图注》，上海古籍出版社，1987年，第29页。
④ 石钟健：《悬棺葬与船棺葬》，《民族论丛》1981年第1期。

二、古蜀神话与华夏民族精神

（一）古蜀神话的"个性"

1.古蜀神话的独特地位

华夏文明由最初的"满天星斗"到逐渐形成"一点四方"的格局，其间免不了有碰撞与融合、抵制与接纳、排斥与认同，体现在神话方面就是各文化区既有自身代代相传的本土区域神话、民间口承神话，同时接受其他地域的神话，不同区域之间经常性互相交换神话的主题思想和故事情节，最终形成大家都能认同的华夏神话主体。如女娲补天、大禹治水、日出扶桑等神话故事，以及龙、凤等神话形象，它们最终的"定型"经历了一个漫长的演变、整合过程，其间各区域神话也必然参与了神话共同体的建构。

蜀文化的发生地，在古代距离"中原"这个华夏文明的核心区域可以说是相当遥远，正如红山文化、良渚文化等远古文化原发区域，在考古学上都显示出各自的地方性特征，如红山文化的"女神庙"在其他文化区域没有见到；仰韶文明中所见的多是半地穴式居所，而在南方古代氏族中则流行的是干栏式建筑；三星堆的青铜纵目大立人形象被称为"惊人发现"，意味着与同时期（商朝晚期）的华夏考古文化相比，它显得似乎有些另类，甚至超出了我们惯常的认知理解范围。"蜀"作为地名或者方国名，在甲骨文中已有出现，但在后世典籍中却较为少见。《尚书·牧誓》载有"庸、蜀、羌、髳、微、庐、彭、濮"八个方国的名称。[①]《左传》宣公十八年也记载有"楚于是乎有蜀之役"，但杜注曰："蜀，鲁地，泰山博县西北有蜀亭。"[②]甲骨文所记之"蜀"、与《尚书》

---

① （汉）孔安国传、（唐）孔颖达疏：《尚书正义》，载（清）阮元校刻：《十三经注疏》，中华书局，1980年，第183页。

② （晋）杜预注、（唐）孔颖达疏：《春秋左传正义》、（清）阮元校刻：《十三经注疏》，中华书局，1980年，第1890页。

及《左传》所载之"蜀"，是否指称同一对象、同一地名，尚缺乏令人信服的论证，说明直到有正式文字记载的典籍中，对于"中原文化"来讲，古蜀仍然在经典书写者的视野之外。冯广宏教授注意到，许多史料将蚕丛、柏灌、鱼凫这三代归为一组，而一说到杜宇，口气便大为不同，在杜宇以前，蜀史是在"仙国时代"之中，直到杜宇才进入"人王时代"，杜宇最初定都于汶山下的郫邑，此时"化民往往复出"而进入人的世界。[①]扬雄是在秦汉大一统之后，最早对"古蜀史"进行书写的人，最具权威性的当然要数《华阳国志》，记载了今川、滇、黔三省及陕、甘、西、鄂部分地区的历史地理，其书体制完备、考证翔实，是研究古代西南地方史和西南少数民族史的重要资料，当然也是后人研究"古蜀"的重要依据，但这样的"信史"的出现，却已是东晋时代了。这些经典表现出来的中原中心主义的书写方式，尤其是将远古神话历史化的突出倾向，很容易对古蜀文明形成遮蔽。[②]

但是，西蜀文化又不是孤生独长的。《华阳国志》记载："其地东接于巴，南接于越，北与秦分，西奄峨（《太平御览》卷四十引作岷字）嶓。"[③]在这一广大区域内，以江河流域为基本空间结构，古蜀不断融汇周边各个氏族及其文化，最后形成了一个具有鲜明地域特色的文明体。刘复生提出："古蜀国不是单一传承，是'外来'移民和本地居民结合的产物。除柏灌无闻外，蚕丛来自'岷山石室'；鱼凫'田于湔山'，或言来自江汉地区；望帝杜宇则'从天'而坠，且与朱提（今滇东北）有关；鳖灵开明来自荆楚。不同民族、不同族群不约而同地来到川西平原，充分反映了这个'天下之中'的向心力。"[④]

① 冯广宏：《三星堆遗址鱼凫说质疑》，《四川文物》2002年第5期。
② 如《太平御览》八八八引《蜀王本纪》："时玉山出水，若尧之洪水。望帝不能治，使鳖灵（开明）决玉山，民得陆处。"作者用一个"若"字，明显表现了对中原神话的比附。
③ 任乃强：《华阳国志校补图注》，上海古籍出版社，1987，第113页。
④ 刘复生：《"都广之野"与古蜀文明——古蜀农耕文化与蚕丛记忆》，《中华文化论坛》2009年第11期。

2.古蜀神话的"个性"

荣格曾将"原型"（或神话）的发生归因于人类遭遇的"典型情景"，包括一般的出生、成年、死亡等，这都是每个人必定经历的人生关口，所以伴随着生之所欲和死之可畏这样的共同情感，这解释了人类最原始的文化趋同的原因。但是随着历史的发展，各民族神话渐趋个性化，也带来了民族文化的独特性，这是因为人们既然生存于不同的环境中，面对的许多具体问题及其解决方案都是不同的，慢慢地就有了文化的差异。从"因地制宜"的角度来说，相比中原，川西平原具有地理环境和自然条件的独特性，这就会自然而然地产生出具有某种具有类型性特征的神话，因此，即使这些神话讲述的是像生老病死这样极为普遍性的故事，也必然打上本地风俗习惯的烙印。

台湾学者陈炳良把鲧禹父子看作日神，但没有否认他们与水的关系，其理由是鲧死后曾化为三足鳖。[①]可以说古蜀之地的主要神祇，都跟水有关，都具备水神的神格。大禹治水的神话传说，不仅流传于四川，而且在河南、河北、山东、山西、江苏、浙江、安徽等地均有流传，遍及了半个中国。张振犁教授根据对口承资料的研究，提出鲧、禹治水的主要活动地区在河南中州一带，大禹不但完成了"导河"的丰功伟绩，而且治理了淮、济等有名的川渎，是以禹神话充分反映了中原文化的特色。[②]古蜀文化最晚至商末周初已与中原文化有所交流，此后不断融合，一方面可以认为在中原禹神话的影响下，古代巴蜀产生了同一母题的大禹治水神话；但另一方面，就地理环境的特征而言，亦可看到古蜀禹神话的个性特点：其一，反映在地理上，作为山名、地名的起源说者较多，如启母石、刳儿坪、川主庙（及各地禹王庙）、禹迹山、青城山等。

---

① ［苏联］李福清著，马昌仪编：《中国神话故事论集》，中国民间文艺出版社，1988 年，第 146 页。
② 张振犁：《大禹治水神话溯源》，见《中原古典神话流变论考》，上海文艺出版社，1991 年，第 209 页。

其二，大禹治水事迹常与当地神祇故事相结合，这些地方神祇如汶川神、云华夫人、黄牛神等，都曾协助大禹降伏当地水中怪物，顺利完成治水任务。其三，古代巴蜀神话中的禹更能反映"山川之神"的信仰[①]，在蜀地出生的禹，其出生反映了山神的身份，而治水成功也表明他是不折不扣的水神。在古蜀神话中，大禹作为山川之主、山水之神的神格特征异常明显，这与中原的大禹治水神话相比毫不逊色，因此也不能排除大禹治水神话原发于古蜀、继而传播到中原地区的可能性。

在民间口传时代，神话传说是长了翅膀的"鸟儿"，会到处飞翔，我们现在无法用传统比较文学所谓"影响研究"的概念确定这只"鸟儿"到底从哪里起飞，但是却知道它曾在哪些地方歇过脚。王象之《舆地纪胜》引《华阳国志》佚文云："会巫山壅江，蜀地潴水。鳖灵遂凿巫山峡，开广汉金堂江，民得安居。"又云："鳖灵迹，在金堂峡南岸。""石门有巨迹长三尺，旁刻'鳖灵迹'三字。"[②]古蜀之地民间流传的关于鳖灵治水的事迹颇多，如金堂峡一带就有鳖灵开峡故事，他左脚蹬住峡口左岸的砲台山，右脚蹬住峡口右岸的云顶山，猛一使劲，峡口就被他蹬开了，于是狂涛卷着土石沿沱江向下奔腾，平原上的洪涝之魔便被吓跑了。因此云顶山和砲台山半山腰的岩石上，就留下鳖灵的巨大脚印，虽然山上的砂岩容易风化，但历代都有人将脚印重刻，至今仍可看到。[③]根据典籍记载，鳖灵应属于荆楚之人，是否可以说以上神话故事来源于其出生之地？或者说他先治理长江中游的水患、后治理上游呢？显然不能这样简单地加以确定。

应该看到鲧、禹、鳖灵等神话人物作为文化英雄，他们驯服、治理江

---

① 《尚书·吕刑》云："禹平水土，主名山川。"

② 转引自李绍明、林向、徐南洲主编：《巴蜀历史·民族·考古·文化》，巴蜀书社，1991年，第290页。

③ 参冯举、谭继和、冯广宏主编：《成都府南两河史话》，四川民族出版社，1998年，第33页。

河水患，正是华夏远古氏族力量的化身，这些神话人物之所以受到崇拜，是由于他们解决了全民遇到的难题，为百姓开拓出立足之地，推动民族文化发展到一个新的境界，其所作所为打动了不同的氏族集团和整个集体，因而受到感念和推崇。大禹、鳖灵神话与古蜀之地结合十分紧密，跟此地山川地理及自然条件和资源有因果关系，其传说故事在民间的广泛传播，跟民众心理和集体愿望有因果关系，从这个角度而言，他们的故事本身就具有独立地位和个性特征。所以单纯地把古代传说当成信史，仅仅探求这些神话人物生于何处，其故事源于何处，很难挖掘到神话的精髓。

关于华夏文明，学术界长期持"中原中心论"的观点，扬雄《蜀王本纪》所载蜀人"不晓文字，未有礼乐"的论断对后世影响极大，被奉为定论。[①] 20 世纪 40 年代，卫聚贤曾对搜集到的 48 种巴蜀青铜纹符进行了考察分析，认为这些符号应为"巴蜀文字"，其论断的提出可谓动摇了当时学界的传统观点。[②] 但是，三星堆、金沙的考古发掘确未见到像殷墟甲骨文那样成熟规范的文字记录，且这两处灿烂辉煌的文化突然消亡而没有发现其直接的后继者，也是卫聚贤当年未曾知道的事实。那么是否可就此断定古蜀文明没有自己的独立地位呢？

在"满天星斗"的时代，每个独立发展的区域肯定有自身的独特文化，相应地也有自己的神话。古蜀先民利用身边的资源，处理眼前的问题，同时讲述着祖先的传奇，在仪式上践行着氏族的神话信仰。而当其越过川西平原，接触到中原及长江中下游文明时，会发现其他地方的人群也遇到过类似的问题，也有类似的信仰和观念，于是彼此之间就很容易理解和接受对方的神话故事，甚至会对自己的故事进行重新审视，互相吸收对方的东西，从而讲述出更加精彩的故事。比如，黄河流域、长江流域的先民，首先当然是跟江、河之水打交道，对江河的驯服就成为

---

① （南朝梁）萧统编，（唐）李善注：《文选》上册，中华书局影印出版，1977 年，第 75 页。
② 胡易容、杨登翔：《巴蜀符号：巴蜀文化的源头与活水》，《天府新论》2021 年第 6 期。

华夏祖先共同面对的问题，因此"治水神话"就会引起大家的共鸣。^①
四川盆地常年发生水患，自然需要这个类型的神话来帮助人们理解眼前
发生的一切，并帮助他们从神话故事中获得精神力量来战胜残酷的自
然。而对中原文明中常见的干旱故事和神话，古蜀先民可能就没有那么
多的"共情"感了。可见，区域性故事和全域性故事在不同层面上的同
和异，正是"民族神话"的研究价值和民族精神的魅力之所在。

　　袁珂总结出巴蜀神话中蚕神神话、大石神话和治水神话三大母题，
并认为"巴蜀神话有自己独立的神话母题，充分显示出巴蜀的地方特
色"，尤其是治水神话应是唯一可以与中原神话比肩并论的区域性神
话。^②治水神话集中产生、传播于蜀地，显然跟古蜀地理环境和自然条
件有直接关系，这里地势低洼、水网密布，时常遭受洪涝之灾，乃此地
居民最大的心患。《华阳国志·蜀志》载："开明王自梦廓移，乃徙治成
都。"^③开明王本是神话中的治水英雄，但洪水却是他的噩梦，甚至不惜
迁都。我们有理由认为古蜀是治水神话的原产地或者原产地之一。有学
者研究认为，治水神话产生于蜀地，曾一路向东传到楚地。^④另一路北
传到陕西，再向东传到中原。而到最后，在中原这个华夏核心区被历史
化了的大禹治水故事，再回过头来传到蜀地。^⑤

（二）古蜀神话与华夏民族精神

　　可见，古蜀神话有自身的母题和版本，并因之而为华夏文明贡献了
自己的智慧；在古蜀神话中，我们正可具体而生动地感知和理解华夏民
族精神。

---

① 刘兴诗曾提出四川盆地古城"兴于洪水，废于洪水"，见黄剑华：《古蜀王都与早期古城
　遗址探讨》，《四川文物》2002 年第 5 期。
② 袁珂、岳珍：《简论巴蜀神话》，《中华文化论坛》1996 年第 3 期。
③ 任乃强：《华阳国志校补图注》，上海古籍出版社，1987 年，第 186 页。
④ 徐中舒、唐嘉弘：《古代楚蜀的关系》，《文物》1981 年第 6 期。
⑤ 李恕豪：《大禹和鳖灵——兼论治水神话的起源》，《天府新论》1985 年第 2 期。

1. 开天辟地、与时俱进

每个民族的原始神话首先都要讲述一个"开天辟地"的故事，这个故事的开端都是说未有天地之时，或者天地未分之时，世界一片混沌，没有光，也没有人类，于是有一个创世大神从无到有创造了世界和人类。人们对创世神话的理解往往会忽略一个关键的东西，它其实不是要告诉人们"客观世界"原本不存在，它的重点是要表述在创世行为发生之前，那是一个"野性的"世界、陌生的世界，它看起来显得混沌，是因为没有秩序，是因为没有按人类能够理解的方式呈现出人文价值。列维－斯特劳斯用"生／熟"这对概念来表达"自然／文化"的二元对立状态，在古人眼里，当外在世界没有被探索、被规划、被开拓之时，它是野蛮的、荒芜的、残暴的，是完全异己的力量，因此人类会感到本能的恐惧。

《大荒北经》记载："共工臣名曰相繇，九首蛇身，自环，食于九土。其所歍所尼，即为源泽，不辛乃苦，百兽莫能处。禹湮洪水，杀相繇，其血腥臭，不可生谷。其地多水，不可居也。禹湮之，三仞三沮，乃以为池，群帝因是以为台。"①《海外北经》亦云："共工之臣曰相柳氏，九首，以食于九山。相柳之所抵，厥为泽溪。禹杀相柳，其血腥，不可以树五谷种。禹厥之，三仞三沮，乃以为众帝之台。……相柳者，九首人面，蛇身而青。"②

相繇与相柳应是同一人物，可以说两个故事中的形象和情节都完全相同。"九土"或"九山"被怪兽的九首所据，而其身之所处，则为沼泽浊潦，山上不生百兽，源泽不长五谷，这正是开辟神话所讲的创世以前的景象，具有明显的混沌特征，血水、淤泥、腥臭的气味，都是其组成元素，而大禹就是那个杀死怪兽、整顿山河的大神。华夏大地广泛流传

---

① 袁珂：《山海经校注》，上海古籍出版社，1980年，第428页
② 同上，第233页。

的大禹治水神话，其原始要义正在于此。

任乃强先生认为，"当蜀族的这一支进入湔水之时，虽然成都平原还是一片水域，不可居人，其已能进入平原水域捕鱼，则是必然的。既然要下山来捕鱼，就会发觉这块湖沼未涸的沮洳地内，仍有局部的陇冈丘陵是可以住人的。专业渔户就会因捕鱼之便，迁居到山下平原丘陇地来长住。从而开始在丘陇上试行耕种，逐步拓展，终至于开辟了成都平原，以至于建成国家。纵然没有任何文献依据，只按地理与社会发展的一般规律，亦当如此"。^①任先生按照客观现实的状况所作的理性推测和分析，很可能符合当时的实际情况，但是神话故事则是反过来讲述的，不是因为水位下降，陆地升高，于是人们渐渐移居前往，而是有人先疏浚沟渠、排出洪水，将其改造成宜居之地，于是这大神的后裔前往居住生息。

"开辟神话"的精神实质就是将荒野改造成家园。大禹治水的行为是为先民及其后代子孙树立一个榜样、一个模范，我们只要像他那样去做就对了，我们只要周期性地举行仪式，不断重复地模仿创世行为，就会保证幸福永驻。但是这绝对不是说我们只要在仪式上拜祖宗、念咒语就会过上幸福生活，而是要在神话的启示下，寻找、发现和创造新的方法，从而辟开新的生境。在治水神话中，大禹为后人建立起榜样和法则，并不意味着后人只需仪式性地被动模仿，而是在这一神话的精神指引下，继续开拓，并创造新的神话。

历史上，继大禹之后，李冰又成为新一代治水大神。据记载，蜀人李冰任郡守时，曾为救民于水患而不惜牺牲自己的子女，"江水有神，岁取童女二人以为妇，不然，为水灾。主者曰：'出钱百万以行聘。'冰曰：'不须，吾自有女。'到时，装饰其女，当以沉江"。^②在江水泛滥时，李

①　任乃强：《四川上古史新探》，四川人民出版社，1988年，第69页。
②　王利器：《风俗通义校注》，中华书局，1981年，第583页。

冰化身为牛，与之争斗，"有蛟岁暴，漂垫相望。冰乃入水戮蛟，已为牛形，江神龙跃，冰不胜。及出，选卒之勇者数百，持强弓大箭。约曰：'吾前者为牛，今江神必亦为牛矣。我以太白练自束以辨，汝当杀其无记者。'遂吼呼而入。须臾，风雷大起，天地一色。稍定，有二牛斗于上。公练甚长白，武士乃齐射其神，遂毙。从此，蜀人不复为水所病"。①

在大禹、李冰等的故事中，历史被神话化了，但不论是史实也好，还是神话也好，都反映出华夏民族精神中不断开拓、进取创新的勇气和毅力。经过一代又一代努力，蜀人的祖先最终将川西平原改造成"天府之国"②。"天府之国"启示了一个理想家园的景象，凡生于斯、长于斯，并受此神话精神的熏陶者都是这一神话共同体之一，在新的时期、新的世纪里，当有更高境界的创造，自然也会有更新的神话诞生。

2. 因地制宜、利用厚生

《尚书·大禹谟》有云："……正德、利用、厚生惟和。"③人类改造自然，总是就地取材，变废为宝，真正的"开辟神话"不是"开疆拓土"、暴力侵占，不是简单地扩大自己的地盘，或者抢占别人的家园。也可以说人类发展的本质是在原有神话的基础上，重新认识人类在宇宙中的位置，重新思考人与人、人与物、物与物的关系，从而重新结构生境中的资源要素。

在文明的进程中，工具的发明和使用显得极其重要，新的工具能撬动环境要素，重新建构起一个以人类为中心的生境。人类历史上，火的使用、斧头的制作、动植物的驯化培育等等，都意味着工具技术的进步，这些新工具的发明，每一次都将人类的生存境遇扩大和提升到一个

---

① （宋）李昉：《太平广记》卷二九一，中华书局，2003年，第1324页。
② 古时关中、凉州等地皆有"天府之国""天府之土"或"天府"之称，非独川西平原有此称号。
③ （汉）孔安国传、（唐）孔颖达正义：《尚书正义》，上海古籍出版社，2015年，第126页。

新的层次。没有火的时代，那时的人类夜晚只能在树上栖宿，因为地上有野兽觅食，甚至连岩洞也不敢住，那里也是大型兽类喜欢的地方；同时，生长于周边的许多植物的根茎、籽实和嫩苗，有了火的烹煮，才能去除毒素、变成可口的食物。所以，火的发明不但使得人类活动的范围大大扩展了，更是对其生存空间的深度开拓。

弓箭的出现同样为人类打开了一个广阔的天地，因此它在日常生活与礼仪活动中都占有特殊地位。《礼记·射义》载："天子将祭，必先习射于泽。泽者，所以择士也。已射于泽，而后射于射宫，射中者得与于祭，不中者不得与于祭。不得与于祭者有让（责备），削以地；得与于祭者有庆（奖赏），益以地。进爵、绌地是也。""是故古者天子以射选诸侯、卿大夫……"①《国语·楚语下·观射父论祀牲》载："禘郊（祭天地）之事，必自射其牲，王后必自舂其粢（谷物）；诸侯宗庙（祭祖先）之事，必自射其牛，刉羊，击豕（猪），夫人必自舂其盛。况其下之人，谁敢不战战兢兢，以事百神！"②在仪式上，"射"这一神圣动作的发出者不是一般人，射的技艺决定了一个人的社会地位，孔子时代提倡的"六艺"也包括"射"在内。③而所射的对象为鱼、牲、鸟等等，包括了空中、陆地和水里的动物，意味着通过弓箭这一个武器，人类就能将食物来源进行充分扩展，真正坐上"万物灵长"的宝座。当然，弓箭也是部落战争中的利器，《易·系辞下》记载："皇帝、尧、舜……弦木为弧，剡木为矢，弧矢之利，以威天下。"④可以说，弓箭乃古代氏族和国家实现自立的支柱。

弓箭如此重要，那么制作弓箭的原材料是什么呢？《山海经》提到

---

① 王文锦：《礼记译解》，中华书局，2001年，第932—936页。
② 转见萧汉明：《观射父——春秋末期楚国宗教思想家》，《江汉论坛》1986年第5期。
③ 在射、御两种技能中，御在水网密布的成都平原不太实用，因此射就显得格外重要了。
④ （魏）王弼注、（唐）孔颖达疏《周易正义》卷八《系辞下》，载李学勤主编：《十三经注疏》（第1册），北京大学出版社，1999年，第354页。

"竹"达 20 处,有竹箭、大竹、草竹、扶竹、筀竹、寻竹、竹等各色名目,其中尤以"竹箭"最多,有九处记载其山下"多竹箭"。竹箭是竹的一种,秆挺直坚劲,因可制箭,又称箭竹。①据晋代戴凯之《竹谱》载:(箭竹)"内实外坚,拔之不曲"。又载:"箭竹,高者不过一丈,节间三尺,坚劲中矢,江南诸山皆有之,会稽所生最精好。"②虽然不能说《山海经》中所载都是蜀地的竹子,但西南地区的确遍地生长有各种竹子,其中以四川境内为主的大熊猫活动区域长满箭竹,邛崃更是以产邛竹杖而闻名于世。戴凯之说"会稽所生最精好",他应该没有到过四川,还不知道古蜀之地出产好竹。《天工开物·弧矢》云:"凡造弓以竹与牛角为正中。"又说"凡箭筈,中国南方竹质,北方萑柳质,北虏桦质,随方不一。"③古蜀地域内制作弓箭所用的材料极其丰富,包括竹、木、漆、丝等,合用的竹子更是漫山遍野。

三星堆和金沙的射鱼纹图案的神话意蕴值得进一步挖掘。三星堆射鱼纹金箔原本是权杖的外表装饰,金沙的射鱼纹金箔应是用于装饰头冠的,两者肯定都是最高权力拥有者的标志物,当古蜀国王当众展示它的时候,也是仪式的高潮时刻,而每一次仪式都是在向大众重申人类赖以生存的核心神话(这里"人类"就是古蜀部众)。射鱼纹的神圣图像是在向蜀人展示和昭告一个信仰:当我们手持弓箭进行渔猎时,会受到太阳神的庇护和眷顾,福祚绵绵、生生不息。

中国历史上的典故"楚虽有才,晋实用之"(《左传·襄公二十六年》)④,后来发展成为一个著名成语"楚材晋用",后人在建造岳麓书院时,有感于此,特于山门书写"惟楚有材,于斯为盛"几个字。高度关注"材"的发现、培养和利用,是中华民族的一个深远传统。如果我们

---

① 逯克胜:《解读〈山海经〉中的弓箭文化》,《青海民族大学学报》2018 年第 3 期。
② 转见芶萃华:《戴凯之〈竹谱〉探析》,《自然科学史研究》1991 年第 4 期。
③ 潘吉星:《天工开物校注及研究》,巴蜀书社,1989 年,第 500—502 页。
④ 《春秋左传集解》,上海人民出版社,1977 年,第 1062 页。

抛开或者超越春秋时期那种诸侯争霸或者国家竞争，以及攻城略地的战争需要，可发现古蜀先民发挥出最高智慧，充分开发物力，利用漫山遍野的竹子，因之而获得强大的民族力量。因此说，三星堆、金沙的射鱼纹图像作为原型意象，无疑成了古蜀的"国家神话"的象征，它宣示了一个重要的"神话传统"，即就地取材、物尽其用，凭借得天独厚的资源作为立国之基、民生之本，从而实现自强自立。

3. 通江达海、开明求新

过去曾有一个说法叫"少不入蜀，老不离川"，意思是川西坝子生活太过舒适了，只适合养老，年轻人则容易消磨斗志。似乎是因为自李冰治水过后，这里"水旱从人""不知饥馑"，人们不需要怎么吃苦就能获得收成，起码与隔壁的山城重庆相比，蓉城百姓的生活要安逸休闲得多。

但是时间上推四千年，古蜀先民面对的是极为恶劣的自然环境。据《华阳国志·蜀志》载："周失纲纪，蜀先称王。有蜀侯蚕丛，其目纵，始称王。死作石棺石椁，国人从之。故俗以石棺椁为纵目人冢也。"[1] 人死后以石棺葬之，因为传说中蜀之先王蚕丛氏"始居岷山石室中"[2]。岷江上游的岷山峡谷，地理、气候都十分恶劣，先民以"石室"为居，肯定是不得已的选择，至今藏羌地区都还残留着石砌的"碉楼"（也称邛笼）。但是恶劣的条件并没有阻止"纵目人"南下的步伐，或许正是对理想家园的向往，才产生了继续前进的动力，最终进入成都平原。费孝通先生在研究中国各地区的民族分布与走向时，提到在古代从北往南的民族迁徙中，中国西南有一条民族迁徙走廊。[3] 段渝先生认为，古蜀国与西北南下羌氐民族有族源关系，鱼凫氏也是氐族一支，以其为主形成

---

① 任乃强：《华阳国志校补图注》，上海古籍出版社，1987年，第69页。
② （清）王谟辑：《汉唐地理书钞》，中华书局，1961年，第85页。
③ 李绍明：《西南丝绸之路与民族走廊》，见段渝《南方丝绸之路研究论集》，巴蜀书社，2008年，第195—202页。

蜀族，并建立了早期蜀国。[①]

除了自北向南的人口移动，另一个相反的流动则是由南向北。与段渝的看法相反，管维良认为鱼凫族是古巫山中走出的一支"鱼凫部巴人"，"这部分巴人以役使鱼凫为特色而异于其他部落的巴人，故获得鱼凫族（实应称巴人鱼凫部）之称。"[②]李学勤先生通过对出土青铜器物的比较研究，认为"以中原为中心的商文化先向南推进，经淮至江，越过洞庭湖，又溯江穿入蜀地。这很可能是商文化通往成都平原的一条主要途径"。[③]

也就是说，古时存在由西北南下和由东南北上两条大的迁徙路线，这两条弧线形成了一个闭环，而闭环的节点即在川西平原。数千年前，在这个南北两股文化势力的交汇处可能会发生惊心动魄的历史事件，比如战争，也可能会因自然灾害而导致族人的大批死亡甚至灭绝，如洪灾、地震等等。但是，每一次震荡之后，总会开出一个全新的局面，获得更高的发展。据《华阳国志·蜀志》记载："杜宇称帝，号曰望帝。……其相开明，决玉垒山以除水害，帝遂委以政事，法尧舜禅授之义，遂禅位于开明。帝升西山隐焉。时适二月，子鹃鸟鸣，故蜀人悲子鹃鸟鸣也。"[④]现在主流观点似乎都推测蜀地传说中的几个王朝或者国家先后相接，而根据文字记载的权威历史书写模式，必定都是"逐鹿中原"、前后替代，也就是后朝灭掉前朝，反映了政权的更迭转移。比如我们既判定三星堆金杖应为鱼凫族所有，那么三星堆古城衰落的原因，就会被推定是杜宇族灭掉鱼凫国所致。正因为如此，于是对相应的神话叙事也就产生某种倾向性的解读。比如在鱼鸟关系上，学者大都认为无

---

① 李学勤：《酋邦与国家起源：长江流域文明起源比较研究》，《中华文化论坛》，2007年第3期。
② 管维良：《鱼凫族探源与三星堆断想——巴族鱼凫部简论》，载李绍明等主编：《三星堆与巴蜀文化》，巴蜀书社，1993年，第1—42页。
③ 李学勤：《商文化怎样传入四川》，《中国文物报》1989年7月21日。
④ 刘琳：《华阳国志校注》，巴蜀书社，1984年，第182页。

论是鱼、鸟相争还是鱼、鸟合体的意象，都暗示了鱼凫族群的演进，鱼凫族群中的鱼氏族、凫氏族可能经历了从两族斗争到两族融合的发展过程。①著名考古学家严文明先生也持此说。②从连续性的历史时间关系上说，这种观点没有毛病，那就是"逐鹿中原""成王败寇"，但很明显这是建立在所谓正统历史叙事上面，属于中原王朝话语。如果我们从更为宽泛的视野来看，当一个文明实现了大江大河全流域的贯通，会整合融汇上中下游的全部文明成就，从而开辟全新的生存空间，也就必然会聚集更多的人群，形成更大的族群，并推动文明上升到更高的境界，这才是历史的内在精神，它的核心则是民族神话。

或许在成熟稳定的农业文明时代，因生计模式的固化，加上历代统治者推行的重农抑商的政策，川西平原的蜀人安居乐业、安土重迁，逐渐产生了盆地意识。但是在游牧和渔猎文明时期，人类总体上的流动性非常大，推动了一波又一波大范围、远距离的迁徙浪潮，伴随着这些迁徙人群的，是文化的碰撞、交叉与融合，也是他们各自携带的族群神话的交流和融汇，其结果是新文化、新神话的诞生。因此我们完全可以说，古蜀神话产生于对江河源流的上下求索，体现于对事物之源的不停追问，乃至于对宇宙之本和存在之根的思考和究诘，这也是华夏民族的真精神。

---

① 张伦:《古蜀鸟崇拜研究》,《北京社会科学》2019 年第 6 期。
② 严文明:《鹳鱼石斧图跋》, 见严文明《仰韶文化研究》, 文物出版社, 1989 年, 第 350—355 页。